KB153519

한 권으로 끝내는 콜센터 상담품질QA 관리사 실기

| 저자약력

박종태 한국CS경영아카데미 원장
전남대 대학원 전자상거래(컨택센터전공) 박사수료
엠피씨, 포스코ICT, 키움증권, 큐릭스, KMAC, CJ
헬로비전 근무
현 한국CS경영아카데미 대표
인하대학교 소비자학과 겸임교수
콜센터포럼(cafe.naver.com/forumcc)시삽
국내외 콜센터 구축 및 진단 운영 전문 컨설턴트
주요저서 한국형 콜센터 경영(2007)
이제는 고객의 감성에서 찾아라(2008)
THE CALLCENTER BOOK(2009)
한국형 콜센터 통화품질 매니지먼트(2011)
한국형 콜센터 동기부여(2012)

한승엽 한승엽 넥스트 서비스 컨설팅 대표
전남대 대학원 전자상거래(컨택센터전공) 박사
해태전자, 지엘마케팅, 예스24, 효성ITX, TCK 근무
현 넥스트 서비스 컨설팅
서비스 데이터 마케팅 연구소장
콜센터 데이터 분석 전문 컨설턴트
주요저서 THE CALLCENTER BOOK(2009)

| 편집위원

고영국
락앤락 CS팀 팀장, 엠피씨 콜센터 프로젝트 운영
THE CALLCENTER BOOK(공저)/한국형 콜센터 동기부여
(공저)
현 넥슨네트웍스 CS 실장

류은영
CIC Korea 교육팀장 LG유플러스 고객센터 교육강사
현 와이컨설팅(구. 에듀탱크) 대표

신지연
엠피씨, 에듀윌, 현대자동차 고객센터 운영팀장
현 한국CS경영아카데미 파트너 강사

이성호
경희대 경영대학원 e-Business 석사
하나로 텔레콤, 대한생명 콜센터 운영 총괄
현 외국계 보험사 팀장

한 권으로 끝내는
콜센터 상담품질 QA 관리사 실기편

개정판 1쇄 인쇄일 2018년 3월 15일
개정판 1쇄 발행일 2018년 3월 22일

지은이 박종태
펴낸이 양옥매
디자인 고유진
교 정 조준경

펴낸곳 도서출판 더문
출판등록 제2012-000376
주소 서울특별시 마포구 방울내로 79 이노빌딩 302호
대표전화 02.372.1537 **팩스** 02.372.1538
이메일 booknamu2007@naver.com
홈페이지 www.booknamu.com
ISBN 979-11-961321-5-6(13320)

이 도서의 국립중앙도서관 출판시도서목록(CIP)은 서지정보유통지원 시스템
홈페이지(http://seoji.nl.go.kr)와 국가자료공동목록시스템
(http://www.nl.go.kr/kolisnet)에서 이용하실 수 있습니다.
(CIP제어번호 : CIP2018006222)

한 권으로 끝내는

콜센터

상담품질QA 관리사

실기

더문

머리말

국내에 콜센터가 도입된 지 벌써 30여 년 가까이 되었다. 그간 한국 콜센터 업계는 양적, 질적으로 눈부신 성장을 거듭해왔으며 이에 따라 콜센터가 기업에서 차지하는 역할과 비중은 갈수록 중요해지고 있다. 고객 접점에 대해 체계적이고 효율적인 서비스 전략을 갖추는 것이 곧 기업의 경쟁력이 된 시점에서 콜센터의 역할은 아무리 강조해도 지나치지 않을 정도로 기업의 핵심적인 전략실행부서로 자리매김하고 있다.

이렇게 콜센터가 발전해 온 배경과 원인을 찾아보면 아주 다양하겠지만 무엇보다 '사람'이 가장 중요한 역할을 했다고 생각한다. 콜센터 발전과 더불어 콜센터 업무에 종사하는 직원들의 역량이 곧 콜센터 조직의 역량이라는 점과 콜센터는 사람으로 시작해서 사람으로 마무리된다는 점은 더 이상 의심할 여지없는 명백한 사실이라고 할 수 있다. 그러나 중요한 업무를 수행하는 콜센터가 대형화, 고도화되는 상황에서도 콜센터에 근무하는 관리자를 포함한 직원들의 콜센터 운영에 대한 전반적인 학습이나 역량 및 스킬은 기대수준에 미치지 못하고 있다.

이러한 인적자원의 중요성을 인식하고 콜센터에 근무하는 사람들을 대상으로 경력개발 및 업무능력을 향상시키기 위해 도입되었던 다양한 인증 및 자격증이 있었지만, 너무 이론적인 측면에 치우쳐져 있었다. 이번에 선보이는 콜센터 상담품질 관리사(이하 콜센터 QA관리사) 자격증은 기존 인증 및 자격증에 대한 한계와 문제점을 보완 및 개선하는 데 목적이 있다.

이 책은 현장에 있는 콜센터 업무 종사자들에게 실무적인 도움을 제공하고, 자격증 취득을 도와 업무향상 및 자아실현과 직업적인 성장의 기회를 확대시키는 데 도움을 주고자 집필하였다.

이 책은 크게 3부분으로 구성되었다.

- **콜센터 운영관리** : 콜센터 운영에 대한 일반적인 내용을 주로 다루고 있으며, 비전 및 목

표, 조직구성, 이직관리, 평가보상, 성과관리, 경력관리 및 시스템의 이해 등을 설명한다.

- **콜센터 상담품질** : 콜센터 상담품질에 대한 이해, 모니터링 프로세스, 모니터링 결과 분석 및 활용, 역할연기, 스크립트 개발 프로세스, VOC의 이해 및 고객불만 처리 등을 설명한다.
- **콜센터 교육 및 코칭** : 콜센터 개념과 역할, 운영형태, 콜센터 핵심역량, 리더십과 조직문화, 콜센터 교육 및 훈련, 코칭 유형 및 피드백의 종류, 콜센터 보고서 유형 및 작성 방법 등을 설명한다.

이 책은 다음과 같은 특징과 방향성을 가지고 집필하였다.

첫 번째, 이 책은 각 영역에 포함된 주요 항목들에 대한 이론과 실무적인 대안을제시하고, 각 해당 영역별 출제 가능한 실전문제를 통해 학습에 대한 결과를 테스트 할 수 있도록 하였다.

두 번째, 콜센터에서 실제 적용할 수 있는 사례들을 다양한 그림, 표 형식으로 제공함으로써 현장 적용이 용이하도록 하였다.

세 번째, 단순히 콜센터 운영에만 국한한 것이 아니라 VOC 및 보고서 작성방법, 블랙컨슈머, SNS, 리더십과 조직문화 등 콜센터에서 반드시 알아야 되는 내용들을반영하였다.

아무쪼록 이 책을 준비하면서 힘든 점도 있었지만 우리나라 콜센터 업계에 의미있는 족적을 남길 수 있어서 보람을 느끼며, 국내 콜센터 업계의 발전을 기대함과 동시에 이 시간에도 고객접점에서 고생하고 있는 상담사와 관리자들이 좀 더 나은 환경과 조건에서 근무할 수 있기를 진심으로 기원한다.

마지막으로 이 책을 통해 많은 분들이 콜센터 운영에 대해서 제대로 이해하고 실질적인 운영에 도움을 얻었으면 하는 바람과 계획한 대로 국내 최초로 QA관리사 자격증을 취득하는데 있어 많은 도움이 되었으면 하는 바람이 간절하다. 이 자격증에대한 생각을 구체화할 때 직접적인 도움을 주신 콜센터 포럼 및 업계 지인들과 럭스미디어 직원들 그리고 편저를 해주신 고영국님, 류은영님, 신지연님, 이성호님에게도 이 자리를 빌어 진심으로 감사의 마음을 전한다.

한국CS경영아카데미 대표 박종태

콜센터 상담품질 관리사 자격증 개요

고객의 요구가 갈수록 까다로워지고 경영환경의 변화가 하루가 다르게 변화하고 있는 상황에서 단순히 상담원의 태도만을 가지고 고객의 욕구를 충족시키기란 어렵다. 결국 상담원 개개인의 역량이 콜센터의 서비스 품질을 좌우하며 기업의 경영전략 차원에서도 아주 중요한 요소가 되고 있다. 고객관점에서 볼 때 서비스 품질은 서비스 경험에 대한 평가나 회사와 고객간에 상호작용하는 시점에 발생하는데 고객의 인식은 바로 상담원의 태도와 행동에 많은 영향을 받는다. 따라서 접점에서 기업의 얼굴이자 대표인 상담원들이 서비스 품질과 고객만족에 대한 책임감을 효과적으로 수행하기 위해서는, 서비스 수준을 향상시키고 서비스 수준에 대한 평가 및 분석을 통해 적절한 피드백을 줄 수 있는 체계가 마련되어야 한다. 서비스 품질이나 고객만족에 대한 책임감은 고객 관점에서 보면 신속한 서비스 제공 및 문제해결, 정확한 업무 처리, 친근하고 정중한 대우, 전문성, 자신의 말에 대한 경청 등을 업무에 반영하는 것인데, 이는 업무에 대한 프로세스를 고객중심으로 전환하고 이를 지속적으로 모니터링함으로써 가능하다.

콜센터 상담품질 활동은 상담사와 고객 사이에 통화내용을 모니터링함으로써 서비스를 제대로 이행하는지 여부를 점검하고, 이에 대한 개선이나 보완, 유지 및 관리하는 콜센터의 총체적인 커뮤니케이션 활동이라고도 할 수 있다. 따라서 콜센터에서의 QA활동은 가장 핵심적인 업무 중에 하나라고 할 수 있으며, 이러한 콜센터 서비스를 모니터링하고 상황에 따라 콜센터에서 제공하는 서비스의 개선이나 보완할 점을 발견해내는 QA업무는 콜센터에서 가장 큰 비중을 차지하는 업무일 뿐 아니라 가장 핵심적인 업무라고 해도 과언이 아니다.

콜센터 상담품질 관리사(콜센터 QA관리사)는 바로 이렇게 중요한 역할을 수행하는 사람들의 업무를 정의하고, 콜센터 운영에 대한 전반적인 이해를 바탕으로 이들이 제대로 된 콜센터 평가와 코칭 및 체계적인 교육과 훈련을 수행할 수 있도록 자격을 검정하는 대한민국 최초의 콜센터 QA 관련 민간 자격증이다.

콜센터 상담품질 관리사의 역할과 전망

QA는 콜센터 상담품질을 관리하는 사람으로써 스크립트 작성과 모니터링 평가 및 분석 활동과 더불어 코칭, 교육 등 콜센터의 핵심적인 역할을 수행한다. 다음에서 보듯이 콜센터 QA는 고객만족은 물론 수익창출 및 효율적인 업무 수행을 통한 운영비용 최적화 업무를 수행하는데 있어 핵심적인 역할을 수행하는 콜센터의 핵심 요원이라고 할 수 있다.

- 상담품질에 대한 관리 및 운영
- 모니터링 평가표 작성 및 수정/보완
- 각종 상담품질평가 관련 보고서 작성
- 상담품질 결과에 따른 신속한 피드백 & 코칭
- 스크립트 개발 및 수정 보완 업무
- 서비스 품질 교육의 필요사항 파악 및 프로그램의 개발
- 상담품질 향상을 위한 상담사 교육 및 훈련
- 모니터링 결과 분석을 통한 QA 업무 프로세스의 개선

QA상담사는 콜센터 운영에서 핵심적인 업무를 수행하기 때문에 상위 관리자로 성장하기 위한 필수 코스이며, 많은 업체에서 QA에 대한 수요가 높다. 체계적으로 QA경력을 쌓으면 타업종으로의 이직도 쉬운 편이고, 콜센터 내부적으로도 순환보직제시행 시 우선권을 부여하는 등의 기회가 제공되기도 한다. 뿐만 아니라 보수, 승진, 신분보장 등에 있어 우대를 받을 수 있는 이점이 있다.

콜센터 상담품질 관리사의 진출분야

- *통신, 보험, 홈쇼핑, 공공기관 등 다양한 업종의 콜센터 QAA, QAD로 활동*
- *본인의 역량에 따라 CS 및 콜센터 관련 전문강사로 활동 가능*
- *콜센터 모니터링 평가 및 분석을 주업무로 하는 콜센터 상담품질 전문가로 활동*
- *프리랜서 및 컨설팅업체의 상담품질 및 교육 훈련 컨설턴트로 활동*
- *본인의 경험이나 노하우를 바탕으로 개인사업 또는 법인을 설립하여 사업 가능*

콜센터 상담품질 관리사 소개 및 응시자격

콜센터 상담품질 관리사 자격증은 현재 콜센터에 근무하고 있거나 상담품질 관리자를 목표로 하는 사람들에게 필요한 자격증이다. 콜센터에 대한 일반적인 운영 지식을 바탕으로 실제 상담품질 관리자에게 콜센터 업무의 핵심이라고 할 수 있는 스크립트, 모니터링, 코칭에 대한 실무적인 지식능력과 상담품질 관리자로서의 자질을 평가하며, 상담품질 업무를 얼마나 신속하고 정확하게 문제를 해결할 수 있는지에 대한 능력을 기준으로 상담품질 관리사의 자격을 평가한다.

- 콜센터 상담품질 관리자(QAA/QAD)
- 콜센터 중간 관리자 및 QA 예비 후보자
- 콜센터 팀장(P/L) 및 Supervisor
- CS 관련 부서 담당자(CS 기획, 운영, 지원)
- 콜센터 상담품질 기획 및 운영에 관심 있는 분
- 콜센터 상담품질 업무에 관심 있는 일반인 및 대학생

시행기관 한국CS경영아카데미(www.kacademy.net)

시험과목 콜센터 운영관리, 콜센터 상담품질, 콜센터 교육 및 코칭

시험방식 오프라인 테스트

▾ 기대효과

콜센터 조직	QAA, QAD
• 콜센터 직원을 대상으로 경력개발 과정으로 활용가능 • QAA, QAD에 대한 객관적인 검증 체계 확보 • 회사 대외 이미지 개선 및 직원 로열티 확보 • 체계적인 일관된 상담품질 관리 가능 • 서비스 품질 및 고객만족도 향상	• 콜센터 상담품질에 대한 이론과 실무능력 배양 • 평가 및 코칭 등 전문적인 업무능력 향상 • 자격증 취득을 통한 직원들의 자아실현 • 직무 만족도 및 몰입도의 지속적인 향상 • 직업적인 성장의 기회 확대

콜센터 상담품질 관리사 시험형태 및 출제 범위

- **시험형태** 1차 필기(4지 선다형)

  2차 실기(필답형[단답 및 서술]과 작업형)

과목	출제내용	문항수
콜센터 운영관리	• 콜센터 비전 및 목표 • 콜센터 조직의 이해 • 상담사 채용 및 선발 • 콜센터 상담원 이직관리 • 동기부여의 이해 • 성과관리 및 평가보상 • 콜센터 경력관리 • 콜센터 시스템의 이해 • 콜라우팅과 콜블랜딩 전략	25문항
콜센터 상담품질	• 콜센터 서비스 품질의 이해 • 콜센터 QA의 이해 및 주요 업무 • 콜센터 모니터링 프로세스 • 콜센터 모니터링 유형 및 활용 • 모니터링 평가표 구성 및 작성절차 • 모니터링 결과 분석 및 활용 • 역할연기의 이해 및 유형별 특징 • 스크립트 개발 프로세스 • IN-B/OUT-B 스크립트 구성 • VOC 이해 및 고객불만 처리	25문항
콜센터 교육 및 코칭	• 콜센터 개념과 역할 • IN-B/OUT-B 이해 및 특성 • 콜센터 핵심역량 • 콜센터 운영 형태 및 분류 • 콜센터 리더십 및 조직문화 • 콜센터 교육 및 훈련 • 콜센터 코칭의 유형 및 프로세스 • 피드백의 종류 및 특징 이해 • 콜센터 보고서 유형 및 작성 방법	25문항

콜센터 상담품질 관리사 합격 기준 및 시험일정

합격기준

종목 및 등급		구분	기준	출제형태	시간
콜센터 상담품질 관리사	이론	합격	전 과목 평균 100점 만점에 60점 이상	객관식 75문항 (각 과목 25문항) 4지선다형	80분
		불합격	• 전 과목 평균 100점 만점에 60점 미만 • 3과목 중 단일 과목 점수 40점 미만		
	실기	합격	100점 만점에 60점 이상	필답 20문항	80분

※ 자격증 이론 및 실기 부정행위자는 해당 시험을 중지 또는 무효로 하며 이후 2년간 시험에 응시불가

실기평가

유형	문항수	해당점수	주요내용
단답형 및 기술형	15~20	70점	• 단답형과 기술형이 주를 이루며 용어설명 및 괄호에 알맞은 말 채워넣기에 따라 배점에 차등을 둠 • 총 3과목(운영관리, 상담품질, 교육 및 코칭)에 대한 내용 중 반드시 알고 있어야 할 내용을 중심으로 출제함
서면 피드백 작성	2	30점	• 고객과 상담사가 통화하는 내용을 3번 들려준 후 해당 고객과의 통화내용에 대해 서면 피드백한 내용을 평가함 • 인바운드 콜과 아웃바운드 콜을 대상으로 하며 단순문의, 접수, 환불, 고객불만콜, 해피콜, 세일즈콜 등 다양한 상황에 대한 콜을 대상으로 서면 피드백 결과 평가

시험일정

구분	필기접수 (인터넷)	필기시험	합격자 발표	실기접수 (인터넷)	실기시험	최종합격자 발표
10회	2018.03.12~03.25	03.31	04.09	04.09~04.22	04.28	05.07
11회	2018.08.27~09.09	09.15	09.24	09.24~10.07	10.13	10.22
12회	2019.03.04~03.17	03.25	04.01	04.01~04.14	04.20	04.29
13회	2019.10.07~10.20	10.26	11.04	11.04~11.17	11.23	12.02
14회	2020.03.02~03.15	03.21	03.30	03.30~04.12	04.18	04.27
15회	2020.09.07~09.20	09.26	10.04	10.05~10.18	10.206	11.02

※ 연 2회 실시. 세부계획 및 일정은 홈페이지(www.kacademy.net) 참고

콜센터 상담품질 관리사 접수 및 발급 절차

접수관련

• 접수방법

▸ 본 자격증은 온라인 접수만 가능합니다(방문접수 불가).

▸ 한국CS경영아카데미 접속 → QA자격증 원서 접수 → 응시료 결제 → 수험표 확 및 출력

• 전형 및 응시료

홈페이지 참고

• 응시료 입금기한

자격증 응시료 입금기한은 접수마감일 자정(00 : 00)까지 응시료를 결제해야 하며, 이때까지 결제가 이루어지지 않으면 응시접수가 자동 취소됩니다.

• 접수취소 및 응시료 환불

접수취소 및 응시료 환불 적용기간은 시험일로부터 7일 전까지입니다. 접수기간 중에 취소는 100%, 접수기간 후 환불은 50% 환불이 이루어집니다. 접수취소 후 환불은 2일 이내에 처리됩니다.

발급안내

콜센터 QA관리사 필기시험과 실기시험에 모두 합격한 자로서 해당 회차의 자격증 발급기간 내에 한국CS경영아카데미 홈페이지(www.kacademy.net)에서 발급 및 신청 가능합니다.

발급절차

자격증 발급신청 → 자격증 발급 수수료 납부(온라인 입금) → 자격증 발급 확인 → 자격증 발행 → 자격증 발송 → 자격증 수령

신청서에 기재된 주소로 등기우편으로 발송되어 개별적으로 수령하게 됩니다.

콜센터 상담품질 관리사 관련 FAQ

Q1 콜센터 QA관리사 자격증은 국가 공인 자격증인가요?

Answer 아닙니다. 콜센터 QA관리사 자격증은 국가 공인 자격증이 아니고 한국CS경영아카데미가 주관하는 민간자격증입니다. 자격증 관련법상 3년 정도가 소요되어야 국가 공인 자격증으로 전환될 기회를 가지게 됩니다. 그러나 콜센터 QA관리사 자격증은 현장 실무 능력과 경험을 충분히 갖춘 전문가들이 모여 교재와 문제를 출제하였고, QA 또는 콜센터 관리자의 능력이나 업무를 수행할 수 있는지 여부와 자격을 검증하는 국내 최초의 QA 관련 민간 자격증입니다.

Q2 콜센터 QA관리사 자격증 시험은 어디서 치러지나요?

Answer 콜센터 QA관리사 자격증은 서울, 대전, 부산 등 전국 3개 지역에서 치러집니다. 자세한 수험 장소는 시험 전에 홈페이지와 여러 채널을 통해 공지됩니다. 수험인원이 많아지면 대구, 광주지역도 추가될 예정입니다.

Q3 시험 원서접수는 온라인만 가능한가요?

Answer 예. 콜센터 QA관리사 자격증에 대한 시험 원서접수는 한국CS경영아카데미 홈페이지에 있는 온라인 접수를 통해서만 가능합니다. 오프라인에서는 원서 접수를 받지 않습니다.

Q4 오프라인에서는 자격증 관련 교육은 없나요?

Answer 오프라인에서도 자격증 관련 교육을 진행합니다. 주로 주말을 이용해 시험보기 한달 전에 주요 도시에서 진행됩니다. 관련 내용은 홈페이지를 비롯한 다양한 채널을 통해 공지를 합니다.

Q5 콜센터 QA관리사 자격증 관련해서 교육 일정은 어떻게 되나요?

Answer 다만 오프라인 강의는 시험보기 1~2주전 주요 도시 및 기타 수요가 있는 곳을 대상으로 교육을 진행합니다. 장소는 한국CS경영아카데미 홈페이지에 별도의 공지를 통해 이루어질 예정입니다. 교육은 주로 콜센터 QA관리사 자격증 대상과목인 콜센터 운영관리, 콜센터 통화품질, 콜센터 교육 및 코칭에 대한 주요 핵심사항과 콜센터에서 반드시 이행해야 할 핵심업무와 방법에 대해서 교육이 이루어지고, 1차 QA관리사 자격증을 대비해서도 강의가 이루어집니다. 오프라인 교육은 시험 대비를 위한 별도의 교재를 제공합니다.

Q6 자격증 시험과 관련하여 출제 난이도는 어떤가요?

Answer 실기시험은 콜센터 QA로 근무하는 분들이 필수로 알고 있어야 할 내용 위주로 출제하고, 4지선다형으로 시험이 진행됩니다. 또한 콜센터 경험이 있으신 분들이나 현재 콜센터에 근무하고 계신 분들이라면 수험서 또는 강의를 듣는 것만으로 충분히 풀 수 있는 수준의 문제들로 출제가 됩니다. 어렵게 문제를 내서 혼란을 드리는 것이 목적이 아니고, 콜센터 업무 또는 QA업무를 수행하는 분들이 반드시 알고 있어야 할 기본정보나 지식 그리고 경험을 묻는 수준이므로 이 점에 유의하시면 되겠습니다. 그리고 2차 실기의 경우 단답형, 기술형 중심의 주관식과 콜을 듣고 서면 피드백을 주는 작업 형태로 이루어져, 실기보다는 어려울 수 있습니다. 전반적으로 회를 거듭할수록 문제의 범위나 난이도가 어려워집니다.

Q7 콜센터 QA관리사 자격증 공부 어떻게 해야 하나요?

Answer 콜센터 경험이 있으시면 교재를 가지고 독학하는 것도 한가지 방법입니다. 시간이 허락하지 않아 어렵다면 오프라인 특강을 듣는 것도 한 가지 방법입니다. 우선은 오프라인, 온라인 서점에서 수험서를 구입하셔서 차근 차근 공부하면서 요점정리를 하시고, 문제를 풀어보시면 어느 정도 감이 올 것입니다. 사실 필기시험보다 실기시험이 어려워서 이 부분이 힘드실텐데 이 부분은 필기시험과 달리 오랜 학습이 필요합니다. 필기시험은 4지선다형이지만, 실기는 듣기평가(녹취콜 평가+서면 피드백)와 서술+단답형이기 때문에 많은 준비가 필요합니다. 상황에 맞게 교재로 독학을 하시던지 아니면 교재로 자기학습하시다가 주말을 이용해 오프라인 특강을 들으셔도 될 것 같습니다. 사람마다 각각 공부하는 방식이 다르고 어느 것이 낫다고 말씀드리기 어려운 부분이 있습니다. 최근 시험이 다가오다 보니 문의 전화나 메일이 많이 옵니다. 그래도 원론적인 얘기밖에 드릴 수 없네요. 열심히 준비하셔서 좋은 결과 있으셨으면 좋겠습니다.

Q8 현재 상담사로 근무하고 있는데 콜센터 QA관리사에 응시할 수 있는 자격이 있나요?

Answer 콜센터 QA관리사 자격증은 누구나 응시할 수 있습니다. 무엇보다 콜센터 상담사로 근무하고 있으며, 남과의 차별화를 원한다거나 예비관리자로서의 목표를 가지고 있다면 자격증을 취득하는 것이 낫습니다. QA관리사 자격증의 3가지 영역을 책이나 강의를 통해 학습해 나가시면 콜센터에 대한 전반적인 이해는 물론 향후 관리자가 되었을 때 실무적인 지식까지 습득할 수 있습니다. QA관리사 응시자격은 누구에게나 열려 있지만 아무래도 콜센터에서 근무하고 있는 분들에게 유리한 것이 사실입니다.

CONTENTS

PART 콜센터 운영관리

PART
콜센터 상담품질관리

PART
콜센터 교육 및 코칭

콜센터 운영관리

01 PART

1. 콜센터 비전 및 목표

(1) 콜센터 비전 및 목표

① 장기간 동안 콜센터 조직이 달성하고자 하는 미래 모습 및 목표이다.
② 조직의 역량을 하나의 방향으로 집중하게 해준다.
③ 운영전략 추진의 근간이며 구성원들의 열정을 환기시킨다.
④ 내외부에서 발생하는 문제들의 의사결정 기준이다.
④ 달성 가능한 명확하면서도 강력한 목표이다.
⑤ 핵심가치, 미션, 및 비전 달성을 위한 중단기적 전략 목표, 전략 및 실행과제로 구성되며 전체 조직에서 실행해야 할 프로그램에 의해 관리한다.
⑥ 장기간 달성해야 할 비전 수립을 시작으로 콜센터 역할 정의, 콜센터 업무 범위 규정, 각 업무별 목표 설정 등이 포함된다.

(2) 콜센터 비전과 운영 목표 수립 주요 내용

구 분	주요 내용
콜센터 비전 및 목표 검토	기업이 추구하는 비전, 전략, 목표, 운영 방향 및 운영 지표 등을 점검하여 기업의 운영 방향성 정의
콜센터 역할에 대한 정의	• 비전과 목표를 고려하여 콜센터에 바라는 기대 역할 정의 • 고객만족도 조사 등을 통해 역할을 정의 • 고객 서비스 전략에 있어서 역할 정의는 물론 타 채널과의 연계선상에서의 역할 정의도 필요
콜센터 비전 수립	• 궁극적으로 콜센터가 추구하는 비전을 정의함 • 사전에 전사 차원의 고객전략에 대한 이해 및 공유 필요 • 다양한 요구사항은 물론 콜센터의 명확한 역할과 책임 포함
콜센터 운영 목표 수립	• 콜센터 비전을 달성할 수 있는 운영 목표 수립 (예 : 고객경험 관리를 통한 고객만족 극대화) • 단계별 운영 목표 수립은 물론 중장기적인 계획도 반영함

2. 콜센터 조직구성

(1) 콜센터 조직구성

콜센터 조직은 규모 또는 업무의 특성에 따라 다르기는 하지만 콜센터는 크게 운영조직/지원조직/기획조직으로 구성된다. 운영조직과 상담조직은 고객채널과 상담업무 내용,

고객 유형별로 다시 세분화되어 운영된다. 기획조직의 경우 업무의 특성이나 조직의 목적에 따라 지원조직 또는 운영조직과 기능적으로 합쳐져서 업무를 수행하는 경우가 일반적이다.

1) 운영(상담)조직

① 매니저, SV의 업무 수행
② 콜센터 내의 시스템 운영관리 및 개선
③ 콜센터 VOC 및 위기관리
④ 홈페이지 불편사항, 불만신고 처리
⑤ 이메일 또는 SNS 고객응대 업무
⑥ 콜센터상담사 실적(성과) 및 이직관리 등

2) 지원조직

① QA/교육 강사(신입 및 기존 상담사 대상 교육 훈련 진행)
② 실시간 상담품질 관리를 통한 상담 품질 확인 및 코칭 업무
③ 인력관리(채용, 근태관리, 스케줄 관리, 급여 등)
④ 상담인력 교육과정 개발 & 운영
⑤ 상담사 정기실무평가 및 웹도우미 운영
⑥ 스크립트 작성 및 배포
⑦ 도급사 계약관리 및 SLA(Service Level Agreement)운영 결정(도급 계약 시)
⑧ 콜센터 상담이 1차와 2차 상담(전문 상담)으로 구분될 시 2차 상담업무를 수행

3) 기획조직

① 콜센터 운영 기획 및 관리업무(콜센터 프로세스 개선, 기획 및 보고서 작성)
② 통화율 예측 및 블랜딩 계획 수립(상황실 운영)
③ 인바운드 생산성 목표 산정 및 업무기준 수립
④ 월별 Out-B T/M스케줄링 및 TM결과분석 & 상담사 KPI
⑤ IT & Infra 유지보수 업무/신규 솔루션 도입

4) 콜센터 운영(상담)조직별 특성 및 구조

구 분	조직 특성 및 구조
Inbound 조직	• 일반적인 콜센터 형태로 대부분 고객이 주도권을 가지고 있는 고객 지향적인 조직이며, 정보와 커뮤니케이션을 매개로 움직임 • 조직구조는 규모에 따라 그룹 → 팀 → 파트로 구분하는 것이 일반적임 • 서비스 수준과 생산성을 동시에 만족시켜야 하므로 고도의 교육을 통해 멀티 스킬조직을 탄력적으로 운영함으로써 업무 부하를 적절히 조절함 • 주요 업무 : 고객응대 및 클레임 처리, 신규가입 문의 및 상담, 접수 및 예약 등 • 필수역량 : CS마인드, 경청능력, 고객지향적 태도, 의사소통 능력, 업무처리 능력 • 팀 구성 : 상담사 10~15명당 1명의 Part leader 운영이 적당
Outbound 조직	• Inbound보다 업무 범위가 작으나 체계적이고 전략적으로 운영되어야 하므로 별도의 전담팀을 두어 운영/관리하는 것이 효과적임 • 주요 업무 : 구매고객 대상 해피콜, 신규고객 확보, 고객만족도 및 설문조사 등 • 상담사 역량 : 고객이해 및 설득능력, 협상능력, 적극성, 업무열정 • 팀 구성 : 상담사 15~20명당 1명의 관리자 운영이 적당 • 신입보다는 콜센터 업무 경력이 있는 기존 상담사 배치가 효율적임 • 인센티브 또는 고객 DB에 따른 이직이 Inbound보다 높은 편임
Blending 조직	• 인원에 대한 적절한 조절을 통해 콜센터의 운영 수준을 바람직한 상태로 유지하는 기술이 블랜딩으로 인바운드와 아웃바운드 콜과 상담사를 섞어서 '블랜딩 그룹' 구성 • 인입콜이 어떤 특정 시간에만 집중될 때 아웃바운드 상담사가 인바운드를 지원하여 업무를 수행하다가 그 시간이 지나면 다시 아웃바운드 업무를 수행하는 방식으로, 콜량이 집중되는 시기와 그렇지 않은 시기의 편차가 크지 않은 경우에는 실시간 In/Outbound Blending을 활용하는 것이 바람직함 • Blending 운영은 시스템 구축이 안된 소규모 센터에서도 물리적으로 운영 가능하나 효율적인 운영 및 통계, 분석을 위해 시스템 도입 필요 • 팀 구성 : 별도 관리자를 두지 않고 Inbound 관리자 1명이 책임 관리함

(2) 콜센터 조직구성 및 직무별 세부 업무

콜센터 구성원들의 명확한 업무 범위와 역할을 갖고 운영되어야 하며, 각 직급별 구성원의 역할은 다음과 같다.

1) 콜센터 조직구성

콜센터의 조직구성은 콜센터의 비전과 목표는 물론 콜센터 규모 또는 수행업무의 성격, 콜센터의 역할 및 전략에 따라 조직구조는 상황에 맞게 변경될 수 있다.

2) 센터장의 주요 역할 및 세부 업무

① 콜센터 총괄운영 및 책임업무
② 투입인력 관리 및 전체 콜센터 운영계획 수립
③ 타 부서와의 주요 이슈에 대한 의견조율 및 결정
④ 콜센터 운영지표설정 및 관리, 예산 및 비용관리, 프로모션과 이벤트 총괄
⑤ 상담사 채용 및 선발, 콜센터 운영에 따른 인원 투입예측(투입인력에 대한 적정성)
⑥ 콜센터 직원 인사 및 평가,
⑦ 상담사관리(개인이력 및 신상, 상벌관리) 및 커뮤니케이션 주체

3) 상담팀장/파트장

① 주요 업무 성과관리
② 상담사 대상 업무지식교육(공지사항, 수시교육), 상담사 근태관리
③ 콜센터 내 수시인력 현황 및 특이사항 보고, 해당팀 실적관리 및 커뮤니케이션
④ 모니터링 결과에 따른 팀원 코칭 진행/팀 상담사 스케줄링을 통한 생산성 향상
⑤ 비상시 콜응대 등 실무업무 진행, 클레임 고객 업무 책임/상담사 관리 실무
⑥ 이직률관리 & 면담, 팀원 동기부여 방안 모색 기간별 보고서작성(일, 월간 및 수시)
⑦ 신입 OJT 교육, 오상담 사례집 발간, 센터환경미화, 모니터링 QA청취 및 분석보고

4) QAA/QAD

① 상담품질에 대한 관리 및 운영
② 모니터링 평가표 작성 및 수정/보완
③ 업무 특성별 상담품질 목표 설정 및 평가 기준 마련
④ 상담품질평가 관련 보고서 작성(주/월간 단위 상담품질 보고서/내부 고객만족도 조사 등)
⑤ 모니터링 결과에 따른 신속한 피드백 & 코칭
⑥ 상담품질 저조원인에 대한 분석 및 개선안 마련

5) 교육강사

① 교육관련 실무 책임자, 업무 특성별 교육 목표 설정, 업무평가
② 관리자 및 상담사 기본 교육 설계와 교육/연수 교육 계획 수립
③ 교육평가 관련 보고서 및 업무 매뉴얼 정비(교육일지 및 교육월간보고, 수행교육 결과보고)
④ 상담품질 문제점 개선 교육 및 CS교육, 업무지식 향상 및 품질향상 프로모션 기획

⑤ 평가결과에 따른 교육, 평가 부진자 & 오상담 집중 교육, 상담품질 문제점 개선 교육
⑥ 업무지식 향상을 위한 분석/보고, 오상담 사례집 & 불만처리 사례집 발간, 교육 만족도 조사

6) 지원 및 분석
① 콜센터 물품관리, 인사 업무 처리, 사무용품 및 소모품 구입, 지출 회계처리 등 실무업무
② 월 분기 예산 집행 및 정산 관련 업무
③ 입퇴사자 관리 및 기타 인사기록 관리 업무
④ 콜통계 관리, 보고서 관리(기간별, 월보고, 인력 현황 등), 상담사 평가관리
⑤ PC/네트워크/소프트폰/ID 관리, 전산 장애 현황 파악 및 조치 & 사후관리
⑥ 해피콜 만족도 조사 표본 추출 및 결과 보고
⑦ 고객정보 보호 전담관리 업무

7) 상담사
① 일반 상담부터 기술상담 등 다양한 응대 업무 수행
② 업무생산성(교차/상향판매, 해지방어/해피콜, 통화콜수 등)
③ 일관되고 체계적인 응대 업무 수행

운영조직 관리자 대비 상담사 비율
QA 1인당 상담사수는 COPC의 경우 인당 40명, KS에서는 60명이 적당하다고 정하고 있으나, 업종별 업무난이도나 특성에 따라 늘어날 수도 있고 줄어들 수도 있다. 또한 상담팀장이나 파트장의 경우 인바운드는 12~15명, 아웃바운드의 경우 15~20명당 1명이 적당하다.

(3)콜센터 운영형태

콜센터는 운영방식에 따라 자체 운영(Inhouse), 도급(Outsourcing), 임대형콜센터로 구분한다.

1) 자체 운영방식
인력, 시스템 등 모든 자원 활용을 자체적으로 운영하는 방식

① 장점

- 운영에 대한 노하우는 물론 서비스, 전문성 축적 가능
- 자체 상담사 고용과 비용의 탄력적 활용을 통해 이직률 억제
- 체계적인 콜센터 운영관리 및 운영 노하우 축적 가능(서비스, 전문성 축적 가능)
- 콜센터 전체에 대한 관리 및 통제 가능
- 콜센터에 대한 운영 통제가 용이하고 즉각적인 반응 및 결과 확인 용이
- 상대적으로 보안 이슈 발생가능성 없음
- 관련 부서와의 원활한 커뮤니케이션이 가능
- 내부적으로 콜센터를 통한 다양한 업무 수행이 가능
- 자체 시스템 운영에 따른 다양한 활동 용이
- 통합 이미지 구축 및 일관된 서비스 제공가능
- 서비스 사고에 대한 책임소재 명확

② 단점

- 초기 고정 비용이 많이 들고 시스템 유지보수 비용 소요(시설 투자, 전담 인력 채용 등)
- 상담인력 외 추가 관리 인력 소요
- 상담 인력의 탄력적인 운영의 한계가 있음
- 운영 경험과 노하우 부족 시 시행착오 및 고객 불만 가중
- 전문성 확보까지 오랜 시간이 소요됨

2) 아웃소싱(Outsourcing)

일반적으로 시스템과 제반 자원은 자체적으로 운영하고 인력을 아웃소싱하는 방식인데, 운영방식에 따라 자체시설을 이용하고 인력만 외부업체가 담당하는 파견위탁이 있고, 시설운영은 물론 업무를 외부에서 담당하는 도급위탁이 있다.

① 장점

- 탄력적인 인력관리가 가능
- 아웃소싱 업체와의 계약을 통해 인력관리가 이루어지므로 운영이 용이
- 비용 절감으로 인해 장기적으로 비용 대비 효과성이 높음
- 운영 노하우 축적 가능
- 업무의 질적 개선

② 단점

- 초기 고정 비용이 많이 듦
- 상담인력을 직접 통제할 수 없음
- 상담 및 운영노하우 축적의 어려움
- 보안상의 문제로 인해 기업 정보와 자료누출 위험성이 있음
- 추가 업무에 대한 비용의 증가
- 업무분장 불명확 시 업무혼선 초래 위험성

3) 임대형 콜센터

ASP(Application Service Provider)콜센터라고도 하며 시스템과 인력을 모두 위탁하는 방식인데, 시스템만을 임대할 수도 있고 인력을 포함해서 임대할 수도 있는 특징이 있다. 보통 임대형 콜센터는 소규모 콜센터에서 이용하기에 적합한 방식이다.

① 장점

- 초기 투자비용이 적음
- 유지보수에 대한 고민과 부담이 없음
- 도입업체 상황에 맞게 기회 손실 감소(인입콜 증감, 서비스 증감 등)
- 기능개선에 따른 추가비용 부담 감소(시스템 확장 및 업그레이드 비용 감소)
- 구축기간이 다른 방식에 비해 짧음
- 시스템 운영인력이나 전산실 등 부대 시설 불필요

② 단점

- 콜센터 규모가 커지면 비용 부담도 증가
- 고객사 요구에 맞는 맞춤화 서비스의 한계
- 도입업체 상황에 맞게 기회 손실 감소(인입콜 증감, 서비스 증감 등)
- 기능개선에 따른 추가비용 부담 감소
- 인력관리의 비효율성과 관리측면에서의 부담

(4) 비상 시 운영전략

1) 콜인입이 최번기(Peak time) 시 운영전략

콜센터 중식 또는 예측 가능하나 이벤트적인 업무로 인한 콜 폭주 및 예측이 불가능한 콜 폭주로 인한 Peak time에 대한 응대체계를 마련하여 체계적으로 대응함으로써 응대율을 유지 및 향상시켜야 한다.

운영전략	방 법
스케줄 조정	콜 폭주 시 점심시간 단축 또는 휴식시간 제한은 물론 스케줄을 탄력적으로 운영함으로써 상담사 이석 최소화
블랜딩 조직 활용	인바운드 콜 폭주 시 아웃바운드 또는 블랜딩 조직 업무 투입 → 사전에 간단한 업무 처리를 위한 교육 실시
IVR 멘트 삽입	IVR에 고객이 자가 해결할 수 있는 방법 및 응대가 원활한 시간대 안내를 위한 멘트 삽입
관리자/스탭 콜 지원	Control tower 역할 수행을 하는 실장을 제외한 나머지 관리자와 스탭 모두 콜 지원업무에 투입
스크립트 간소화	첫인사, Plus one, 호응어 등 일부 응대 스크립트 생략 → 상담시간 단축 콜 폭주 시간대 QA평가는 하지 않으며 후처리 시간 간소화에 노력
수동 콜백 지원	응대가능시간/연락처/문의유형 파악 후 관련 내용 해당 상담사에 전달

2) 콜인입이 최빈기(Idle time) 시 운영전략

운영전략	방 법
교육진행	• 상담사 대상 상품 및 서비스 교육 시행 • 부진자 대상 개선을 위한 교육 및 코칭 진행 • 3개월 미만 상담사 대상 실시간 모니터링 코칭 • 녹취콜 청취 등
각종 이벤트 진행	휴식 및 조기 퇴근, 기분 전환을 위한 이벤트 시행
추가 업무 수행	콜센터에서 수행해야 하는 관련 업무 수행 - 고객만족도 조사, 해피콜, 감사콜, 타사 모니터링, 벤치마킹 등 활동
매뉴얼 작성	콜센터 업무에 필요한 매뉴얼, 스크립트, 사례집 개선 및 보완
회의 및 미팅	운영관련 회의 및 내부 미팅 진행
기 타	환경미화 및 Clean desk 업무 외

3. 콜센터 채용 및 선발

신규 콜센터 구축 시 또는 콜센터를 운영하면서 결원이 발생하였거나 규모가 확정되어 추가 인원이 필요한 경우 채용을 진행한다. 채용의 목표는 콜센터 운영에 적합한 상담사를 채용하여 콜센터 성과를 높이고 이직률을 최소화한다.

(1) 채용 프로세스

콜센터에서 이루어지는 채용 및 선발에 관한 프로세스는 크게 사전 준비단계-채용 및 선발단계-사후 관리단계로 나뉘어지며, 각 단계별 세부 프로세스에 의해 진행된다.

1) 선발 및 채용 전 준비단계

① 채용 및 선발관련 사전 준비단계
② 인적자원의 유형과 규모 파악
③ 면접일정 및 교육일정 수립
④ 구체적인 채용일정 및 채용인원수
⑤ 선발 및 채용기준 수립
⑥ 채용조건 및 채용경로 검토
⑦ 지원자들을 위한 면접환경 마련
⑧ 결원 및 채용인원 미달 시 계획 마련
⑨ 기타

2) 채용을 위한 사전 전화면접 진행

콜센터 상담사 채용 시 대면면접 전에 다음과 같이 사전 전화면접(Pre-screening)을 거쳐 지원자의 전화 태도는 물론 위기관리능력 등 콜센터에서 바라는 역량 수준에 적절한 지원자인지를 파악하는 절차를 거친다.

① 시간과 비용을 줄일 수 있는 가장 효과적인 면접 방법이다.
② 지원자의 태도(Attitude)를 자연상태에서 파악할 수 있는 가장 좋은 면접이다.
③ 콜센터의 규모에 따라서 관리자 배치가 달라지며 규모가 커지면 콜센터 관리자 직급을 세분화한다.
④ 위기관리능력이나 커뮤니케이션 능력, 설득력, 논리력 및 기본 지식 보유 여부 등을 평가한다.
⑤ 전화예절이나 음성에 대한 호감도는 물론 언어표현력이나 경청능력도 평가한다.
⑥ 전화면접은 10분 내외로 진행하는 것이 바람직하고 면접대상자가 면접이라는 사실을 인지할 수 없을 정도로 자연스러운 분위기에서 진행할 수 있도록 한다.
⑦ 전화면접이 끝나면 대면면접 장소와 일시는 물론 준비해야 할 사항 등을 안내해준다.
⑧ 안내와 동시에 이메일이나 단문메시지를 활용하여 추가적으로 면접 관련 정보를 알려준다.

⑨ 지원자가 통화 불가한 상황이면 통화가능 시간을 확인하여 재통화를 시도한다.
⑩ 전화면접이 끝난 후 항목에 대한 배점을 기준으로 평가표를 작성하고 이를 면접점수에 반영한다.

3) 채용 및 선발 단계

구분	내용
채용계획 수립	• 필요인원 산정 및 면접대상 인원 결정 • 채용기준 및 목적(해지방어/순수상담/CRM업무수행/연체관리 등) • 연령, 학력, 경력여부, 성별 등 업무성격에 따라 기준 설정
모 집	• 채용경로 검토/내부추천 또는 인재파견 업체를 통한 인력대행 • 인터넷 취업 사이트 및 회사 홈페이지(수시모집/필요 시 충원) • 대학교 취업정보센터 및 해당구청, 노동부 워크넷(www.work.go.kr)
서류전형	• 이력서 및 자기소개서, 경력소개서 접수(서체 및 내용확인, 사진) • 결혼유무, 거주지역, 이전 직장 근무년수 및 퇴사이유, 급여, 경력 유무 등 • 면접인원이 많을 경우 사전에 ARS를 통한 사전 스크리닝 실시(시간절약)
전화면접	• 서류전형에 통과한 사람들을 대상으로 면접일정 통보 시 전화를 통한 면접 실시 • 간단한 자기소개 및 상황 대처방법(출근하려는데 아이가 아플 때 어떻게 하겠는가?) • 지원자의 음성 및 업무 수행 시 필요한 Skill과 관련된 질문
대인면접	• 면접 시 Check 항목 및 면접 평가서 준비 • 지원자에 대한 질의 : 지원동기, 콜센터 근무 시 가장 어려웠던 점, 전 직장 퇴사이유 등 • 언어표현 능력, CS Mind, 업무해결능력, 난감한 질문에 대한 반론 극복능력 등
채 용	• 최종 합격 통보(출근일자 및 기타사항 By 전화, 메일, SMS) • 신체검사 지정병원 안내 및 준비해야 할 구비서류 안내

4) 채용 및 선발 사후단계
① 채용 및 선발 프로세스 점검
② 개선 및 보완사항 Check
③ 선발 및 채용인력분석
④ 탈락자에 대한 Feedback
⑤ 탈락자에 대한 세심한 배려
⑥ 채용경로에 따른 지원자 능력검증
⑦ 예비후보자(결원/채용인원 미달)

(4) 채용채널 및 채널별 활용방안

1) 콜센터 채용 채널

최근 콜센터 인력 채용이 쉽지 않아 갈수록 채용채널이 다양화되고 있으며 기존 채용채널은 물론 채용을 활성화하기 위한 대안들이 속출하고 있다. 상담사 인력수급을 원활히 진행하기 위해 기존의 채용채널 외에 다양한 채널확보가 필요하며, 전개방식에 따른 검토사항 등을 사전에 준비한다.

채용채널	활용방안	점검사항
내부 On-line 채용 사이트 활용 및 차별화	• 자체 채용 사이트를 구축 • 전문 채용포털 사이트 활용 －포털 사이트 내 배너, 게시물 등	• 궁금증 유발 및 문의 유도 • 포털 사이트 활용 시 효과 검증
사내 추천 활용	• 사내 그룹웨어의 적극적인 활용 • 타 부서 근무직원의 업무 재배치	• 재배치에 따른 조직 정서상 Gap 최소화 • 직무 스킬 및 조직 적응 기간 최소화
채용 대행사 활용	• 채용 업체와의 서비스수준 협약 체결 • 수수료율 차등화 및 프로모션 차별화	대행업체와의 주기적인 커뮤니케이션
사내 직원 추천활동 강화	• 파트장, QA, S/V, 상담사의 추천 • 현장 붐업, 프로모션 진행 및 홍보	소개 및 추천 시 구체적인 혜택 제시(인센티브 및 인사고과 등)
퇴직자 재입사	• 결혼, 출산, 대학진학, 기타 사유로 퇴사한 직원의 재입사 추진 －콜센터/재택근무 인원으로 채용	• 재입사에 따른 재교육 및 배치 고려 • 재입사/재택근무에 따른 조직 적응에 대한 고려
산업협력학교 대상 추천 확대	• 특성화 교육기관과의 산학협력 추진 • 정규교육기관 취업담당 부서 활용 －고등학교, 초대졸 대상 교사/교수 활용	• 콜센터 소개 및 입사에 따른 혜택 등을 다룬 홍보자료 제작 및 배포 • 채용대상 학교별, 학과별 분석
기타 채널 활용	• 각 지자체 개최 채용박람회 참가 • 시, 구청 일자리센터 코너 게시판 활용	• 노동부나 기타 위탁사업체 연계 추진 • 워크넷(www.work.go.kr) 활용

4. 콜센터 이직관리

(1) 콜센터 이직의 이해

1) 콜센터 이직의 영향

① 이직으로 인해 직접적으로 발생하는 계산 가능한 비용(유형)

- 이직으로 인한 채용비용
- 신규 인력에 대한 교육비용

- 기존직원 추가근무 비용
- 인력선발비용(서류~면접)

② 이직으로 인해 간접적으로 발생하는 무형의 손실비용(무형)
- 동료 직원의 동요 및 사기 저하
- 업무 스트레스 가중
- 기업 이미지 감소
- 회사 지적자산과 노하우 유출
- 생산성 및 경쟁력 약화

③ 이직으로 인해 포기해야 하는 이익 및 수익
- 이직은 단순한 수치 이상의 부작용을 양산한다.
- 비용면에서 직접적인 비용이 발생한다.
- 동료직원들의 동요 및 사기가 저하된다.
- 이직으로 인한 인원감소로 업무 스트레스 가중과 같은 간접적인 비용이 발생된다.
- 이직으로 인해 포기해야 하는 이익과 수익이 발생한다.

(2) 콜센터 이직의 유형

1) 이직의 원인(콜센터 이직 원인)

① 급여수준과 근무환경 및 조건
② 직업의 장래성
③ 상담사에 대한 부정적인 이미지
④ 근무시간(출퇴근), 직장 위치
⑤ 업무 스트레스, 업무과다
⑥ 고객 클레임 처리
⑦ 과도한 통제
⑧ 조직의 내부나 외부에서 더 나은 기회 획득

2) 자발적 이직

자발적 이직은 직원이 스스로 회사나 조직을 떠나는 것이다.

① 부적절한 급여 및 보상
② 과도한 업무(목표 및 실적에 대한 압박)
③ 교육기회 및 경력개발의 기회 부재(Career path)

④ 조직문화 부적응 및 커뮤니케이션 문제
⑤ 불합리한 고용계약
⑥ 복지혜택 미흡 및 열악한 근무환경
⑦ 퇴사(타사로의 이직, 결혼, 학업, 부모 부양 등)
⑧ 상사와의 마찰
⑨ 기타(원거리, 업무부적응)

3) 비자발적 이직

비자발적 이직은 회사측에서 고용관계를 종료하겠다고 결정될 때 발생한다. 비자발적 이직은 센터 채용 결정에 문제가 있었음을 암시하기도 한다.

① 해직 및 권고사직(낮은 성과 및 정책에 대한 저항)
② 인수합병 및 구조조정에 의한 정리해고
③ 기타(사망, 정년퇴직 등)

4) 기능적 이직

특별한 성과가 없으며, 비효율적인 상담사가 자발적으로 콜센터를 그만 두는 것을 의미한다. 이러한 상담사의 사표는 반려하는 일이 없어야 한다. 이와 같은 상담사가 자발적으로 관둠으로써 회사는 돈과 시간을 절약할 수 있다

5) 역기능적 이직

아주 유능한 상담사가 자발적으로 콜센터를 그만 두는 것을 말한다. 이직 방지를 위해 많은 노력을 기울여야 한다.

6) 이직의 긍정적인 측면

① 낮은 성과를 내는 직원방출
② 장기적인 비용의 감소
③ 사내직원의 승진 기회제공

(3) 이직 원인 분석

이직을 최소화하기 위해서는 당연히 이직이 발생하는 원인이 무엇인지를 정확히 파악하고 이를 분석하여 이직관리에 적용하여야 한다. 이직에 대한 분석은 보통 4W형태로 나눠지는데, 이직 대상(Who), 이직 사유(Why), 이직 시기(When), 이직하는 곳(Where)으로 나눠 분석한다.

분석요소	주요 내용
이직 대상 (Who)	• 어떤 직원들이 이직하는지를 파악 －업무 스킬이나 성과 및 역량 수준 정도 －성격 및 대인관계와 근속연수와의 관계 파악 －신입/기존 사원, 상담사/관리자 －거주지역 및 연고자 등 • 이직 대상자들의 특징 및 징후 파악
이직 원인 (Why)	• 면담이나 내부 네트워크 이용 • 이직 원인에 대한 지속적인 사전 모니터링(정기적인 면담) • 이직 예상 원인별 특징 파악 －자발적인 이직/비자발적인 이직 －급여, 업무 과부하 정도, 경력개발, 비전제시, 대인관계 －근무환경, 적성 또는 업무 부적응 및 기타 • 이직 방지를 위한 사전예방 프로그램
이직 시기 (When)	• 이직이 발생하는 특정 시기 파악(이직 시기 예측) －여름휴가/추석/구정/퇴직금 정산 후/기타 －입사초기 3개월 미만(OJT)/공헌단계/기여도 저하단계 • 이직 시기별 이직방지를 위한 대안마련(사전 조치) • 특정 시기 이직에 따른 추가 채용 고려 및 계획 수립
이직 장소 (Where)	• 이직 후 옮기는 장소에 대한 분석 필요 －경쟁사로의 이직, 지병, 진학, 결혼 등 • 경쟁사 이직에 대한 모니터링 및 분석 －이직하는 콜센터 인력확보 경쟁우위 여부 －급여, 근무조건, 추가 이탈자 여부, 복지혜택 등

(4) 이직관리 방안

1) 사전/사후 이직관리방안

▾ 이직관리 방안

구 분	내 용
사전 이직관리	• 정기적인 직원의 이탈을 사전에 예방하는 차원에서 이직이 발생하기 전 사전적인 조치나 개선을 통해 이직을 최소화하는 것을 의미 • 정기적인 직원대상 만족도 조사 실시 • 동종업계 근무조건 수시파악 및 유연한 대응 • 커뮤니케이션 및 Skin-ship 확대를 통한 이직 원인 파악 및 개선 • 내부 불만 및 스트레스 정도에 대한 상시 모니터링 진행 • 이직 고려 시 나타나는 징후 사전 포착(체크리스트 활용)
사후 이직관리	• 이직이 발생한 직후 이직 원인을 면밀히 분석하여 추가적인 이직이나 잠재적인 이직이 발생하지 않도록 하는 것을 의미 • 퇴사자에 대한 정성적, 정량적인 분석 진행(이직 원인 규명 단계) • 외부환경요인, 조직요인, 근무환경, 직무관련, 개인특성 요인 • 분석결과 이직 최소화를 위한 사후 대책 마련(피드백 단계) • 사후 이직관리 실행에 대한 평가(평가단계)

2) 이직 위험관리지표(Turnover Risk Management Index)

① 콜센터 상황에 맞게 수정해서 사용할 수 있다.

② 이직 위험 관리지표는 몇 가지 질문문항을 가지고 과거의 데이터를 활용하면서 이직의 위험이 있는 직원들을 사전에 가려내는 것에 목적이 있다.

③ 평가항목은 상황에 맞게 수정 및 보완작업이 이루어져야 하며, 비중 또한 상황에 맞게 조정할 수 있는데 평가결과가 높을수록 이직의 위험이 높으므로 별도의 관리나 조치가 이루어져야 한다.

④ 각 평가 항목은 통계분석을 통해 각 항목과의 유의성이나 상관성이 있는지 여부를 파악하면 더 좋은 자료로 활용될 수 있다.

⑤ 지표조사를 월 단위로 시행하는 것은 어렵기도 하거니와 조사기간이 너무 빨리 돌아오면 직원들에게 부담을 줄 수 있으므로 분기 단위로 진행하는 것이 좋다.

3) 이직 징후체크리스트(Turnover Sign Checklist)

① 이직의 징후가 될 수 있는 항목들을 종합하여 체크리스트를 만들고 이를 점수화하여 이직을 예방하는 방법이다.

② 이직의 징후로 보이는 항목들을 선별하여 문항으로 만들고 해당사항 여부에 따라 '예'와 '아니오'로 평가하여 점수를 주는 방법인데, 합산결과에 따라 점수가 높으면 높을수록 이직의 위험이 높으므로 면담이나 이직 원인에 대한 해결책을 제시함으로써 사전에 이직을 막을 수 있다.

5. 동기부여

(1) 동기부여의 이해

1) 동기부여의 정의

① 동기부여는 심리학적인 관점에서 개인이 목표로 하는 행동을 자발적으로 불러일으키고 방향을 제시하며 이를 지속시키는 과정이다.

② 조직 구성원으로 하여금 업무를 적극적으로 수행할 수 있도록 의욕을 지속적으로 불러일으키고, 스스로 방향을 제시하게 하고 이를 지속될 수 있도록 해주는 행위로 정의될 수 있다.

③ '사람을 움직이게 하고 행동하게 하는 것'이라는 말로 단순화시킬 수 있으며, 오늘날 조직 관점에서 동기부여는 목표를 달성하기 위한 개인의 집념과 방향 그리고 지속성을 보여 주는 과정이다.

④ 동기부여라는 '조직의 목표달성을 위한 과정에서 적절한 동기를 유발함으로써 구성원들을 움직이게 하고 행동하게 하는 요인'이라고 정의할 수 있다.

2) 동기부여 이론

동기부여이론이라고 하면 내용이론(Motivation content theory)과 과정이론(Motivation process theory)으로 나뉘는데 이러한 구분기준은 동기부여의 어떠한 관점을 강조하느냐에 따라서 확연히 구별이 된다.

▾ 내용이론과 과정이론 비교

내용이론	과정이론
• 행동을 유발하는 요인은 무엇인가?(What) • 행동에 영향을 미치는 특정한 욕구나 보상파악에 초점 (예) 보상 및 만족을 추구하는 가장 기본적인 욕구들은? • 어떤 유인요소가 가장 매력적인가? – Maslow의 욕구단계(계층)이론 – McGregor의 XY이론 – Herzberg의 2요인이론 – Alderfer의 ERG이론 – McClelland의 성취동기이론	• 어떻게 행동을 유발하는가?(How) • 인식 또는 직무환경요인과 상황 등에 초점 (예) 어떠한 과정을 통해서 동기부여가 이루어지는가? • 유인요소 상호간의 교류정보 및 영향 – Vroom의 기대이론 – Adams의 공정성(형평성)이론 – Locke의 목표설정이론 – Porter & Lawler의 업적만족이론

(2) 내용이론

사람의 동기를 유발하는 요인이 무엇인가(What)에 초점을 두는 이론으로, 인간의 기본적인 욕구만족에 초점을 두고 동기부여를 설명하는 이론이다. 매슬로우(Maslow)의 욕구계층이론, 맥그리거(McGregor)의 X이론과 Y이론, 허츠버그(Herzberg)의 2요인, 앨더퍼(Alderfer)의 ERG이론이 대표적이라고 할 수 있다.

1) 매슬로우의 욕구계층이론(Hierarchy of needs theory)

① 매슬로우의 욕구계층이론은 동기부여이론 중 가장 널리 알려진 이론 중에 하나이며, 욕구계층이론은 모든 사람들은 다섯 가지의 욕구단계를 가진다고 가정한다.

② 각 욕구단계는 단계별로 욕구가 충족되어야 다음 단계의 욕구로 넘어간다는 것이 핵심내용이다.

③ 욕구계층이론은 다섯 가지의 욕구단계를 저차원과 고차원으로 구분하였는데, 생리적 욕구와 안전의 욕구는 저차원, 자아실현의 욕구는 고차원으로 분류하였다.

2) 맥그리거의 X이론과 Y이론

X이론	Y이론
대부분의 사람들은 일을 싫어하고 가급적이면 회피하려고 함	작업조건만 제대로 갖춘다면 일이라는 것은 사람들에게 있어 놀이나 휴식과 같이 자연스러운 것
대부분의 사람들은 게으르고 야망이 없으며 책임지기를 싫어하기 때문에 조직목표를 위해서는 억압이나 통제가 따라야 함	대부분의 사람들은 몰입이 이루어지면 조직목표를 달성하는 데 있어 자기통제는 물론 자기주도가 가능함
대다수의 사람들은 조직문제를 해결하는데 있어서 창의력을 발휘하지 못하며 지시받기를 원함	조직문제를 해결하는데 있어 대부분의 사람들은 창의력을 가지고 있으며, 적절히 동기부여가 되면 자율적이고 창의적임
동기부여의 경우 저차원적인 욕구(생리적 욕구, 안전욕구)에서만 가능함	동기부여의 경우 전 단계에서 가능함(저차원~고차원)

① 인간을 부정적인 존재로 바라보는 X이론과 본래 긍정적인 존재로 바라보는 Y이론은 인간본성에 대한 근본적인 관점에 따라 직원의 관리방식이 근본적으로 달라진다는 점을 제시한 이론이다.

② 맥그리거는 X이론보다는 Y이론이 좀 더 효과적인 가정이라고 해서 직원들의 동기부여를 최대화할 수 있는 방법들, 예를 들어 의사결정, 책임감 부여, 도전적인 목표 등을 제시했지만, Y이론의 정당성이 입증되지는 않았으며 큰 기업보다는 소규모 기업에나 해당될 법한 이론이다.

3) 허츠버그의 2요인 이론

① 동기-위생이론이라고도 하며 직무에 만족을 주는 요인은 동기요인(Motivation factors), 불만족을 초래하는 요인을 위생요인(Hygiene Factors)으로 정의한 이론이다.

② 동기요인의 경우 '만족'과 '만족하지 않음' 그리고 위생요인의 경우 '불만이 없음'과 '불만족'으로 구분함으로써 단순히 만족의 반대가 불만족이라는 기존의 논리를 반박하였다.

③ 불만족과 만족은 전혀 별개의 차원이며 각 차원에 영향을 주는 요인(Factor) 또한 별개의 것이라고 주장하는 것이 바로 동기-위생이론이다.

▾ 동기요인 및 위생요인 비교

동기요인	위생요인
직무에 대한 성취감(Achievement)	기업의 정책(Policy & Administration)
직무에 대한 안정감(Job stability)	감독(Supervision & Leadership)
직무 자체(The work itself)	보수(Salary)
책임감(Responsibility)	대인관계(Interpersonal relation)
성장 및 발전(Growth & Advancement)	작업 조건(Working conditions)
직무 자체에 대한 관심	직무 환경에 대한 관심

4) 앨더퍼의 ERG이론

앨더퍼는 인간의 욕구를 3가지 핵심범주로 간소화하여 이론으로 개발함은 물론 이를 실험을 통해 정립하였다. 그것은 존재욕구(Existence), 관계욕구(Relatedness), 성장에의 욕구(Growth)인데 앞글자를 따서 ERG이론이라고 한다.

▴ ERG이론

5) 매클리랜드의 성취동기이론

① 매클리랜드의 경우 동기부여 요인을 성취욕구(Achievement), 권력욕구(Power), 친교욕구(Affiliation)로 구분하였으며, 성취욕구를 가장 중요한 것으로 보고 이를 설명하려 하였다.

② 성취동기이론의 특징은 성취욕구가 높은 사람일수록 책임감은 물론 피드백 그리고 크지 않은 위험부담이 있는 업무를 선호하고, 성취욕구가 높은 사람들로 조직이 구성되면 조직의 발전이 빨라지며 성취동기 요인의 특성이 주어질 때보다 훌륭한 리더로서 성장했다고 주장한다.

(2) 과정이론

내용이론이 '행동을 유발하는 요인은 무엇인가?'에 초점을 맞추고 집중함에 따라 개인의 욕구가 충족되는 과정에 대한 설명은 미흡하였다. 이에 대해 동기유발의 과정을 설명하는 이론을 과정이론(Motivation process theory)이라고 한다. 과정이론은 흔히 인식절차이론이라고도 하며, 과정이론에는 빅터 브룸(Victor Vroom)의 기대이론, 스테이시 애덤스(Stacy Adams)의 공정성(합리성)이론, 에드윈 로크(Edwin Locke)의 목표설정이론, 리만 포터(Lyman W. Porter)와 에드워드 라울러(dward E. Lawler)의 업적만족이론 등이 있다.

1) 브룸의 기대이론

가장 널리 인정받고 있는 동기부여 이론이 바로 브룸의 기대이론인데, 가장 포괄적이면서도 많은 연구자들의 지지를 받고 있는 이론으로 개인이 어떠한 행동을 할 때의 기대와 행동으로 나타난 결과가 얼마나 매력인 것인가를 보여 주는 유인 정도에 따라 행동하게 된다는 이론이다.

단계별로 어느 정도 유인요소가 있느냐에 따라 개인이 행동하는 경향의 정도가 다르게 나타난다고 보며, 개인목표에 대한 이해와 노력-성과관계, 성과-보상관계, 보상-개인목표 관계에 초점을 맞추는 것이 핵심이다.

2) 애덤스의 공정성이론

애덤스의 공정성이론은 흔히 형평성이론이라고도 하며 개인은 자신의 사회적 관계를 타인과의 비교를 통해 스스로를 평가하며, 그 결과 타인과의 관계에서 형평성을 유지하려는 방향으로 동기부여가 된다는 이론이다.

3) 로크의 목표설정이론

달성하고자 하는 목표가 명확하고 구체적이고 도전적일수록 성과에 영향을 준다는 이론으로, 목표가 구체적이고 도전적인 목표일수록 성과 수준 또한 그에 상응해서 높아진다고 보는데 구체적인 목표달성을 위해 일한다는 것 자체가 동기부여의 주요 요소라고 보았다.

4) 포터와 라울러의 업적만족이론

① 업적만족이론은 상황과 환경 및 조건에 만족하면 업적달성 및 직무성취 등이 이루어진다고 하는 주장에 반대하고, 업적달성 및 직무성취 수준이 직무만족을 가져온다고 주장한다.

② 업적만족이론은 보상 자체보다는 보상의 공평성(Equity)을 강조하며 급여인상 및 승진과 같은 외적 보상보다 칭찬, 인정, 소속감, 존중, 만족감과 같은 내적 보상이 더 중요하다고 주장한다.

(3) 내재적 동기부여

내재적인 동기부여는 크게 외부 요인들이 어떻게 내재적 동기부여에 영향을 미치는지를 설명하는 인지평가이론(Cognition Evaluation theory)과 직무특성이 개인의 성장욕구와 부합하면 큰 의미와 책임감을 통해 동기유발이 된다며 직무 그 자체에 초점을 맞춘 직무특성이론(Job characteristics theory) 그리고 개인이 직무를 수행함에 있어 권한위임 자체가 동기를 유발시키는데, 이때 권한이 위임된 직원의 주관적 인식에 초점을 맞추는 인지적 임파워먼트이론(Cognition empowerment theory)있다.

1) 에드워드의 데사이의 인지평가이론

① 일에 대한 몰입이나 만족감 같이 내재적으로 동기화된 행동에 외적인 보상이 주어졌을 때 오히려 전반적인 동기부여를 감소시키거나 내재적인 동기까지 감소시킨다고 주장한다.

② 인지평가이론은 유능감(어떤 과업을 잘 수행해낼 수 있다고 생각하는 자신에 대한 느낌을 의미)과 자기결정성(어떠한 과업을 수행하는데 있어 외부의 힘을 빌리지 않고 자기 스스로 결정했다고 생각하는 태도) 에 의해 내적 동기가 발생한다고 하는 전제를 가지고 이론을 펼친다.

2) 헤크먼과 올드햄의 직무특성이론

① 헤크먼(Hackman)과 올드햄(Oldham)에 의해서 제기된 동기부여이론으로 직원들이 수행하는 업무 자체가 개인의 성장욕구수준에 부합하면 해당 직원에게 더 큰 의미와 책임감을 부여해 주어 동기를 유발시킬 수 있다고 주장하는 이론이다.

② 직무특성이론은 개인차를 고려함은 물론 개인의 성장욕구를 강조하는 이론으로, 핵심직무특성 5가지 요소와 직원의 중요심리상태 그리고 직원의 성장욕구에 따라 성과 및 만족도가 달라지며, 결근이나 이직의 가능성은 물론 업무성과에도 영향을 미친다고 주장한다.

3) 토마스와 벨트하우스(Thomas & Velthous)의 인지적 임파워먼트이론

① 인지적 임파워먼트이론은 말 그대로 인지적 관점 하에서 임파워먼트(Empowerment)를 증가시켜서 동기부여의 내적 과정을 설명하려는 이론이다.

② 직무를 수행함에 있어 직원들에게 의사결정 권한과 역량을 부여함으로써 조직의 목표를 달성하는데 있어 가장 적합한 행동을 취하도록 하는 것이다.

(4) 콜센터 관련 동기부여 이론

콜센터 동기부여 이론 가운데 프로사이(Prosci)의 문턱(Threshold model)이론이라는 것이 있다. 문턱이론은 바람직한 직무요인과 필수직무요인이 어떻게 콜센터 상담사들의 생산성에 영향을 미치는지를 보여 주는 모델이라고 할 수 있다. 이 동기부여 모델은 상담사들에게 고무시키거나 동기부여하기 위해 먼저 취해야 할 것들은 무엇인지를 보여 주는데 바람직한 직무요인과 필수직무요인으로 구분하여 콜센터 동기부여 이론을 설명한다. 프로사이의 문턱이론은 콜센터 직원의 동기부여와 업무행위에 대한 견고한 조사를 바탕으로 만들어진 개념이며, 콜센터 상담사와 그들의 매니저를 대상으로 독자적인 조사와 인터뷰를 통해 나온 벤치마킹 데이터를 근거로 하여 만들어졌다.

1) 프로사이의 문턱이론

① 문턱이론은 바람직한 직무요인(Desired job factors)과 필수직무요인(Required job factors)으로 구성된다.

② 다음 단에 위치한 것이 필수직무요인인데 기본만족요인이 무시되면 동기부여가 발생하지 않게 되며, 그 결과로 인해 이직률이 발생함은 물론 낮은 생산성을 초래하게 된다고 주장한다.

③ 상위에 있는 바람직한 직무요인 이전에 필수직무요인이 먼저 충족되어야 한다는 점에서 머슬로우의 욕구계층이론과 유사하다.

④ 기본적인 필수직무요인에는 직원들이 업무수행에 필요한 기본적인 지식은 물론 급여 및 혜택, 물리적인 환경 및 설비 그리고 시스템이나 유틸리티 등의 각종 도구들이며 이러한 기본적인 요건이 충족되지 않을 경우 위에서 언급한 바와 같이 동기를 유발할 수 없다고 주장하였다.

⑤ 기본적인 조건이 충족된 상태에서 바람직한 직무요인인 조직문화, 성과급이나 보상, 직업적인 성장 등이 실제 인센티브가 되어 이직률을 낮추고 높은 생산성을 유발할 수 있다고 주장한다.

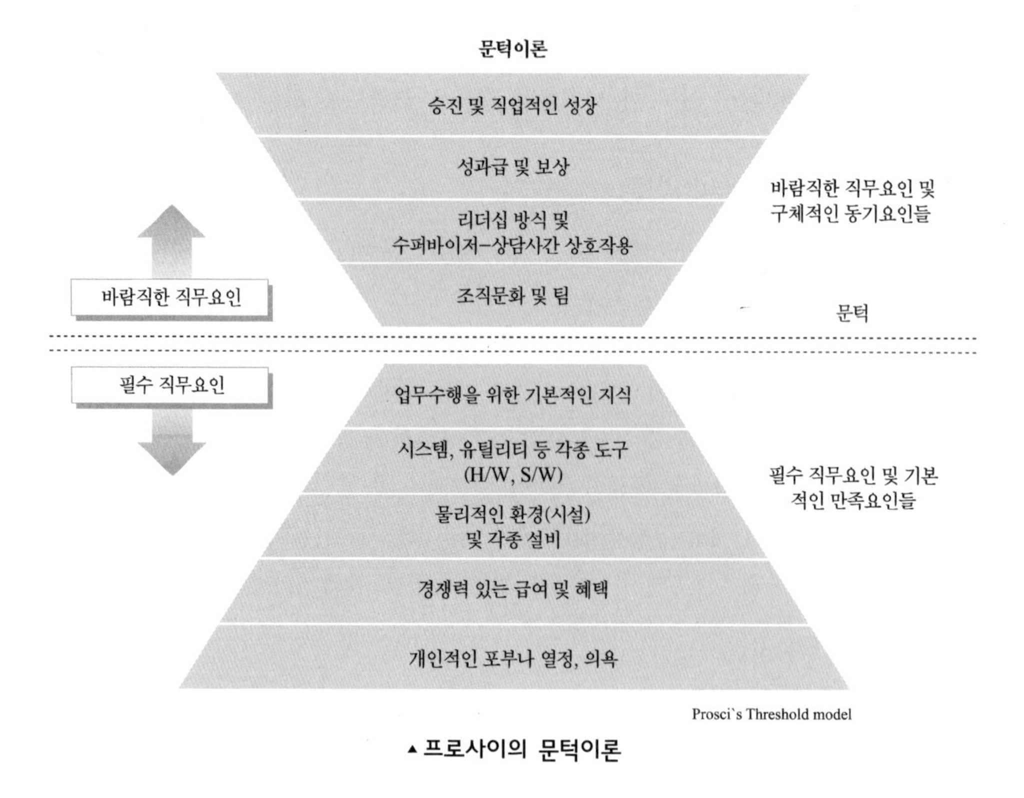

▲ 프로사이의 문턱이론

2) 동기부여 라이프사이클

① 다음 그림은 동기부여에 대한 생애주기를 나타낸 도표인데, 허니문 단계를 거쳐 성장단계, 만족 단계에 이르기까지 동기부여에 대해 각 단계별로 적절히 이루어졌을 경우와 그렇지 않은 경우 어떠한 결과를 나타내지를 보여 준다.

② 허니문 단계에서는 새로운 콜센터 조직에 대한 기대와 함께 자신이 기대한 바와 현실 상황과 비교를 하는 시기로, 시간이 경과함에 따라 점차적으로 업무에 대한 열정이 감소하는 시기이다.

③ 허니문 단계를 거쳐 성장 단계에서 동기부여가 제대로 작용하게 되면 직원들은 상사 또는 동료들과의 업무에 대해서 자신감과 희망적인 낙관을 가지게 되며, 결국 조직문화와 회사의 미래에 대해서도 긍정적으로 생각해 회사와 같이 성장해야겠다는 태도를 유지하면서 퇴사하지 않고 지속적으로 회사발전에 기여한다.

④ 그렇지 않은 경우 실망과 더불어 조직문화는 물론 미래에 대해서도 냉담 및 무관심으로 일관해 결국 이직으로 이어지는 결과를 초래하게 된다.

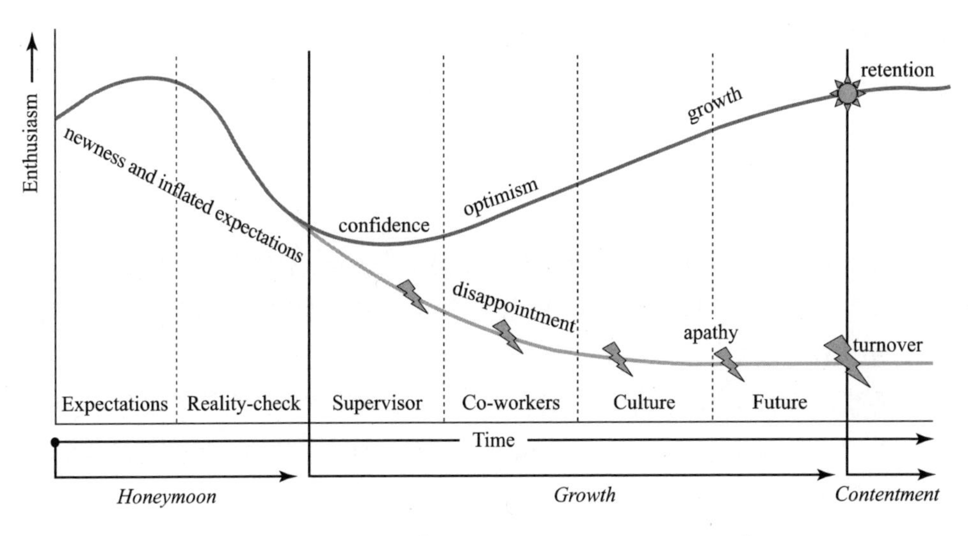

▲동기부여 생애주기(The Motivation Lifecycle)
출처 : Prosci research

6. 콜센터 동기부여

(1) 콜센터 조직에 필요한 동기부여의 조건

콜센터를 운영하는데 있어 가장 핵심이 되어야 할 동기부여의 조건에는 명확한 비전제시, 적절한 급여와 성과에 대한 보상 그리고 몰입할 수 있는 분위기 및 환경, 긍정적인 조직문화, 그리고 무엇보다 직원들에 대한 책임 및 권한위임 등이다.

① 명확한 비전제시
② 적절한 급여와 성과에 대한 보상
③ 몰입할 수 있는 분위기 및 환경
④ 긍정적인 조직문화
⑤ 책임 및 권한위임

(2) 단계별 동기부여 전략과 운영자의 역할

동기부여는 지속적인 성과관리 및 이직률 방지를 위해서 필요하고, 콜센터 구성원들에게 모두 생산적이고 긍정적인 마인드를 심어줌으로써 회사의 목표 및 비전을 이루는데 필연적으로 수반되는 업무행위이며, 개인의 창조적인 능력을 이끌어낼 수 있는 효율적인 운영 요소이다. 조직의 비전이나 목표를 달성하기 위해 필요하므로 회사의 목표나 콜센터 경영방침, MBO(Management by objectives)와 부합하여야 하며 이를 토대로 체계적인 단계별 전략이 수립되어야 한다.

1) 단기적인 동기부여

① 단기적인 동기부여는 단기간의 목표달성이나 직원들의 긴장감을 해소시켜 줄 목적으로 행하는 프로모션이나 이벤트 등을 의미하는데, 재미있는(Fun) 요소가 가미되면 효과가 좋다.

② 특정 기간에 발생하는 폭주콜 또는 회사 정책에 의해 장기간에 걸쳐 지속되는 민원건 응대로 인해 업무능력이 소진(Burn-out)된 직원이나 팀 분위기를 쇄신시키기에 좋은 방법이다.

③ 단기적인 동기부여는 성과와 상관없이 직원들의 업무의욕 고취나 긴장감 해소, 분위기 쇄신을 위해서도 시행할 수 있다.

2) 중기적인 동기부여

① 단기적인 동기부여가 생산성이나 직원들의 긴장감 해소 같은 단기간에 진행될 수 있는 동기부여라면 중기적인 동기부여는 직원들의 업무역량을 향상시키는 데 초점을 맞춘다.

② 콜센터 직원들로 하여금 스스로 배우고 발전할 수 있는 기회를 제공하는 것이 중기적인 동기부여의 핵심이라고 할 수 있다.

③ 교육이나 훈련은 단기간에 효과를 볼 수 있는 것이 아니라 어느 정도 시일이 경과한 시점에 결과가 나오므로 체계적인 전략을 가지고 접근해야 효과를 볼 수 있다.

④ 특정 그룹이나 팀에 배치되어 차별화된 업무를 수행하는 직원들에게는 내외부 교육을 통해 높은 역량을 발휘할 수 있게 교육기회를 제공해 주는 것도 중기적인 동기부여라고 할 수 있다.

3) 장기적인 동기부여

① 장기적인 동기부여 방법은 중, 단기 동기부여 방법과는 달리 직업적인 성장 부분에 초점을 맞춘다.

② 장기적인 동기부여 단계에서 주의할 것은 직업적인 성장이 반드시 승진이나 보직 변경을 통해서만 이루어지는 것이 아니라는 사실이다. 직업적인 성장에는 직업의 미래 성장가능성 제시 또는 확고한 성장 비전 마련, 도전적이고 흥미로운 업무 마련, 향후 콜센터 경력목표를 달성할 수 있는 로드맵 제시, 자기계발을 할 수 있는

업무환경 마련 등을 통해서도 이루어질 수 있다.

④ 어떠한 방식에 의해서 승진이나 직업적인 성장이 가능한지를 명확하게 보여 주어야 하며, 이에 대한 역할모델(Role Model)이 될 만한 사람들을 통해 성장 가능성을 제시해주어야 한다.

7. 콜센터의 평가와 보상

콜센터에서의 평가와 보상은 동기부여의 효과적인 도구이기도 하지만 평가의 경우 결과를 토대로 체계적인 분석을 통해 문제점 도출은 물론 정해진 목표수준에 맞게 이를 효과적으로 수행하고 있는지를 확인하고, 코칭 및 피드백을 해줌으로써 생산성 향상은 물론 개인 및 콜센터의 비전을 실현하는 과정이라고 할 수 있다.

① 평가는 콜센터 전체의 수준은 물론 개인의 수준을 파악하고 이를 개선하는데 목적이 있으며, 이러한 개선활동을 촉진시키는 도구가 바로 보상이다.

② 콜센터 평가의 목적은 크게 균일할 서비스 수준의 유지와 효율적인 생산성 향상 제고, 상담 능력에 대한 점검 및 개별 상담사의 업무능력에 대한 보상차원의 동기부여를 통해 콜센터 전체의 성과를 향상시키고 효율적인 상담사 관리를 위해서 필요하다.

③ 평가를 통해 우수한 관리자 및 상담사를 확보하고 유지하며 단계적인 상향평준화를 위해서도 반드시 필요한 과정이며 능력 부진자를 가려내어 이들에 대한 개선 및 조치를 취함으로써 콜센터 전체의 서비스 수준 향상에도 기여한다.

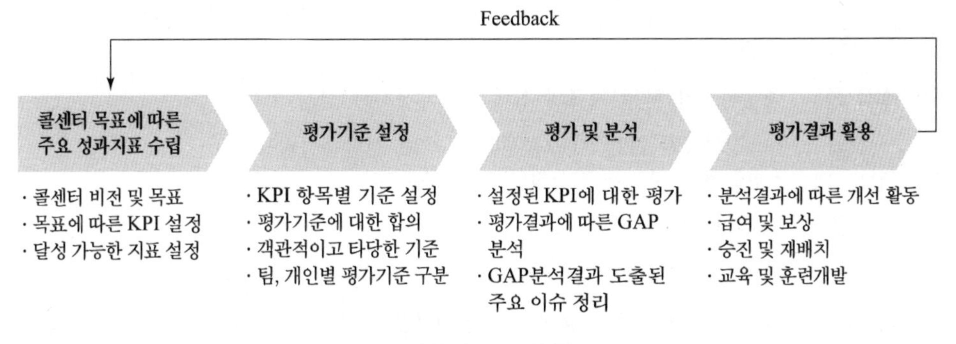

▲콜센터 평가 프로세스

④ 평가 프로세스는 콜센터 비전 및 목표를 달성하기 위한 핵심성과지표를 수립하고 핵심성과지표에 대한 구체적인 평가기준을 설정한다. 객관적이고 타당한 평가기준을 설정한 후 평가 및 분석을 진행하는데, 분석결과 도출된 주요 이슈들을 통해 평가결과에 활용한다.

(1) 평가 및 보상체계

콜센터 평가 및 보상체계는 설계단계서부터 전사의 비전은 물론 전략, 경영상의 목표와 연동해야 하며, 전략적인 목표를 달성하기 위한 콜센터 조직의 주요 팀과 관리자, 상담사에 대한 평가요소는 물론 보상체계가 마련되어야 한다.

1) 콜센터 평가체계

직무기술서에 근거해서 관리자나 상담사들의 업무를 평가하는데 자체 운영 콜센터의 경우 자체 콜센터 조직에 대한 평가 그리고 QA, 교육강사, 팀/파트관리자 등 관리자를 대상으로 한 평가와 자체 상담사를 대상으로 한 평가로 나누어 진행하며 외주업체를 통해 위탁 운영되는 콜센터는 서비스수준협약(SLA : Service Level Agreement)에 의해 평가를 진행한다.

▼콜센터 평가체계 및 주요 내용

구 분	주요내용
평가주기	• 월단위 평가를 기준으로 매월 1일에서 말일까지를 평가기간으로 함 • 인사고과의 경우 분기, 반기 또는 년 단위로 평가
평가대상	콜센터 직원(관리자, 상담사),
평가기준	정량적 평가와 정성적 평가 비중 또는 업적평가(생산성) 및 역량평가(능력/태도) 비중
평가실적 산식	측정하고자 하는 지표의 실적값을 계산하는 산식 마련
평가지표	• 측정하고자 하는 지표(콜생산성 지표, 상담품질지표 외) • 정량적인 지표와 정성적인 지표 구분
평가등급	S/A/B/C/D
평가방식	절대평가/상대평가
평가활용	콜센터 생산성 향상, 분석을 통한 개선활동, 급여 및 보상, 승진 및 재배치, 기타

2) 평가항목 및 지표

콜센터의 성과평가지표는 업종 및 업무 형태에 따라 크게 차이가 난다. 또한 콜센터에서 어떠한 목적과 전략과제를 가지고 있느냐에 따라 콜센터의 운영방향이 달라진다.

평가항목은 크게 콜센터 업무에 대한 실적, 근태, 업무능력 및 태도, 팀에 대한 평가, 기타(가감점) 등으로 구분할 수 있으며, 이러한 평가항목에 따른 지표 및 산출물은 업종 및 수행업무, 업무형태는 물론 콜센터의 규모에 따라 세분화된다.

① 평가의 용이성은 아무리 훌륭한 지표더라도 평가하기가 어렵고 콜센터 통계시스템 상황을 고려했을 때 평가나 측정이 불가능한 지표를 선정하는 것은 비용 및 시간이 걸리므로 평가지표를 선정할 때 이 부분을 고려하여야 한다.

② 평가지표의 목표도달 가능성인데 평가지표 선정 시 개인이든 팀이든 도저히 도달할 수 없고 실현 불가능한 지표를 설정하는 것 자체가 직원들이나 팀으로 하여금 의욕을 저하시키거나 지표를 통한 성과평가의 왜곡이 발생할 수 있으므로 주의해야 한다.

③ 지표가 간결해야 한다. 지표가 많을 경우 개인 또는 팀 성과에 대한 집중도가 떨어지는 현상이 발생하기도 하거니와 평가 과정 자체가 번거롭고 어려워 제대로 된 평가가 이루어지기 어렵다.

▾콜센터 평가항목

평가항목	내 용
업무실적	시스템에 의한 통계치를 근거로 하거나 상위자의 평가에 의해 나타나는 정량, 정성적인 생산성을 측정 • 생산성 관련지표(콜관련 생산성)와 상담품질관련 지표가 포함됨 • 팀 또는 개인에게 주어진 목표에 대한 달성도를 측정
근 태	원활한 콜센터 운영에 있어서 핵심인 직원들의 근면 성실도를 측정 • 지각, 조퇴, 결근율과 같은 근태관련 항목 포함(근태 준수율, 스케줄 고수율)
업무능력 및 태도	업무 수행 시 필수적으로 가지고 있어야 할 지식 및 능력을 측정 • 업무지식 테스트, 업무처리능력 등이 포함 • 태도의 경우 자기계발(자격증, 필수과목 이수),업무협조도, 대인관계 등 포함
팀 평가	• 팀에 대한 평가를 진행하며 전체 팀에서 해당 직원의 기여도를 측정 • 인사고과 시 팀 기여도/공헌도를 통해 개인 또는 팀 평가 점수 비중 조절
기타(가감점)	콜센터 운영관리를 위해 필요한 비정기적인 활동을 평가하기 위한 항목 • 고객불만 야기, 고객 칭찬, 콜센터 환경미화, 콜센터 내부 경진대회, 부정 입력, 콜센터 관리를 위해 필요한 팀 관리자의 임의적인 평가 등

3) 외부 평가지표 vs 내부 평가지표

콜센터 지표에는 외부 고객에 의해서 평가되는 지표와 내부 운영의 결과에 따라 평가되는 지표가 있다. 외부에 의한 평가지표 중 가장 대표적인 것은 고객만족도(Customer Satisfaction Index)라고 할 수 있다.

▾ 외부 평가지표와 내부 평가지표

구 분	주요 내용
외부 평가지표	• 고객에 의한 평가 또는 외부기관에 의한 평가 • 콜센터 평가지표 중 가장 일반적이면서도 핵심적인 평가 지표 • (예) 고객만족도(CSI), 고객접점 서비스 품질지표(SQI), 순 고객추천지수(NPS) 등
내부 평가지표	• 콜센터 운영결과로 나타나는 각종 지표(거의 모든 지표가 여기에 해당) • 보통 수익성, 서비스 품질, 효율성, 생산성은 물론 상담사/관리자를 평가 • 업무의 특성은 물론 평가 대상, 목적에 따라 다양한 지표들을 포함 • (예) 수익성 관련지표, 비용 및 자원 효율성 관련지표, 서비스 품질 관련지표 등

4) 정량적인 평가지표 vs 정성적인 평가지표

콜센터 평가지표를 구분하는데 가장 흔하게 쓰이는 것이 바로 정량·정성적인 평가지표이다. 정량적인 평가지표는 '양(量)'으로 평가될 수 있는 지표를 의미하며 비교할 수 있는 기준이 명확하거나 대상을 객관적으로 평가하는 데 쓰인다. 수치 또는 기준이 명확하여 객관성은 뛰어난 반면 콜센터에서 발생하는 다양한 상황을 모두 객관화하여 평가하기에는 한계가 있으므로 이에 대한 고려가 필요하다. 정성적인 평가지표는 계량화 또는 계수화하기 어려운 항목들의 평가에 사용하는데 평가자의 주관적인 요소 개입이 불가피해 가능하면 이를 객관화하려는 노력도 병행되어야 한다.

▾ 정량적인 평가지표와 정성적인 평가지표

구 분	주요 내용
정량적인 평가지표	• '양(量)'으로 평가될 수 있는 평가지표 • 보통 비교 기준이 명확하거나 대상을 객관적으로 평가할 때 활용 • 대부분 시스템 통계치에 근거하여 평가 • 업무효율성이나 생산성 관련 항목을 계량화 및 객관화하는 데 사용하는 지표 • (예) 콜응대율, 업무지식 테스트, 교차/상향판매건수, 해지방어 건수, 평균통화시간 등
정성적인 평가지표	• 수치화 또는 객관화하기 어려운 항목을 평가하는 데 활용하는 지표 • '사람'이 평가하기 때문에 주관적 요소가 개입될 우려가 큼 • 수치화할 수 없는 '역량', '태도' 등을 평가하는 데 활용 • (예) 콜센터 모니터링 평가, 근무태도, 업무협조도, 교육훈련만족도, 업무처리능력 등

5) 생산성 지표 vs 효율성 지표

콜센터를 운영하는 목적 및 목표는 효율적 또는 효과적인 응대를 통한 고객만족도 향상과 콜센터 운영비용 최적화라고 할 수 있다. 결국 고객만족도 향상을 통한 수익증대와 운영효율성을 통한 비용절감이라고 할 수 있다.

▾생산성 지표와 효율성 지표

구 분	주요 내용
생산성 지 표	• 투입량과 산출량의 비율 → 상담사 투입에 따른 결과(Output) • 콜 생산성과 수익(Revenue) 관련 지표가 대표적 • 고객만족도 향상 및 수익(Revenue)증대 • (예) 고객만족도, 해지방어건수, 인당 응대콜수, 교차/상향판매건수, SPH/CPH 등
효율성 지 표	• 투입대비 효율을 산출하는 지표 → 자원 투입에 따른 '효율성' 중심 • 상담사 업무 투입 비중과 콜당 투입시간에 따른 효율 • 운영비용의 효율적인 감축 • (예) 셀프 서비스 처리율, 콜당 단가, 스케줄 고수율, 업무 집중률, 첫 번째 콜 해결률 등

(2) 평가결과 활용 및 보상

콜센터 평가를 통해 얻어진 객관적인 데이터는 콜센터 운영에 있어 다양한 용도로 활용될 수 있다. 성과 평가는 콜센터 직원들의 업무에 대해서 효과적으로 수행했는지 여부를 판단하는 근거이기도 하지만, 직원들의 능력은 물론 향후 콜센터 조직목표에 대한 기여도를 향상시키는데 필요한 정보를 제공하기도 한다.

▾평가결과의 활용

활용분야	내 용
전략이나 목표점검	• 콜센터의 목표나 전략 수행 여부를 확인하는 도구로서 활용 • 콜센터에 주어진 역량이나 자원들을 효율적이고 효과적으로 활용
이슈 개선 및 보완 차원	팀 및 개인 성과 점검을 통한 적절한 피드백과 개선 및 보완
(비)금전적 보상 차원	평가결과는 보상에 대한 판단근거로 활용
전략적인 의사결정 차원	평가결과를 통한 객관적이고 전략적인 의사결정 자료로 활용

2) 평가에 따른 보상

콜센터에서 평가에 따른 보상은 크게 성과급, 급여의 인상, 팀 또는 개인별 인센티브, 승진 및 진급(정규직 전환, 직군 전환 포함)으로 분류할 수 있다. 콜센터에서 잘 짜여진 보상 프로그램은 당연히 직원들에 대한 지속적인 동기부여 및 콜센터와 관련 주요 생산성에도 긍정적인 영향을 미친다.

▾평가에 따른 보상 및 주요 내용

분 류	고려사항 및 주요내용
성과급 및 급여인상	• 인사 고과를 통해 성과급 또는 급여 인상을 통해 상담사 의욕을 고취 • 상담직원들은 보통 상대평가를 센터장이나 팀장의 경우 절대평가로 진행 • 성과급은 총 급여의 몇 % 내에서 지급한다는 기준마련 • 급여의 경우 회사의 실적 및 생산성 등 내부요인과 제반 요소를 고려
인센티브	• 인사고과가 아닌 연중 개인 또는 팀을 대상으로 실시되는 포상제 • 성과에 따른 보상차원에서 이루어지나 분위기 개선을 위해서도 활용 • 콜센터 내 팀의 건전한 경쟁 유도차원에서 활용(주간/월간/분기/반기/연도)
비(非)금전적인 보상	• 성과급/급여 또는 정기적/일회성으로 지급되는 금전적 보상 외 보상 • 칭찬 및 인정, 직원들의 소속감, 자긍심을 높이는 보상 • 칭찬이나 인정에 대해서는 구체적이고 타당한 근거를 제시해야 함 • 선물이나 감사표시, 콜센터 내 소식지 게재, 상사와의 식사 , 휴식 이용권 등
승진 및 진급	• 인사 심사 프로세스를 통해 승진 및 진급 또는 직군 전환, 정규직 전환 고려 • 직원들의 직업적인 성장욕구를 충족시키기 위한 승진 및 전환 체계 마련 • 내부 심의 절차 마련을 통해 사전 심의에 통과된 직원들을 대상으로 진행 → 업무실적, 인사평가, 근태 등을 근거로 하여 대상자 추천

3) 평가의 공정성 확보 방안

평가를 통해 얻고자 하는 것은 콜센터 직원들에 대한 보상을 차별화하는 것에 맞춰야겠지만 그보다 우선 시 되어야 하는 것은 평가를 통해 직원들의 역량을 최대한 발휘할 수 있도록 근거를 마련하고, 이를 통해 콜센터 조직의 부가적인 가치를 창출하기 위해서이다.

▾ 콜센터에서 평가의 공정성을 높이는 방법

방 안	주요 내용
평가결과에 대한 피드백	• 평가결과에 대한 피드백이 제대로 진행되는지 모니터링 실시 • 주기적인 관찰 및 분석 필요 • 피드백 → 모니터링 → 면담 → 피드백의 절차 반복
다면평가	• 관리자의 일방적인 평가보완 측면 • 부하평가 또는 동료평가
평가에 대한 면담	• 관리자의 평가는 정해진 시기에만 이루어지는 것이 아님(수시 시행) • 월 1~2회 진행하되 일의 진척도 및 수준에 대한 협의가 주 내용 • 개인이력관리카드 활용
평가자에 대한 경고제도	• 불공정/불성실 평가에 대한 평가자 통제 및 관리 • 평가자의 수준과 합리성, 공정성을 유지할 수 있도록 관리 • (예) 평가불성실, 이의 신청에 의한 평가등급 수정, 평가기간 미준수 등
평가에 대한 이의신청	• 직원들이 평가결과에 이의를 제기할 수 있도록 하는 제도 시행 • 검증 후 오류인정 시 평가결과 수정 • 이의신청에 대한 불안감 해소와 절차의 명확화 및 간소화 필요
평가결과에 대한 소명제도	• 평가결과에 대한 차이(Gap) 발생 시 소명을 요청하는 제도 시행 • 소명을 통한 평가 공정성 기여 • 이의신청과 마찬가지로 절차의 명확화 및 간소화 필요 • 소명에 따른 불안감 해소 및 불이익 없도록 하는 것이 중요

(3) 성과관리의 정의

콜센터 성과관리(Callcenter Performance Management)란 콜센터 운영에 있어 가장 핵심이 되는 요소이다. 콜센터의 비전이나 목표를 효과적이고 효율적으로 달성하기 위해 콜센터의 목표와 개인의 성과를 일련의 지표를 통해 체계적으로 관리하는 과정이라고 정의할 있으며, 유무형의 콜센터 자원(Resource)을 효과적으로 활용하여 성공적인 콜센터를 운영함으로써 조직의 비전 및 목표를 달성하는 것이라고 할 수 있다.

1) 콜센터 성과관리 프로세스

콜센터 성과관리는 콜센터의 운영이 제대로 이루어지고 있는지 점검하고, 콜센터 운영지표들에 대해 지속적인 개선을 이룸으로써 좀 더 합리적이고 효율적인 방법을 이끌어내는 일련의 과정이며, 콜센터 성과관리는 다음과 같은 절차를 통해 이루어진다.

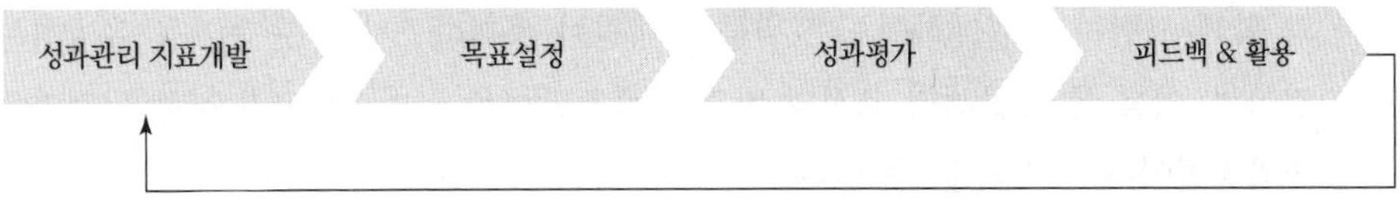

성과관리 지표개발 → 목표설정 → 성과평가 → 피드백 & 활용 → (성과관리 지표개발로 순환)

① 콜센터 성과관리는 콜센터에 맞는 핵심성과지표(KPI)를 개발하고 완성된 KPI를 바탕으로 콜센터의 목표를 설정한다.
② 팀이나 개인의 목표는 반드시 콜센터 주요성과지표와 연계되어 있어야 하며, 당연히 이러한 목표는 콜센터 사업전략과도 연계되어 평가해야 한다.
③ 팀지표는 회사의 비전이나 경영방침을 원활히 수행하기 위해 전략적인 측면에서 경영성과를 극대화하기 위한 지표이다.
④ 개인지표는 회사의 비전이나 팀의 핵심업무 등을 수행하고 회사의 경영성과를 극대화하기 위해 필요한 전략지표이다.

2) 성과관리 시 목표설정 원칙

방 안	내 용
구체적인 목표 (Specific)	• 기대하는 목표가 구체적이고 명확해야 함 • 결과가 모호하고 일반적인 업무를 목표로 설정하지 말아야 함
측정가능성 (Measurable)	• 목표달성 정도를 정량적 또는 정성적으로 측정 가능 • 목표 달성 정도의 객관성 유지 • 정성적인 KPI 설정 시 측정 기준에 대한 이해와 합의 필요
실천지향적인 목표설정 (Action-oriented)	• 행동 및 실천 지향적인 목표 설정 • 실천 지향적인 목표 설정을 통해 달성 방법이 구체화됨 • 달성여부에 대한 평가가 쉬움
현실적인 지표 설정 (Realistic)	• 설정된 목표가 현실적이어야 하고 목표도달이 가능해야 함 • 너무 높게 설정된 목표는 오히려 역효과 발생
구체적인 기한 (Time-based)	• 언제까지 목표도달이 가능한지 구체적인 기한 설정 • 반기, 분기, 년(12M)에 대한 명확한 시간적 개념 설정

8. 콜센터 경력관리

경력관리는 콜센터 직원이 발전할 수 있는 경로를 마련하여 소속감 및 개인의 비전이나 목표를 도달하게 함으로써 조직에 대한 몰입도를 높이기 위해 반드시 필요하다.

(1) 콜센터 경력관리의 이해

① 경력관리는 콜센터 구성원들이 업무를 진행하면서 향후 경험하게 될 과정을 조직과 함께 고민하고 설계하여 구성원들 개개인이 성취하고자 하는 동기를 유발하는 것이며, 이를 통해 콜센터 조직의 비전과 목표달성을 극대화하고자 하는 인적자원 관리방법이라고 정의할 수 있다.

▼콜센터 경력관리의 목적

방 안	주요 내용
전문 인력 육성 및 개발	• 콜센터에 맞는 전략적인 인재 육성 개발, 개인 역량 및 스킬 개발 • 성과평가와의 연계를 통한 맞춤형 인재육성 • 전문상담인력 육성 및 체계확보
개인성장의 욕구 충족	• 개인적인 성장에의 욕구 실현 및 충족/자아 또는 비전의 실현 • 콜센터 직원의 적성과 니즈에 맞는 경력을 계획하고 이를 역량개발과 연결
조직 몰입도 향상	• 자신의 직무에 대한 애착, 소속감 및 일체감 향상 • 몰입도 향상을 통한 역량의 상향평준화 및 콜센터 이직률 감소 기대
업무의 전문성 제고	• 경력목표 달성을 위한 보직전환 및 재배치를 통한 기회제공 • 자신의 업무에 대한 전문성 확보를 위한 노력의 경주 • 조직 경쟁력 향상

② 조직에 대한 몰입도를 향상시키고 소속감 및 일체감 조성을 통해 숙련된 전문 인력의 이탈을 방지하여 이직률을 감소시키는 데 가장 큰 목적이 있다.

③ 경력개발 프로그램(CDP : Career Development Program)은 콜센터 업무에 종사하는 직원들 개개인을 대상으로 경력계획을 수립해서 본인이 원하는 목표에 도달할 수 있는 경력 경로를 설계하고, 경력 개발의 모든 활동을 시행함으로써 경력목표 도달에 필요한 역량이나 지식 및 재능을 개발하는데 이를 통해 개인이 목표에 도달할 수 있도록 도와주는 프로그램이다.

④ 콜센터에서의 경력관리는 크게 승진 또는 보직변경 등의 직업적인 성장에 초점을 맞춰 진행하는 경력 경로(Career ladder)와 개인의 역량이나 업무능력 및 스킬 향상에 초점을 맞춰 진행하는 역량 및 스킬향상 경로가 있다.

1) 경력 경로(Career Ladder)

① 콜센터에서 직업적인 성장을 통해 직원 개인의 발전을 이끌어내는 경력관리 방법이다.

② 경력 경로는 인사평가를 통해 승진하면 직급수준의 단계가 향상됨을 의미하고 급여는 물론 책임감, 권한이 기존보다 강해지며 필요로 하는 역량수준도 기존 단계보다 상향됨을 의미한다.

③ 경력개발 프로그램(CDP)을 운영하는데 비용문제는 물론 프로그램이 운영되기 위해 필요한 직무관련 정보 및 인사평가정보, 대상자에 대한 교육 및 훈련정보와 승진, 직무전환 및 이동에 대한 정보 등 다양한 정보들이 체계적으로 수집 및 활용되어야 한다.

④ 경력경로를 설계할 때는 근속기간이 오래된 직원과 그렇지 않은 직원들과의 급여 및 혜택에 차등을 두고 관리자의 경우 순환보직을 통해 인력 이탈로 인한 업무 공백을 최소화한다.

⑤ 경력경로 프로그램에 의한 가시적인 경력체계를 통해 운영인력 이직의 최소화 및 내부 긴장감 유도, 자율적인 경쟁 분위기가 조성되어야 한다.

2) 콜센터 경력 경로 프로세스 중 핵심 요소

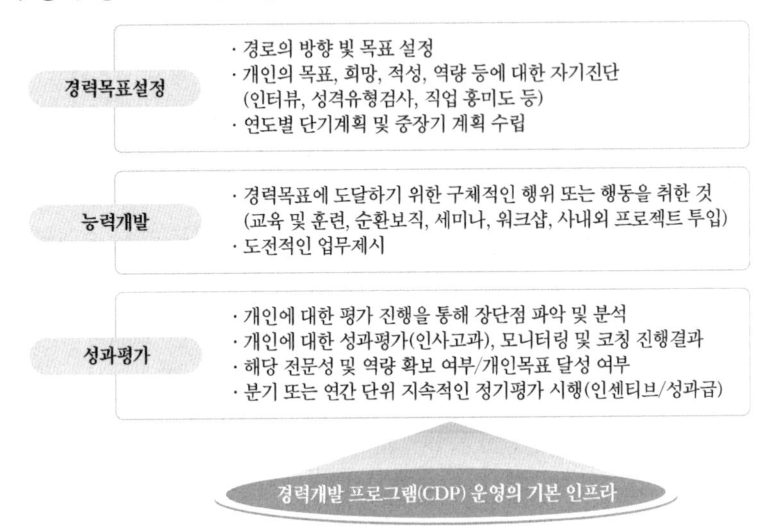

3) 역량 및 스킬 향상 경로

① 콜센터는 근무인원이 많아 경력 경로를 통한 직업적인 성장을 모두에게 적용시키기 어렵다.

② 상담품질관리자나 팀 성과 및 운영을 책임지는 파트리더 또는 교육 강사 등 승진할 수 있는 관리직이 매우 한정적인 것과 타 부서로의 전환배치가 어렵다.

③ 상담사를 비롯한 직원들의 역량 및 스킬을 향상시킬 수 있는 역량 및 스킬 향상 경로가 경력 경로의 한계를 극복할 수 있는 현실적인 직원 개발방법의 대안이 될 수 있다.

④ 역량 및 스킬 향상 경로는 개인이 콜센터 업무를 수행함에 있어 필요한 역량이나 스킬을 향상시키는데 초점을 맞추며, 다양한 업무기회를 제공하거나 내외부 교육, 훈련 프로그램에 참여 또는 코칭 및 워크샵 과정에 참여함으로써 자신이 수행하는 업무능력을 향상시킬 수 있다.

⑤ 체계적인 콜센터 조직에서는 역량 및 스킬 향상 경로의 일환으로 직무별, 근속기간별 교육과정을 마련하여 운영한다.

⑥ 역량 및 스킬 경로는 개인의 역량과 스킬 향상에 초점을 맞추다 보니 개인의 역량이나 스킬에 따라 다른 사람보다 더 많은 금전적인 보상을 받기도 하고 해당 전문성을 통해 더 나은 직장으로 이직하거나 자신의 경력을 쌓는데 기회를 제공하기도 한다.

⑦ 콜센터 조직입장에서는 상담능력의 향상을 통해 조직 성과에 기여할 수 있는 발판을 마련하고, 예기치 못한 업무공백으로 인해 발생할 수 있는 위험(Risk)요소에 대비할 수 있으며, 개인에게는 노하우 및 경험을 습득함으로써 개인 역량 및 전문성을 확보할 수 있는 이점이 있다.

⑧ 향후 역량 및 스킬 향상 경로를 통해 습득한 노하우나 경험을 가지고 내부 직원의 역량을 향상시키는데 있어 코치 또는 멘토 역할 수행과 겸임강사로서도 활용할 수 있는 이점이 있으며, 경력 경로와 마찬가지로 전문 인력 육성개발 및 업무 몰입도 등의 다양한 장점을 이끌어 내는 효과를 기대할 수 있다.

(2) 콜센터 경력 개발지원 프로그램

① 경력 개발지원 프로그램은 콜센터 직원 개인이 성장하는데 있어 필요한 경력개발을 원활히 수행할 수 있도록 지원을 해주는 프로그램으로 정의될 수 있다.

▾콜센터 경력 개발지원 프로그램 형태

과 정	교육 내용
전문적인 교육이수	• 직무 또는 경력 단계별 맞춤식 교육 및 훈련 프로그램 제공 • 경력 및 스킬 향상을 위해 해당 직군이나 업무에 필요한 전문교육 과정이수
지식 및 경험 공유	• 자발적인 학습 및 학습조직의 활성화 유도 • 실제 현안을 해결해 나가는 과정에서 다양한 역량 배양
관리자 양성	• 역량이 우수한 상담사 대상 관리자 후보군 사전관리 • 향후 QAA, 강사, 파트리더군 양성
전문가 인증	해당 분야에 필요한 종합적인 전문지식을 습득하게 한 후 실무능력과 지식기반의 검증된 직원에게 인증서 수여
멘토제	• 신입 상담사의 콜센터 적응 지원 • 콜센터 직원들의 경력개발에 대한 직간접적인 조언 제공

② 콜센터 직원이 평소 업무를 수행하는데 있어 개인의 잠재적인 능력을 발휘할 수 있도록 다양한 자원을 통해 체계적으로 지원함으로써 개인이 성장할 수 있도록 지원하는 프로그램이다.

③ 경력 개발지원 프로그램은 콜센터 직원의 경력을 콜센터 조직 내에서 체계적이고 실질적인 지원을 통해 실현을 시킴과 동시에 조직을 운영하는데 있어 핵심적인 인적자원 능력을 지속적으로 확보하고 유지함으로써 고객만족은 물론 사업성과에 기여할 수 있다.

1) 전문적인 교육 이수 프로그램

① 상담사나 관리자가 필요 역량을 향상시킬 수 있도록 직무별, 근속기간별 교육 과정을 마련한다.

② 콜센터 교육을 정기적으로 체계화시키거나 프로그램을 다양화하여 과정을 진행한다.

③ 콜센터 교육내용이 상품 또는 기술중심의 교육이 아닌 CS마인드 및 커뮤니케이션, 비전 및 목표 수립, 스트레스 관리 등 체계적이고 균형잡힌 교육 프로그램을 병행하여 운영해야 한다.

2) 멘토링 프로그램(Mentoring program)

① 멘토링 프로그램은 기존 직원(Mentor)이 신입 사원(Mentee)들에게 직접 지도하고 조언해 줌으로써 콜센터 조직에 무리 없이 적응할 수 있도록 도와 주는 프로그램이다.

② 멘토링 프로그램의 목적은 다양하지만 특히 역량있는 직원이 신입사원에게 적절히 코치하고, 교육함으로써 콜센터 및 업무에 신속하게 적응할 수 있도록 도와주는 데 있다.

③ 멘토링 프로그램은 콜센터 업무에 풍부한 경험과 지식을 가진 직원이 신입사원을 1 : 1로 전담하여 지도, 코칭, 조언을 해주는데, 기간은 1개월에서 길게는 수습이 끝나는 3개월까지 진행된다.

④ 멘토는 규모에 따라 다르기는 하지만 1명의 멘토(Mentor)에 2~3명, 많게는 5명 이상의 멘티(Mentee)로 구성되어 운영되기도 하나 멘티(Mentee)가 많으면 많을수록 신경써야 하는 상대가 많으므로 적으면 적을수록 부담감도 없고 제대로 멘토의 역할을 수행할 수 있다.

▾멘토링 프로그램의 기대효과

콜센터	멘 토	멘 티
• 콜센터 비전 및 조직문화 공유/강화 • 회사 및 업무에 대한 신속한 적응 • 신입사원 이직 방지 및 유지 • 지식 및 노하우 전수 및 비용 절감	• 개인의 성장발전 가능성 확보 • 학습 및 개발을 통한 신지식 확보 • 리더십 및 커뮤니케이션 기술 개발 • 콜센터 구성원으로부터의 인정(보상)	• 콜센터 업무에 대한 자신감 • 콜센터 전문지식 및 노하우 습득 • 유대감 및 친밀감을 통한 조직적응 • 콜센터 조직 몰입 및 업무만족도 향상

3) 직원만족도 조사

① 상담사를 대상으로 직무를 비롯한 다양한 여건에 대한 동기부여 수준과 근무 만족도를 측정 및 분석하고 그 결과를 가지고 개선 및 보완해야 할 점을 도출하고 조치함으로써 서비스 품질 및 콜센터의 생산성을 향상시키는 데 목적이 있다.

② 정기적인 콜센터 직원 만족도를 실시하고 그 결과에 따른 개선 및 보완이 적극적으로 이루어진다면 콜센터 성과향상을 위한 효율적인 인적자원 관리가 이루어질 수 있다.

③ 직원 만족도와 함께 실시하면 좋은 것이 바로 콜센터 직원들을 대상으로 하는 스트레스 평가이며, 직원들을 대상으로 스트레스 지수를 정기적으로 조사하고 관리함으로써 이직률을 관리할 수 있다.

④ 스트레스 지수 평가를 통해 기준 이상을 상회하는 항목에 대해서는 관리필요항목으로 지정하여 집중 관리함으로써 스트레스 지수를 낮추고 상담사들의 스트레스를 관리한다.

⑤ 감성노동에 종사하고 있는 상담사들의 스트레스 관리가 조직의 업무 몰입도는 물론 일체감을 형성하여 생산성 향상 및 콜센터의 안정적인 운영에도 도움을 줄 수 있다.

4) 사내 인증제 운영

① QA, 교육강사, 수퍼바이저, 매니저로 승급을 위해 해당 분야에 필요한 전문 지식을 습득하게 한 후 실무능력과 지식 기반이 검증된 직원에게 인증서를 수여하는 제도이다.

② 사내 인증 과정을 이수하게 되면 시험에 응시할 수 있으며, 일정 점수를 획득하게 되면 사내에서 발행하는 인증자격증을 수여한다.

③ 최근에는 회사 자체 내에서 e-러닝 형태로 교육과정을 개발해서 이를 콜센터 직원들이 이수할 수 있도록 독려하고 있다.

④ 사내 인증제의 경우 자체 개발한 교육 프로그램이나 온라인 교육업체와의 제휴를 통해 특정 과목을 이수하게 함으로써 자격을 주는 경우도 있다.

9. 콜센터의 시스템 관리

(1) CTI Infra 시스템

CTI Infra 시스템은 고객의 인입콜을 받아서 상담사에게 연결까지 콜에 대한 제어 부분을 표현하는 통합적인 명칭이다. CTI Infra 시스템에는 교환기(PBX/ACD), 음성서비스(IVR or ARS), 팩스(FAX), 미들웨어(CTI), 녹음장비(Recorder) 등으로 구성되어 있으며, 대부분 고객의 콜에 대해 콜센터에서 상담사까지 연결과 연결 후 녹음까지 지원하는 시스템으로 구성되어 있다.

구 분	용 어	핵심기능	상세기능
교환기	PBX/ACD	교환/연결	• 전화국선과 내선을 연결 처리 • 전화기 또는 명령어를 통해 각종 Switching 기능 제공(Make, Transfer, Hold, Conference Call, Reconnect 등) • 시간/상담사 Skill 등의 조건값에 따라 자동 콜분배(ACD) 기능을 제공
음성서비스	IVR	자동음성 서비스	• 자동음성 안내 • 메뉴를 통해 사용자에게 필요한 정보에 대한 자동 음성 안내 처리 및 DTMF Data를 CTI Server에 넘겨 주는 등의 처리 기능 수행
녹음장비	Recorder	녹음	• 교환기와 전화기 사이에 놓여 상담사와 고객과의 대화 내용을 기록하여, 상담사의 고객 대응에 대한 모니터링, 향후 고객과의 분쟁 요인 발생 시에 근거 자료로 활용
CTI	CTI Server	콜과 데이터 연결	• 컴퓨터와 통신을 결합한 모든 IT기술 • 컴퓨터와 전화시스템의 통합을 통해 컴퓨터의 조절 기능을 전화기에 적용시킨 것
데이터베이스 서버	DB Server	고객 DB 저장	콜센터에 인입된 고객의 콜 데이터 저장 관리
FAX	FAX	팩스 송/수신	팩스를 통한 고객서비스 지원-응대요원 없이 팩스데이터 송/수신 가능

(2) CTI(Computer Telephony Intergration)

1) CTI 정의

업무처리(Data 측면) 소프트웨어와 텔레(Call 측면) 커뮤니케이션 환경의 기능적 통합 시스템이다. 콜센터의 두뇌에 해당하는 시스템으로서 교환기, IVR, VRS, FAX, Application, 상담사 상태 등 콜센터를 구성하는 모든 장비의 중간에서 전체 상황을 파악하고 통제하며, 각 장비의 콜 로그데이터를 취합하여 콜센터 전체의 통계를 작성하며, 콜센터의 가장 중요한 기능인 스크린팝업을 수행한다.

2) CTI 기능 및 역할

① CTI의 일반적인 기능은 콜과 데이터의 중계 역할(다양한 연계 방법 지원)과 상담사의 스킬 셋(Skill set) 등록, 콜 라우팅, 상담사 모니터링, 스크린 팝업(Screen Pop-up), 결과 통계 보고서 등의 다양한 기능을 수행하고 있다.

② 이런 기능은 CTI 미들웨어라는 패키지 시스템에 의해 수행되고 있는데, CTI미들웨어는 교환기와의 긴밀한 연계와 다른 장비(특히 IVR)와의 연계를 통해 상담사에 콜과 데이터 연동을 지원한다.

③ CTI를 통하여 고객 정보 확인 등을 즉시 확인 할 수 있고, 고객이 원하는 서비스(안내, Fax 전달 등)를 신속하고, 정확하게 처리할 수 있으며, 상담사의 콜 처리 평가 등에 활용할 수 있다.

④ 교환기, IVR, Application 등 CTI연동 장비의 제어가 가능하므로 각 기기별 모니터링 및 제어가 가능하고 특히 장애 발생 시 신속한 장애 처리가 가능하다.

(3) IVR(Interactive Voice Response)

1) IVR의 정의

전화를 통해 고객으로부터 음성을 입력받아 이를 인식하거나 전화기 버튼의 터치를 통하여 고객이 요구하는 서비스를 데이터 연동을 통해 대화 형태로 제공하는 시스템이다.

2) IVR 시스템의 기능 및 역할

① 고객이 빈번하게 사용하는 서비스 항목을 시나리오로 구성하여 IVR 대표 번호로 인입된 고객에게 음성 멘트를 제공하는 자동 음성 처리가 가능하다.

② 고객이 사용한 IVR 정보를 기록하고 프로그램을 통하여 Log 분석 및 추적할 수 있는 기능과 이를 Report화할 수 있는 기능을 제공한다.

③ 컴퓨터에 저장된 정보를 음성으로 변환하여 고객에게 정보를 제공하는 시스템으로 접수, 조회 등 서비스를 음성 자동 응답 기능을 제공한다.
④ 특수한 상황의 음성정보를 시스템 내부에 저장시켜 필요한 정보를 얻을 수 있도록 제공한다.
⑤ 외부고객으로부터의 전화를 해당 담당자에게 자동으로 연결해주는 기능을 제공한다.

(4) 녹취 시스템(Voice Recording System)

1) 녹취 시스템의 정의

① 녹취 시스템은 대화를 통해 이루어지는 상담, 설명, 정보, 주문, 계약 등의 모든 상담 통화내용을 음성 및 시간, 날짜, 고유정보와 함께 기록·저장하는 녹음 장비이다.
② 민원, 논쟁의 시비 구분의 증거 자료로 사용되었으나 고객에 대한 VOC 분석, 상담사의 교육 등 다각적인 고객만족의 일환으로 그 활용도가 확대되고 있다.

2) 녹취 시스템의 역할

① 고객과의 통화내용을 통화시간 및 상담내용 등과 함께 녹음함으로써 효율적으로 고객을 관리한다.
② 통화 내용에 대한 문제가 발생되었을 때 증거 자료로 사용되어 고객과의 분쟁을 해결할 수 있다.
③ 상담사의 역량 파악, 불완전 상담에 대한 Check 등을 통하여 콜센터 및 상담사의 역량강화로 고객서비스 역량을 향상시킬 수 있다.

(5) 그 외 시스템

1) UMS(Unified Messaging System) 시스템

① 전화, 팩스, SMS, E-mail 등을 시간, 장소, 디바이스에 관계없이 한 시스템에서 운영할 수 있도록 해주는 시스템으로 고객 자료에 대한 통합관리가 가능하고 각 지점 등 채널별 고객 정보 지원이 가능하므로 고객 서비스 향상이 가능하다.
③ 고객의 통합관리로 체계적인 시스템 운영이 가능하고 SMS/FAX/E-Mail 등의 다양한 채널을 통한 다양한 서비스가 가능하며, 고객별 전화번호 안내, 계좌번호 안내, 주소지 등 개인정보에 대한 상담 및 안내를 제공할 수 있다.

2) QMS(Quality Management System) 시스템

① 상담품질 관리 시스템(QM)은 QA(Quality Assurance)의 활동을 통합하여 자동화하기 위한 시스템이다. QA 각 수작업으로 평가하고, 취합하는 매뉴얼 과정을 IT 장비를 사용하여 자동화, 객관화, 신속화하는 시스템이다.

② 평가 결과를 저장하여, 지속적인 상담사 및 센터를 관리할 수 있으며, 인사고과 등에 반영하여 상담사의 업무능력 향상 과정 및 발전 과정을 History화할 수 있다.

3) WFM (Workforce Management) 시스템

① WFM(Workforce Management)시스템은 인력을 효율적으로 관리하는 시스템이다. 콜센터의 운영변수(일별 콜량, 월별 콜량, 결근율, 퇴사율, 상담사별 처리율)을 시스템에 입력하여 적정한 인력을 산출하며, 센터의 효율성을 극대화시키는 시스템이다.

② 고객에게 일정수준의 상담품질을 유지하기 위하여 콜량을 예측하고, 필요 상담사 수를 계산하여 이를 토대로 효과적으로 상담사별 스케줄을 수립하고 관리하는 시스템이다.

③ WFM은 콜센터 백오피스 시스템의 핵심 솔루션으로 전화문의 수량을 예측해 필요한 상담사의 수를 산출하며, 이와 함께 상담사 배치와 운영 모니터링 기능을 자동화해 주는 솔루션이다.

4) 지식정보 관리시스템(KMS : Knowledge Management System)

① 콜센터 상담에 필요한 정보 및 지식을 체계적으로 관리하고 상담 시 실시간 공유, 학습, 색인할 수 있는 Web기반 시스템이다.

② 콜센터의 상담하는 모든 서비스 내용(상품, 서비스정보, 업무내용, 기존 상담 내용 등)을 분류하고 색인화하여 즉각적인 서비스를 제공하는 KMS(Knowledge Management System) 시스템이 있다.

5) 고객만족도 자동조사 시스템(CATS : Completely Automated Telephone Survey)

① 상담사에 의한 CSI조사를 IVR, E-mail, SMS 등 전자매체를 통해 자동조사 및 분석하는 시스템이다.

② 자동 전화조사 시나리오에 의해 실시간 고객만족도 조사는 물론 조사 결과 분석 및 분석에 따른 Action Plan 제시와 상담사, 그룹별 분석, QA평가와 고객평가 비교 및 분석 가능하다.

6) 예측 다이얼 시스템(PDS : Progressive Dialing System)

① 상담사의 업무를 자동화 및 간소화하는 효율적인 다이얼 기법이다.

② 전화를 걸 고객을 선정, 통화 가능한 고객 루트 판단 등의 상담사 업무의 생산성을 저하시킬만한 부분들을 발신 통화 전략에 따라 자동화 시켜 고객과의 통화에만 전념하도록하는 시스템이다.

방 식	설 명
Manual dialing	• 상담사가 전화번호를 보고 전화기로 다이얼링하는 가장 원시적인 방식 • 고객전화번호 목록에서 번호를 찾아 다이얼 버튼을 누르므로 시간낭비와 비효율이 발생할 가능성이 높음
Preview dialing	• 상담사가 미리 전화 걸 대상의 고객정보를 컴퓨터 화면에 디스플레이 해놓고 자동발신 키를 누르면 시스템이 자동으로 전화를 걸어 주는 방식
Power dialing	• 고객에게 자동발신하는 시스템이지만 응대할 상담사가 없는 경우 그대로 전화를 종결하는 다이얼링 기법 • 이 방식은 발신 전화를 받은 고객이 반대로 응대할 상담사를 기다리게 하는 방식이어서 고객 불만을 야기시키는 부작용이 발생하여 최근에는 사용하지 않고 있음
Progressive dialing	• 전화 응대가 가능한(Availiable) 상태에 있는 상담사에게 시스템이 자동으로 전화를 걸어 주는 방식 • 이 방식은 생산성을 추구하면서 기존의 Power dialing이 가지고 있던 고객 불만요소를 최소화할 수 있는 다이얼링 기법임
Predictive dialing	• 전화를 걸 고객을 선정, 통화 가능한 고객 루트 판단 등의 상담사 업무의 생산성을 저하, 시킬만한 부분들을 발신 통화 전략에 따라 자동화시킴으로써 상담사는 고객과의 통화에만 전념하도록 시스템

10. 콜라우팅과 콜블랜딩

(1) 콜라우팅(Call routing)

인입된 콜을 특정된 상담 그룹 또는 특정 상담사에게 보내야 할지를 정의하는 프로세스를 의미하며 지능형 호 분배라고 한다. 보통 상담사가 가지고 있는 응대 스킬이나 예상 대기시간, 특정 응대 상담사에 따라 콜 관리 업무 수행 및 상담사의 전문성을 고려하여 라우팅 전략을 수립할 경우 유용한 콜 관리방법으로 활용이 가능하다. 통화 유형의 난이도 및 우선 순위, 고객 등급을 고려한 고객 세분화를 통해 적정한 스킬 그룹에 라우팅할 수 있도록 설계함으로써 운영 목적을 달성하기도 한다.

1) 라우팅 전략 수립 시 선행조건

① 체계적인 교육 프로그램의 진행(스크립트, 콜 모니터링, 업무 지식 테스트, 역할연기 등)
② 고객가치 등급에 따른 라우팅 적용 방향 및 전략 수립
③ 인입콜량은 물론 콜 유형에 대한 예측 및 분석을 통해 인력운영에 대한 정교화 작업 진행
④ 고객 관점인지 업무 효율성 관점인지를 고려하여 운영전략 수립
⑤ 상담 인력의 적절한 투입 고려
⑥ 주기적인 대상 고객 선정 및 적용
⑦ 고객 정보에 기반해 고객을 구별하고, 고객의 요청사항에 기반한 자동 라우팅 수행계획 수립

2) 라우팅 종류

① Value based routing : 고객 가치에 따라 우선순위가 높은 고객을 해당 Skill을 보유한 상담사에게 연결하는 라우팅 방법(우선 연결 기능(Top priority) 활용)
② Skill based routing : 상담사별 처리할 수 있는 스킬 부여 및 고객 등급과 선택한 서비스에 따라 목표시간 내 가장 적절한 상담사에게 연결하는 라우팅으로, 최근에는 처리업무에만 국한한 것이 아닌 채널별로 전화, e-Mail,채팅, 화상에 따라 분류, 스킬을 부여하는 경우도 있다
③ CID(Caller ID) Based Routing : 고객 전화번호를 기준으로 해서 상담 그룹 또는 상담사에게 콜을 배분하는 라우팅 방법
④ DNIS Based Routing : 콜센터의 전화번호가 두 개 이상일 경우(예를 들어, 가입과 해지 접수전화 번호가 다른 경우) 고객이 전화를 건 그룹으로 라우팅하는 방법 (DNIS : Dialed Number Identification Service 수신 전화번호 확인 서비스)

(2) 콜블랜딩(Call blending)

콜센터 인원에 대한 적절한 조절을 통해 고객센터의 운영 수준을 바람직한 상태로 유지하는 기술로, 콜 예측이 어렵거나 예상치 못한 콜이 인입될 경우 인원이 부족하면 생산성은 향상될지는 모르지만 고객서비스 수준이 떨어지고, 인원이 과다하면 서비스 수준은 만족되지만 생산성이 저하되는 현상이 발생하는데 이러한 상황을 적절한 상태로 유지하는 기술을 콜블랜딩이라고 한다.

1) 콜블랜딩의 이해

① 콜센터의 경우 한정된 자원을 투입하여 효율성을 높여야 하므로 콜센터 블랜딩이 필수적이다.

② 콜센터 블랜딩은 콜블랜딩과 상담사 블랜딩이 있다.

③ 콜 블랜딩 조직을 만들어 놓고 기존의 업무를 수행하다가 특정 콜이 폭주할 경우 이를 응대한다.

④ 블랜딩을 통해 콜 대기 상담사의 업무를 경감하고 순간적인 인입콜에 대한 과부하를 조절할 수 있다.

2) 콜센터 블랜딩 종류

① 콜블랜딩 : 콜 폭주 시 콜을 다른 스킬 그룹으로 이동시키는 블랜딩으로 인바운드 상담사보다 인바운드 콜이 더 많을 경우에 사용하는 방법(사전에 블랜딩 조직을 갖추고 활용)

② 상담사 블랜딩 : 콜 폭주 시 상담사를 타 스킬 그룹으로 이동시키는 블랜딩으로 상담사의 유휴시간을 줄이기 위해 적극적으로 활용하는 방법(업무의 종류에 따라 인바운드/아웃바운드 조직(팀/파트 모두 활용)

3) 콜센터 블랜딩 전략

① 블랜딩 그룹에 대한 철저한 교육과 서비스 수준의 일관성 유지

② 적정 수준의 블랜딩 그룹 유지 → 과도한 경우 효율성 감소

③ 업무 난이도 및 우선 순위 고려 → 콜 유형(고객 문의유형)을 처리할 수 있도록 설계

④ 업무 성격에 맞는 운영 효과성 고려 → 고객 관계관리 측면 고려

Quality Assurance

콜센터 운영관리
필답형/기술형 예상문제

01 장기간 동안 콜센터 조직이 달성하고자 하는 미래 모습 및 목표이며 조직의 역량을 하나의 방향으로 집중하게 해주고 콜센터 운영전략 추진의 근간이며, 내외부에서 발생하는 문제들의 의사결정 기준이 되는 것을 무엇이라고 하는가?

02 인바운드 조직의 특성에 대해서 기술하시오.

03 체계적이고 전략적으로 운영되어야 하므로 별도의 전담팀을 두어 운영/관리하는 것이 효과적이며, 주요 업무는 구매고객 대상 해피콜, 신규고객 확보, 고객만족도 및 설문조사 등을 수행한다. 이 조직에 소속된 상담사가 갖추어야 할 역량은 고객이해 및 설득능력, 협상능력, 적극성, 업무열정이며, 신입보다는 콜센터 업무 경력이 있는 기존 상담사 배치가 효율적이라고 할 수 있는 조직은?

04 인원에 대한 적절한 조절을 통해 콜센터의 운영 수준을 바람직한 상태로 유지하는 기술을 수행하는 조직으로, 보통 인바운드와 아웃바운드 콜과 상담사를 섞어서 구성되는 조직은?

05 자체 운영방식(In house Callcenter)의 장점에 대해서 기술하시오.

06 콜센터 운영 시 최번기(Peak time) 때 활용할 수 있는 운영전략에 대해서 기술하시오.

07 QAA와 QAD를 비교 설명하시오.

08 채용 시 지원자를 대상으로 진행하는 전화면접의 장점에 대해서 설명하시오.

09 콜센터 인원을 채용하기 이전에 적정 인원을 예측 및 산정해야 한다. 목표 응대율 달성 및 기타 업무 수행을 위해 필요한 인력을 산출할 때는 상담사의 휴식, 이석, 교육, 작업, 회의 등 콜을 응대하지 않는 시간까지 고려하며 인원을 산출하는데, 이처럼 상담사에게 비용은 지급되지만 실제 콜 응대업무에 투입되지 못한 시간을 고려하여 투입 인력을 산출하는 지수를 무엇이라고 하는가?

10 최근 콜센터 채용이 어려워지면서 각광을 받고 있는 것이 재택근무이다. 재택근무의 장점을 3가지 이상 기술하시오.

11 보통 면접은 (①)면접과 (②)면접으로 나뉘는데 (①)면접은 일정한 형식에 구애받지 않고 진행되는 면접으로, 사전에 평가 항목을 정해두지 않고 지원자의 태도나 상황에 따라서 자유로운 질문을 통해 면접을 진행하는 것을 의미하고, (②) 면접은 사전에 적절한 질문항목 및 합리적인 평가를 내릴 수 있도록 도와 주는 항목을 포함한 평가표를 만들어 이를 토대로 면접을 실시하는 것을 의미한다. 각각 (①)과 (②)에 알맞은 용어는 무엇인가?

12 콜센터 채용 시 활용할 수 있는 채널을 5가지 이상 기술하시오.

13 콜센터에서 이루어지는 채용 및 선발에 관한 프로세스는 크게 사전 준비단계-채용 및 선발단계-사후 관리단계로 나뉘어진다. 이 중 사후관리단계에서 해야 할 업무에 대해서 기술하시오.

14 이직으로 인해 발생하는 간접적으로 발생할 수 있는 무형적인 손실에 대해서 기술하시오.

15 콜센터 이직에는 (①)이직과 (②)이직이 있다. (①)이직은 의사결정 주체가 상담사(직원)이고 이들 스스로가 콜센터 조직과의 관계를 끝내는 것을 의미하며, 부적절한 급여 및 보상, 목표 및 실적에 대한 압박, 교육기회 및 경력개발의 기회 부재, 조직문화 부적응 및 커뮤니케이션 문제, 복지혜택 미흡 및 열악한 근무환경 등으로 인해 발생한다. 반면 (②)이직은 의사결정 주체가 콜센터 조직이며, 콜센터 조직에 의해서 상담사(직원)와의 고용관계가 단절되는데 주로 정년퇴직, 해고, 사망, 인수합병 및 구조조정에 의한 정리해고에 의해 발생한다. 각각 (①)과 (②)에 알맞은 용어는 무엇인가?

16 자발적 이직이 발생하는 원인에 대해서 기술하시오(3가지 이상).

17 주로 콜센터 조직과 우수 상담사(직원)들의 이해가 불일치되어 발생하는 이직으로 콜센터에서는 해당 상담사(직원)가 떠나는 것을 원치 않으나 아주 유능한 상담사(직원)가 자발적으로 콜센터를 그만두는 것을 의미하는 이직을 무엇이라고 하는가?

18 콜센터 이직이 반드시 나쁜 것만은 아니다. 그렇다면 콜센터 이직의 순기능 또는 긍정적인 측면에 대해서 기술하시오.

19 이직원인 분석 중 이직대상에 대한 분석에 대해서 기술하시오.

20 콜센터 이직을 막기 위한 사전이직관리 방안에 대해서 기술하시오.

21 사람의 동기를 유발하는 요인이 무엇인가(What)에 초점을 두는 이론으로 인간의 기본적인 욕구만족에 초점을 두고 동기부여를 설명하는 이론이다. 매슬로우의 욕구계층이론, 맥그리거의 X이론과 Y이론, 허츠버그의 2요인, 앨더퍼의 ERG이론이 대표적이라고 할 수 있는 동기부여 이론은?

22 동기부여 이론 중 가장 널리 알려진 이론 중에 하나이며 모든 사람들은 다섯 가지의 욕구단계를 가진다고 가정한다. 또한 각 욕구단계는 단계별로 욕구가 충족되어야 다음 단계의 욕구로 넘어간다는 것이 핵심내용이며, 다섯 가지의 욕구단계를 저차원과 고차원으로 구분하였는데 생리적 욕구와 안전의 욕구는 저차원, 자아실현의 욕구는 고차원으로 분류한 동기부여 이론은 무엇인가?

23 동기유발 과정을 설명하는 이론으로 흔히 인식절차이론이라고도 하며, 주로 어떻게 행동을 유발하는가?(How)와 인식 또는 직무환경요인과 상황 등에 초점을 맞추는 동기부여 이론이다. 빅터 브룸(Victor Vroom)의 기대이론, 스테이시 애덤스(Stacy Adams)의 공정성(합리성)이론, 에드윈 로크(Edwin Locke)의 목표설정이론, 리만 포터(Lyman W. Porter)와 에드워드 라울러(dward E. Lawler)의 업적만족이론 등이 대표적이라고 할 수 있는 동기부여 이론은?

24 애덤스가 주장한 이론으로 흔히 형평성 이론이라고도 하며 개인은 자신의 사회적 관계를 타인과의 비교를 통해 스스로를 평가하며, 그 결과 타인과의 관계에서 형평성을 유지하려는 방향으로 동기부여가 된다는 이론은?

25 상황과 환경 및 조건에 만족하면 업적달성 및 직무성취 등이 이루어진다고 하는 주장에 대하여 업적달성 및 직무성취 수준이 직무만족을 가져온다고 주장하는 동기부여 이론으로, 보상 자체보다는 보상의 공평성(Equity)을 강조하며 급여인상 및 승진과 같은 외적 보상보다는 칭찬, 인정, 소속감, 존중, 만족감과 같은 내적 보상이 더 중요하다고 보는 동기부여 이론은?

26 콜센터에 활용하는 블랜딩 방식에 대한 설명이다. 다음 빈칸에 알맞은 말은 무엇인가?

( )은 : 콜 폭주 시 콜을 다른 스킬 그룹으로 이동시키는 블랜딩으로 인바운드 상담사보다 인바운드 콜이 더 많을 경우에 사용하는 방법이고, ( )은 콜 폭주 시 상담사를 타 스킬 그룹으로 이동시키는 블랜딩으로 상담사의 유휴시간을 줄이기 위해 적극적으로 활용하는 방법이다.

27 콜센터 직원의 동기부여와 업무행위에 대한 견고한 조사를 바탕으로 만들어진 개념이며, 콜센터 상담사와 그들의 매니저를 대상으로 독자적인 조사와 인터뷰를 통해 나온 벤치마킹 데이터를 근거로 만들어진 모델이다. 바람직한 직무요인과 필수 직무요인이 어떻게 콜센터 상담사들의 생산성에 영향을 미치는지를 보여 주는 모델이며 상담사들에게 동기부여하기 위해 먼저 취해야 할 것들은 무엇인지 보여 주는데 바람직한 직무요인과 필수 직무요인으로 구분하여 설명하는 콜센터 동기부여 모델은 무엇인가?

28 콜센터 동기부여 중 중기적인 관점의 동기부여에 대해서 기술하시오.

29 어떤 일을 수행할 때 공식적인 권한을 준다는 말로 콜센터 조직뿐만 아니라 직원, 관리자, 고객에게도 많은 혜택을 주기도 하며 상담사(직원)들의 역량을 최대한 끌어내기 위한 행위 또는 개념으로 쓰이는 용어는?

30 직원들의 긴장감을 해소시켜 줄 목적으로 프로모션이나 이벤트 등을 의미하는데 재미있는(Fun) 요소가 가미되면 효과가 좋으며, 특정 기간에 발생하는 폭주콜 또는 회사 정책에 의해 장기간에 걸쳐 지속되는 민원건 응대로 인해 업무능력이 소진(Burn-out)된 직원이나 팀 분위기를 쇄신시키기에 활용하는 동기부여 전략을 무엇이라고 하는가?

31 다음 빈칸에 들어갈 용어는 무엇인가?

> 콜센터에서의 (①)과 (②)은 동기부여의 효과적인 도구이며 (①)는 콜센터 구성원 전체의 수준은 물론 개인의 수준을 파악하고 이를 개선하는데 목적이 있다. 이러한 개선활동을 촉진시키는 도구가 바로 (②)이다.

32 콜센터에서 평가의 목적은 무엇인지 3가지 이상 기술하시오.

33 다음은 콜센터 평가 프로세스이다. 빈칸에 들어갈 말을 쓰시오.

> 콜센터 목표에 따른 주요 성과지표 수립 → (①) → 평가실행 → 평가 분석(Gap 분석) → (②)

34 콜센터 운영과 관련하여 서비스 공급자와 고객사간 핵심 목표를 정의하고, 상호 책임사항에 대해서 협의하여 작성하는 문서를 무엇이라고 하는가?

35 콜센터 평가 시 사전에 정의된 기준에 의거하여 측정되는 지표를 의미하며, 상담사의 업무 효율성이나 생산성 제고 등을 콜 통계를 나온 값으로 산출한 객관화된 지표를 무엇이라고 하는가?

36 정량적인 평가지표의 특징에 대해서 기술하시오.

37 사람에 의해서 평가하며 상담사의 응대 태도나 심리적인 사항 등 주변 조건에 대해서도 평가하는 지표지만, 평가자의 주관적인 개입이 남용되면 객관성이 저하될 우려가 있는 평가지표를 무엇이라고 하는가?

38 응대한 콜당 순수 통화시간 및 후처리 작업 시간(Wrap-up Time)의 평균을 나타내는 평가지표로 구하는 공식이 총 콜 처리시간/통화수인 것은?

39 콜센터 평가를 통해 얻어진 객관적인 데이터는 콜센터 운영에 다양한 용도로 활용될 수 있다. 콜센터 평가 후 평가결과 활용에 대해서 기술하시오.

40 콜센터의 주요 서비스 접근성 척도이고 총 인입된 콜 중 목표시간 내에 상담사와 연결된 통화의 비율 또는 목표로 하는 시간 내에 최초 응대가 이루어진 콜의 비율을 나타내는 지표로, 고객만족의 요소 중 연결 신속성을 반영하는 대표적인 지표를 무엇이라고 하는가?

41 콜센터 고객만족지표 중 한 번의 통화로 다른 상담사와 연결없이 고객의 문제를 해결해 주는 통화의 비율을 의미하는 지표로, 이를 통해 고객의 입장에서는 콜센터로 다시 전화할 필요가 없으므로 만족도가 높아지고, 콜센터 입장에서는 운영효율성 및 비용을 절감할 수 있는 효과가 있다. 이러한 콜센터 품질지표를 무엇이라고 하나?

42 평가에 따른 보상의 종류 4가지에 대해서 기술하시오.

43 평가의 공정성을 확보하기 위한 방안에 대해서 기술하시오.

44 상담사가 업무에 투입된 시간 중 실제 고객 상담업무(통화, 후처리 시간)에 투입된 시간의 비율을 나타내는 지표로, 흔히 이 지표는 콜센터 투입인력에 대비하여 콜에 대한 부하(Load)의 과소 여부를 판단하기 위한 지표로 활용되기도 한다. 이러한 지표를 무엇이라고 하는가?

45 투입 대비 효율을 산출하는 콜센터 지표로 상담사 업무 투입 비중과 콜당 투입시간에 따른 효율을 나타낸다. 자가 처리율(Self service), 스케줄 고수율, 첫번째 콜 해결률, 콜당 단가가 여기에 해당한다. 이 지표를 무엇이라고 하는가?

46 콜센터에서 성과관리 시 목표를 설정할 때 고려해야 할 사항을 기술하시오.

47 콜센터 성과관리 프로세스이다. 다음 빈칸에 들어갈 알맞은 말은?

> 성과관리 지표 개발 → (　　　　　　) → 성과 평가 → 피드백 및 활용

48 콜센터 성과관리에 대한 설명이다.

> 응대율, 해지방어 성공률, 상향 및 교차판매건수, 고객만족도/내부만족도 등 콜센터의 업무성과를 측정하고 관리하는 지표를 (　　　　)라고 한다. (　　　　)는 일반적으로 조직의 목표 달성 정도를 계량하는 지표라고 할 수 있다

49 다음 빈칸에 들어갈 알맞은 말은?

> (　　　　　　)이라는 것은 콜센터 업무에 종사하는 직원들 개개인을 대상으로 경력계획을 수립해서 본인이 원하는 목표에 도달할 수 있는 경력 경로를 설계하고, 경력 개발의 모든 활동을 시행함으로써 경력목표 도달에 필요한 역량이나 지식 및 재능을 개발한다. 이를 통해 개인이 목표에 도달할 수 있도록 도와 주는 프로그램이라고 할 수 있다.

50 다음은 콜센터 경력관리에 대한 설명이다. 빈칸에 들어갈 말을 쓰시오.

> 콜센터에서의 경력관리는 크게 승진 또는 보직변경 등의 직업적인 성장에 초점을 맞춰 진행하는 (①)와 개인의 역량이나 업무능력 및 스킬 향상에 초점을 맞춰 진행하는 (②)가 있다

51 콜센터 경력개발 중 경력 경로(Career Ladder)에 대해서 기술하시오.

52 콜센터 경력관리의 목적에 대해서 기술하시오.

53 경력개발 지원 프로그램 중 순환보직제(Job rotation)의 장점에 대해서 기술하시오.

54 콜센터 경력관리에 대한 설명이다. 다음 빈칸에 알맞은 말은 무엇인가?

(　　　　　　)는 근무인원이 많은 콜센터에서 모든 직원들이 직업적인 성장(승진, 직무전환, 보직변경 등)을 할 수 없는 한계를 극복하며 개인이 콜센터 업무를 수행함에 있어 필요한 역량이나 스킬을 향상시키는데 초점을 맞추며, 다양한 업무기회를 제공하거나 내외부 교육, 훈련 프로그램 참여 또는 코칭 및 워크샵 과정에 참여함으로써 자신이 수행하는 업무의 능력을 향상시킬 수 있도록 하는 것이다.

55 멘토링 프로그램에 대해서 기술하시오.

56 멘토링 프로그램을 통해 상담사(Mentee)가 기대할 수 있는 효과는 무엇인지 기술하시오.

57 콜센터 경력개발에 대한 설명이다. 다음 빈칸에 알맞은 말은 무엇인가?

(　　　　　　)는 콜센터 직원들이 조직에 요구하는 사항을 토대로 조사항목을 구성하여 직원들이 콜센터 조직에 얼마나 만족하고 있는지에 대한 수준을 파악하는 조사이다. 직원의 직무와 콜센터 조직문화, 근무 조건 및 환경에 대한 만족도와 충성도를 파악하여 그와 관련하여 개선방안을 도출하기 위해 실시한다.

58 콜센터 성과관리에 대한 설명이다. 다음 빈칸에 알맞은 말은 무엇인가?

> 기업의 성과를 측정하는 도구로 활용되는데 조직의 비전달성을 위한 전략수립에 근거하여 핵심 역량을 찾아내고, 이를 성과지표로 연결하여 핵심지표를 측정·관리함으로써 효과적으로 조직의 비전을 달성할 수 있도록 하는 평가방법을 (   )라고 한다.

59 콜센터를 구축하거나 운영을 위탁할 때 제안에 참여할 업체를 모으기 위해 해당 업체에 발송하는 문서이며, 주로 사업의 목적, 수행범위, 고객사 구축환경, 문서작성 요령, 평가기준표 등이 포함되어 있는 것을 무엇이라고 하는가?

60 콜센터의 두뇌에 해당하는 시스템으로써 교환기, IVR, VRS, FAX, Application, 상담사 상태 등 콜센터를 구성하는 모든 장비의 중간에서 전체 상황을 파악 및 통제하며, 각 장비의 콜 로그데이터를 취합하여 콜센터 전체의 통계를 작성하며, 콜센터의 가장 중요한 기능인 스크린팝업을 수행하는 것은 시스템을 무엇이라고 하는가?

61 전화를 통해 고객으로부터 음성을 입력받아 이를 인식하거나 전화기 버튼의 터치를 통하여 고객이 요구하는 서비스를 데이터 연동을 통해 대화 형태로 제공하는 시스템으로, 고객의 전화를 상담사에게 연결해 주는 시스템을 무엇이라고 하는가?

62 QA(Quality Assurance)의 활동을 통합하여 자동화하기 위한 시스템이다. QA가 수작업으로 평가하고, 취합하는 매뉴얼 과정을 IT 장비를 사용하여 자동화, 객관화, 신속화하는 시스템으로, 평가 결과를 저장하여 지속적인 상담사 및 센터를 관리할 수 있으며, 인사고과 등에 반영하여 상담사의 업무능력 향상 과정 및 발전 과정을 이력화할 수 있는 시스템을 무엇이라고 하는가?

63 다음에 설명하는 콜센터 시스템은 무엇인가?

> 인력을 효율적으로 관리하는 시스템으로 콜센터의 운영변수(일별 콜량, 월별 콜량, 결근율, 퇴사율, 상담사별 처리율)를 시스템에 입력하여 적정한 인력을 산출하며, 센터의 효율성을 극대화시키는 시스템이다. 고객에게 일정 수준의 상담품질을 유지하기 위하여 콜량을 예측하고, 필요 상담원수를 계산하여 이를 토대로 효과적으로 상담사별 스케줄을 수립하고 관리하는 시스템이다.

64 콜센터 시스템에 대한 설명이다. 다음 빈칸에 알맞은 용어는 무엇인가?

(①)시스템은 콜센터 상담에 필요한 정보 및 지식을 체계적으로 관리하고 상담 시 실시간 공유, 학습, 색인할 수 있는 웹기반 시스템으로, 상담하는 모든 서비스 내용(상품, 서비스정보, 업무내용, 기존 상담 내용 등)을 분류하고 색인화하여 즉각적인 서비스를 제공한다. 반면 (②)는 CSI조사를 IVR, e-mail, SMS 등을 통해 자동조사 및 분석하는 시스템으로 시나리오에 의해 실시간 고객만족도 조사 및 조사 결과 분석, 분석에 따른 Action Plan 제시와 상담사, 그룹별 분석, QA평가와 고객평가 비교 및 분석 가능한 시스템이다..

65 PDS시스템에 대해서 기술하시오.

66 콜센터 다이얼링 방식 중 상담사가 미리 전화걸 대상의 고객정보를 컴퓨터 화면에 디스플레이 해놓고 자동발신키를 누르면 시스템이 자동으로 전화를 걸어 주는 방식을 무엇이라고 하는가?

67 인입된 콜을 특정된 상담 그룹 또는 특정 상담사에게로 보내야 할지를 정의하는 프로세스를 의미하며, 지능형 호 분배라고도 한다. 보통 상담사가 가지고 있는 응대 스킬이나 예상 대기시간, 특정 응대 상담사에 따라 콜 관리 업무 수행은 물론 상담사의 전문성을 고려하여 전략을 수립할 경우 유용한 콜 관리방법으로 활용이 가능한 것을 무엇이라고 하는가?

68 콜센터 인원에 대한 적절한 조절을 통해 고객센터의 운영 수준을 바람직한 상태로 유지하는 기술로, 콜 예측이 어렵거나 예상치 못한 콜이 인입될 경우 인원이 부족하면 생산성은 향상될지는 모르지만 고객 서비스 수준이 떨어지고, 인원이 과다하면 서비스 수준은 만족되지만 생산성이 저하되는 현상이 발생하는데, 이러한 상황을 적절한 상태로 유지하는 기술을 (   )이라고 한다.

69 콜센터 주요 핵심 성과지표에 대한 설명이다. 다음 빈칸에 알맞은 말은 무엇인가?

> 서비스 효율관리 지표로 통화 종료 후, 상담과 관련된 업무를 마무리하는데 소요되는 시간을 (   )이라고 한다.

70 콜센터 채용 프로세스이다. 다음 빈에 알맞은 말은 무엇인가?

> 상담사 채용규모 및 전형일정 수립 → (①   ) → 원서접수 및 서류전형 → (②   ) → 대면 면접 → 합격자 결정 및 통보

71 콜센터 경력개발 지원 프로그램 중 전문인력을 육성하고, 콜센터 관리자의 매너리즘을 방지하고 내부직원의 역량강화 및 Career path를 제시하고, 무엇보다도 내부 관리자 결원 시 효과적으로 대응 및 피해를 최소화할 수 있도록 관리자들의 보직에 변화를 주는 제도를 무엇이라고 하는가?

72 상담 어플리케이션에서 전화 인입 사실을 상담사에게 알리고, 해당 고객 정보를 상담 화면에 표시하는 콜센터 상담 어플리케이션의 대표적인 기능을 무엇이라고 하는가?

73 고객이 콜센터로 전화를 걸었을 때 모든 상담사가 통화중이거나 업무시간 종료인 경우, 전화받을 전화번호를 남겨두면 상담사가 전화를 거는 기능을 무엇이라고 하는가?

74 콜 라우팅에 대한 설명이다. 다음 빈칸에 알맞은 말은 무엇인가?

> (　　　　　)은 고객가치에 따라 우선순위가 높은 고객을 해당 스킬을 보유한 상담사에게 연결하는 라우팅 방법이고, (　　　　　)은 상담사별 처리할 수 있는 스킬 부여 및 고객등급과 선택한 서비스에 따라 목표시간 내 가장 적절한 상담사에게 연결하는 라우팅으로 처리업무에만 국한한 것이 아닌 채널별로 전화, e-Mail, 채팅, 화상에 따라 분류, 스킬을 부여하는 경우도 있다

75 멘토링 프로그램을 통해 콜센터가 얻을 수 있는 기대효과는 무엇인지 기술하시오.

76 콜센터 조직의 비전과 전략적 목표를 달성하기 위한 균형적인 성과지표(BSC)의 4가지 관점을 기술하시오.

77 콜센터 운영의 궁극적인 목표 2가지를 기술하시오.

78 아웃바운드 운영의 핵심 5가지 요소는 무엇인지 기술하시오.

79 콜센터 아웃바운드 캠페인 관리 절차를 기술하시오.

80 고객 DB전략 프로세스이다. 다음 (   )에 들어갈 말은 무엇인가?

> 데이터 수집 → 데이터 관리 → 데이터 활용 → (   )

81 기존 고객을 대상으로 아웃바운드 활용 전략에 대한 설명이다. 다음에 설명하는 것은 어떤 유형의 콜인가?

> 고객을 즐겁게 하거나 감동시킴으로써 판매 활동을 증진시키는 모든 종류의 대고객 서비스를 가리키는 용어로, 이벤트 관련 당첨 및 제공 SVC상세 안내와 우량회원 선정 등의 업무를 수행하는 유형의 콜을 지칭한다.

82 콜센터에서 필요 인력을 산정하는데 일반적으로 사용되는 공식이지만 복잡한 콜센터의 다양한 변수를 고려하지 못하는 한계 때문에 별도의 보정을 통해 사용해야 하는 공식을 무엇이라 하는가?

83 효율성 지표 중 이 지표나 비율이 높으면 콜센터 입장에서는 비용을 줄일 수 있거나 효율성을 증가할 수 있으나, 고객의 입장에서는 불편을 느낄 수 있으며 콜당 단가를 고려해 상담사와의 직접 연결이 아닌 다른 서비스 채널을 통해 고객문의 사항을 해결하는 비율을 무엇이라고 하는가?

84 현재 콜센터가 안고 있는 고질적인 문제점들(악화)이 개선되거나 보완되지 않으면 채용 및 이직관리가 어려워지고 이로 인해 고객을 만족시키기가 더욱 어려워질 것이다. 콜센터 환경의 열악한 근무조건과 다양한 문제점이 개선되지 않으면 그나마 콜센터 산업에 남아있는 유인 요소(양화)들을 구축(Drive out)할 수밖에 없고 그 결과 현재보다 더 많은 문제점들을 양산해 콜센터 산업 자체를 근본부터 흔들 수 있다. 이처럼 "악화가 양화를 구축한다"고 하는 법칙을 무엇이라고 하는가?

85 상담사에 의한 CSI조사를 IVR, e-mail, SMS 등 전자매체를 통해 자동조사 및 분석하는 시스템으로 자동 전화조사 시나리오에 의해 실시간 고객만족도 조사는 물론 조사 결과 분석 및 분석에 따른 Action Plan 제시와 상담사, 그룹별 분석, QA평가와 고객평가 비교 및 분석을 가능하게 하는 시스템을 무엇이라고 하는가?

콜센터 운영관리
예상문제 정답

01 | 비전

02 | ① 고객이 주도권을 가지고 있는 고객지향적인 조직이며 정보와 커뮤니케이션을 매개로 움직임
② 조직구조는 규모에 따라 그룹 → 팀 → 파트로 구분하는 것이 일반적임
③ 고도의 교육을 통해 멀티스킬조직을 탄력적으로 운영함으로써 업무 부하를 적절히 조절함
④ 주요 업무 : 고객응대 및 클레임 처리, 신규가입 문의 및 상담, 접수 및 예약 등
⑤ 필수역량 : CS마인드, 경청능력, 고객지향적 태도, 의사소통 능력, 업무처리 능력
⑥ 팀 구성 : 상담사 10~15명당 1명의 Part leader 운영이 적당

03 | 아웃바운드 조직

04 | 블랜딩(Blending) 조직

05 | ① 운영에 대한 노하우 및 서비스, 전문성 축적 가능
② 자체 상담사 고용과 비용의 탄력적 활용을 통해 이직률 억제
③ 체계적인 콜센터 운영관리 및 운영 노하우 축적 가능(서비스, 전문성 축적 가능)
④ 콜센터 전체에 대한 관리 및 통제 가능
⑤ 콜센터에 대한 운영 통제가 용이하고 즉각적인 반응 및 결과 확인 용이
⑥ 상대적으로 보안 이슈 발생가능성 없음
⑦ 관련 부서와의 원활한 커뮤니케이션이 가능
⑧ 내부적으로 콜센터를 통한 다양한 업무 수행이 가능
⑨ 자체 시스템 운영에 따른 다양한 활동 용이
⑩ 통합 이미지 구축 및 일관된 서비스 제공가능
⑪ 서비스 사고에 대한 책임소재 명확

06 | ① 스케줄 조정
② 블랜딩 조직 활용
③ IVR 멘트 삽입
④ 관리자/스탭 콜 지원
⑤ 스크립트 간소화
⑥ 수동 콜백 지원

07 | QAA : Quality Assurance Analyst 상담품질 평가 및 분석업무 수행
QAD : Quality Assurance Developer 코칭 및 교육훈련을 통한 상담품질 향상 업무수행

08 | ① 시간과 비용을 줄일 수 있는 가장 효과적인 면접 방법이다.
② 지원자의 태도(Attitude)를 자연상태에서 파악할 수 있는 가장 좋은 면접이다.
③ 전화예절이나 음성에 대한 호감도는 물론 언어표현력이나 경청능력도 평가가 가능하다.

09 | 콜손실률(Shrinkage), 결손율 RSF(Rostered Staff Factor). 모두 정답

10 | ① 우수인력의 유지 및 이직률 감소
② 인력운영의 탄력성 확보
③ 사무실 유지 비용절약
④ 출퇴근 문제해결을 통한 직원만족도 향상
⑤ 근로자에게 편의성 증대와 시간절약 효과

11 | ① 비정형화 면접 ② 정형화 면접

12 | ① 내부 온라인 채용 사이트 활용 및 차별화
② 사내 추천 활용
③ 채용 대행사 활용
④ 사내 직원 추천활동 강화
⑤ 퇴직자 재입사
⑥ 산업협력학교 대상 추천 확대
⑦ 기타 채널 활용

13 | ① 채용 및 선발 프로세스 점검
② 개선 및 보완사항 체크
③ 선발 및 채용인력분석
④ 탈락자에 대한 피드백
⑤ 탈락자에 대한 세심한 배려
⑥ 채용경로에 따른 지원자 능력검증
⑦ 예비후보자(결원/채용인원 미달)

14 | ① 동료 직원의 동요 및 사기 저하 ② 업무 스트레스 가중
③ 기업 이미지 감소 ④ 회사 지적자산과 노하우 유출
⑤ 생산성 및 경쟁력 약화

15 | ① 자발적 ② 비자발적

16 | ① 부적절한 급여 및 보상
② 과도한 업무(목표 및 실적에 대한 압박)
③ 교육기회 및 경력개발의 기회 부재(Career path)
④ 조직문화 부적응 및 커뮤니케이션 문제
⑤ 불합리한 고용계약
⑥ 복지혜택 미흡 및 열악한 근무환경
⑦ 퇴사(타사로의 이직, 결혼, 학업, 부모 부양 등)
⑧ 상사와의 마찰
⑨ 기타(원거리, 업무부적응)

17 | 역기능적 이직

18 | ① 낮은 성과를 내는 직원방출
② 장기적인 비용의 감소
③ 사내직원의 승진 기회 제공

19 | 어떤 직원들이 이직하는지를 파악하는 것이 핵심
• 업무 스킬이나 성과 및 역량 수준 정도
• 성격 및 대인관계와 근속연수와의 관계 파악
• 신입/기존 사원, 상담사/관리자
• 거주지역 및 연고자 등
* 이직대상자들의 특징 및 징후 파악

20 | 정기적으로 직원의 이탈을 사전에 예방하는 차원에서 이직이 발생하기 전 사전적인 조치나 개선을 통해 이직을 최소화하는 것을 의미
- 정기적인 직원대상 만족도 조사 실시
- 동종업계 근무조건 수시파악 및 유연한 대응
- 커뮤니케이션 및 스킨십 확대를 통한 이직원인 파악 및 개선
- 내부 불만 및 스트레스 정도에 대한 상시 모니터링 진행
- 이직 고려 시 나타나는 징후 사전 포착(체크리스트 활용)

21 | 내용이론

22 | 매슬로우(A. H. Maslow)의 욕구 계층이론(Hierarchy of needs theory)

23 | 과정이론

24 | 공정성이론

25 | 업적만족이론

26 | ① 콜블랜딩 ② 상담사 블랜딩

27 | 프로사이(Prosci)의 문턱이론

28 | 직원들의 업무역량을 향상시키는데 초점을 맞추며 콜센터 직원들로 하여금 스스로 배우고 발전할 수 있는 기회를 제공하는 동기부여이다. 특정 그룹이나 팀에 배치되어 차별화된 업무를 수행하고 있는 직원들에게는 내외부 교육을 통해 높은 역량을 발휘할 수 있게 교육기회를 제공해 주는 것도 중기적인 동기부여라고 할 수 있으며, 교육이나 훈련은 단기간에 효과를 볼 수 있는 것이 아니라 어느 정도 시일이 경과한 시점에 결과가 나오기 때문에 체계적인 전략을 가지고 접근해야 효과를 볼 수 있는 특징을 가지고 있다.

29 | 임파워먼트(Empowerment)

30 | 단기적인 동기부여

31 | ① 평가 ② 보상

32 | ① 균일한 서비스 수준의 유지 및 효율적인 생산성 향상 제고
② 상담능력에 대한 점검 및 개별 상담사의 업무능력에 대한 보상 차원
③ 우수한 관리자 및 상담사 확보와 유지
④ 단계적인 서비스 품질 수준의 상향평준화

33 | ① 평가기준 설정 ② 평가결과의 활용 및 피드백

34 | 서비스 수준 협약 또는 SLA(Service Level Agreement)

35 | 정량적 지표

36 | ① 양(量)'으로 평가될 수 있는 평가지표(계량화 가능 지표)
② 보통 비교 기준이 명확하거나 대상을 객관적으로 평가할 때 활용
③ 대부분 시스템 통계치에 근거하여 평가
④ 업무효율성이나 생산성 관련 항목을 계량화 및 객관화하는데 사용하는 지표

37 | 정성적 지표

38 | 평균 콜처리 시간(Average Handling Time)

39 | ① 콜센터 전략이나 목표 점검
② 이슈 개선 및 보완 차원
③ (비)금전적 보상 차원
④ 전략적인 의사결정 차원

40 | 서비스 레벨

41 | 첫번째 콜해결률(First Call Resolution)

42 | 성과급 및 급여 인상, 인센티브, 비금전적인 보상, 승진 및 진급

43 | ① 평가결과에 대한 피드백
② 다면평가
③ 평가에 대한 면담
④ 평가자에 대한 경고제도
⑤ 평가에 대한 이의신청 제도
⑥ 평가결과에 대한 소명제도

44 | 업무 점유율(Occupancy rate)

45 | 효율성 지표

46 | 구체적이어야 한다. 측정가능해야 한다. 달성가능한 지표여야 한다. 설정된 목표가 현실적이어야 한다. 언제까지 목표도달이 가능한지 구체적인 기한이 설정되어야 한다.

47 | 목표설정 및 점검

48 | 핵심성과지표(KPI : Key Performance Index)

49 | 경력개발 프로그램(CDP : Career Development Program)

50 | ① 경력 경로(Career ladder) ② 역량 및 스킬향상 경로

51 | ① 콜센터에서 직업적인 성장을 통해 직원 개인의 발전을 이끌어내는 경력관리 방법이다.
② 경력 경로는 인사평가를 통해 승진하면 직급수준의 단계가 향상됨을 의미하고, 급여는 물론 책임감, 권한이 기존보다 강해지며 필요로 하는 역량수준도 기존 단계보다 상향됨을 의미한다.
③ 경력 경로를 설계할 때는 근속기간이 오래된 직원과 그렇지 않은 직원들과의 급여 및 혜택에 차등을 두어야 하고 관리자의 경우 순환보직을 통해 인력 이탈로 인한 업무 공백을 최소화 한다.
④ 경력 경로 프로그램에 의한 가시적인 경력체계를 통해 운영인력 이직의 최소화 및 내부 긴장감 유도, 자율적인 경쟁 분위기가 조성되어야 한다.

52 | ① 전문 인력 육성 및 개발
② 개인 성장의 욕구 충족
③ 조직 몰입도 향상
④ 업무의 전문성 제고

53 | ① 전문인력 육성 및 관리자의 매너리즘 방지
② 내부 관리자의 역량강화 및 Career path 제시
③ 내부 관리자 결원 시 효과적으로 대응 및 피해 최소화
④ 긴장감 유발을 통한 건전한 경쟁 유도

54 | 역량 및 스킬 경로

55 | 기존 직원(Mentor)이 신입 사원(Mentee)들에게 직접 지도하고 조언해 줌으로써 콜센터 조직에 무리 없이 적응할 수 있도록 도와 주는 프로그램이다.

56 | ① 콜센터 업무에 대한 자신감
② 콜센터 전문지식 및 노하우 습득
③ 유대감 및 친밀감을 통한 조직적응
④ 콜센터 조직 몰입 및 업무 만족도 향상

57 | 직원만족도 조사(ESI : Employee Satisfaction Index)

58 | 균형성과관리 또는 BSC(Balanced Score Card)

59 | 제안요청서 또는 RFP(Request for Proposal)

60 | CTI(Computer Telephony Intergration) 시스템

61 | IVR(Interactive Voice Response)

62 | QMS(Quality Management System) 시스템

63 | WFM (Workforce Management) 시스템

64 | ① 지식정보 관리시스템 또는 KMS (Knowledge Management System)
② 고객만족도 자동조사 시스템 또는 CATS (Completely Automated Telephone Survey)

65 | 상담사의 업무를 자동화 및 간소화하는 효율적인 다이얼 기법으로 전화걸 고객을 선정, 통화 가능한 고객 루트 판단 등의 상담사 업무의 생산성을 저하시킬만한 부분들을 발신 통화 전략에 따라 자동화시켜 고객과의 통화에만 전념하도록 시스템이다.

66 | Preview dialing 방식

67 | 콜라우팅(Call Routing)

68 | 콜블랜딩(Call Blending)

69 | 후처리 시간(After Call Work 또는 Wrap up time)

70 | ① 채용공고 및 모집 ② 전화면접

71 | 순환보직제

72 | 스크린 팝업(Screen Pop up)

73 | 콜백(Call back)

74 | ① Value based routing
② Skill based routing

75 | ① 콜센터 비전 및 조직문화 공유/강화 ② 회사 및 업무에 대한 신속한 적응
③ 신입사원 이직 방지 및 유지 ④ 지식 및 노하우 전수 및 비용절감

76 | 수익 및 효율성 관점, 고객만족 관점, 학습과 성장관점, 프로세스 관점

77 | 고객만족도 향상, 운영비용 최적화

78 | DB, 시스템, 스크립트, 상품, 상담사

79 | 전략수립 → 캠페인 운영기획 → 캠페인 실행 → 평가와 분석

80 | 데이터 분석

81 | 해피콜(Happy Call)

82 | Erlang C(얼랑 C)

83 | 셀프 서비스 처리율, 자가 처리 해결률

84 | 그래샴의 법칙(악화가 양화를 구축한다)

85 | 고객만족도 자동조사 시스템(CATS : Completely Automated Telephone Survey)

콜센터 상담품질관리

PART 02

1. 서비스 품질의 이해

(1) 서비스의 특징

서비스는 고객의 욕구를 충족시키기 위해 제공하는 무형의 제품 또는 활동이다. 이러한 서비스는 다음과 같이 4가지 특성을 가지고 있다.

▾서비스의 특성과 콜센터 서비스 예시

특 성	내 용
무형성 (Intangibility)	• 무형적인 성향을 가지므로 서비스 자체를 설명하는 것이 어려움 -콜센터에 전화할 때 기업 서비스에 대한 이용권을 획득하는 것이지 소유하는 것이 아님 -콜센터에서의 통화행위는 보이지 않기 때문에 서비스 표준화가 쉽지 않으며, 이에 따라 스크립트나 평가표를 사용하여 서비스를 표준화하기 위해 노력함
동시성 (Inseparability)	• 생산과 소비의 분리가 불가능하며 보통 생산과 소비가 동시에 발생함 -생산과 소비가 동시에 발생해 미리 생산할 수 없으며 사전관리가 어렵고 시간제약을 받기 때문에 WFMS를 활용하여 콜 예측은 물론 모니터링, 분석을 통해 적정인원을 투입함 -콜센터 서비스는 고객과 상담사 간의 상호작용에 의해서 발생하며 고객과 상담사 모두가 서비스의 결과에 영향을 미침
이질성 (Heterogeneity)	• 서비스 제공과정에서 인적요소가 서비스 결과의 이질성 야기 -상담사들이 매일 똑같은 감정과 태도를 가지고 응대하는 것이 아니기 때문에 균일한 서비스 유지가 어렵거나 동일한 서비스를 제공한다 하더라도 고객의 서비스에 대한 기준이 다름
소멸성 (Perishability)	• 판매되지 않고 소멸되며 수행 시 혜택과 편익이 발생하지만 저장 및 재활용 불가 -서비스가 제공되는 순간 사라지고 기억만 남게 됨 -콜센터에서 친절하고 만족할 만한 서비스를 받았다고 하더라도 순간적일 수 밖에 없음

(2) 서비스 품질의 측정 및 결정요소

1) SERVQUAL 모형

① 학자들 간에 서비스 품질에 대한 합의된 개념이나 측정모형은 없으나 가장 널리 알려지고 활용되는 것은 위에서 설명한 PZB에 의한 SERVQUAL 모형이다.

② SERVQUAL 모형 외에도 성과만을 서비스 품질의 측정수단으로 보는 SERVPERF 모형이 있으나 가장 일반적으로 활용되는 모형은 SERVQUAL 모형이다.

③ SERVQUAL 모형에 대해 지금까지 많은 비판과 모순이 있다고 반박을 하는 부류나 시각도 많은 것이 사실이지만, 그럼에도 불구하고 서비스 품질을 평가하고 서비스 품질전략을 개발하기 위해 가장 많이 사용되는 진단모형이기도 하다.

④ SERVQUAL 모형은 개념도에서 보는 바와 같이 서비스 품질을 결정하는 5가지 요소, 즉 유형성, 신뢰성, 응답성, 확신성, 공감성에 대해 고객이 기대하는 서비스 수준과 이미 경험하여 인지된 서비스 수준의 차이가 결국 서비스 품질을 결정한다고 보는 모형이다.

⑤ 서비스 수준과 실제로 고객이 경험한 서비스 사이에는 갭이 발생할 수 있는데 인식된 서비스 품질이 고객의 기대를 초과하게 되면 서비스 품질이 높다는 것을 의미하는 것이고, 기대수준과 경험한 수준이 동일하면 서비스 품질이 적정(만족)하다는 것을 의미하며, 고객의 기대수준과 실제 경험한 서비스 사이에 갭이 발생하면서 경험한 서비스 수준이 낮다면 서비스 품질이 낮다는 것을 의미한다.

⑥ 최근 들어 SERVQUAL의 5가지 요소를 그대로 적용하기보다는 경영환경의 변화와 라이프스타일의 변화를 통한 고객의 기대수준이 높아지면서 기존 서비스 품질을 결정하는 요소들에 대한 많은 연구가 진행됨에 따라 기존 SERVQUAL에 대한 수정모형이 제안되고 있다.

2) SERVQUAL 모형의 서비스 품질 결정요소

구성요소(차원)	내 용
유형성(Tangible)	서비스의 물리적 장비, 시설, 외부 커뮤니케이션
신뢰성(Reliability)	고객과 약속한 서비스를 정확하게 믿을 수 있게 수행하는 능력
반응성(Responsiveness)	신속하게 서비스를 적시에 제공, 고객을 자발적으로 도우려는 태도
확신성(Assurance)	고객에게 신뢰와 믿음을 줄 수 있는 종업원의 지식과 예절
공감성(Empathy)	기업이 고객에게 제공하는 개별적인 관심과 배려

(3) 한국 콜센터 서비스 품질지수 모델

1) 콜센터 서비스 품질지수(Korea Service Quality Index)

① 콜센터 서비스 품질지수는 흔히 콜센터의 서비스에 대한 품질을 평가할 때 적용하는 품질지수를 의미하는데, 크게 콜센터 내부환경이나 시스템, 인프라 및 인적자원을 대상으로 측정 및 평가하는 경우와 고객을 대상으로 체감 만족도를 평가함으로써 지수를 산출하는 경우가 있다.

② 현재 국내에서는 한국능률협회컨설팅(KMAC)에서 매년마다 국내 주요 산업별 기업 및 기관의 콜센터를 대상으로 서비스 품질지수를 평가하고 있다.
③ 콜센터 서비스 품질은 서비스 제공단계를 크게 3가지 단계로 구분 및 평가하는데 사전 서비스(Before Service), 현재 이루어지고 있는 서비스(On Service), 사후 서비스(After Service)로 나뉜다.
④ 각 단계별 서비스는 크게 5가지로 구분하는데 5가지 요소는 통화연결, 고객맞이, 업무처리, 종료태도로 구성되며, 각 단계에서 5가지 요소가 제대로 실행되고 있는지 모니터링을 통해 평가한다.
⑤ KSQI의 5가지 요소는 6시그마에서 활용하는 품질영향요소(Critical To Quality)라고 할 수 있으며, 각 서비스 영역에서 품질영향요소에 대한 서비스 성공률을 콜센터 서비스 품질평가에 적용한다.
⑥ 콜센터에서의 5가지 품질영향요소는 고객에게 서비스를 제공할 때 고객입장에서 가장 중요하다고 생각되는 요소들이라 정의하고 이를 평가에 반영하고 있다.
⑦ 대한민국 콜센터 서비스 품질평가를 대표하는 가장 객관적인 지수이고 실증적인 데이터가 전무한 국내 현실에 서비스 표준을 제시했을 뿐만 아니라 품질영향요소를 발굴하여 이를 평가함으로써 콜센터 서비스 품질을 향상시키기 위해 각 업계가 무엇을 해야 할 것인지를 제시하였다.
⑧ 콜센터 서비스 품질을 획일화한다거나 평가 세부기준을 제시하지 않는 것은 단점으로 지적되고 있으며, 평가 세부기준을 공개하지 않아 기업이 어떻게 콜센터 서비스 품질을 향상시켜야 할지에 대한 구체적인 방법이나 개선안을 마련하지도 못한 채 매년마다 점수로만 평가를 받는 것 자체가 부당하다고 생각하는 경우가 많다.

2) KS-CQI(Korean Standard-Contact Service Quality Index) 콜센터 품질지수

① KS-CQI(Korean Standard-Contact Service Quality Index)는 콜센터의 관리 척도를 제시하기 위해 한국표준협회와 한국서비스경영학회가 공동으로 개발한 평가 모델이다. 'KS-CQI 콜센터 품질지수'에 근거해 평가를 진행한다.
② KS-CQI 콜센터 품질지수의 가장 큰 특징은 콜센터에 대한 '미스터리 평가(전문가가 고객을 가장해 서비스 품질을 평가하는 조사 방법)'와 '이용 고객 평가'를 병행했다는 데 있다.
③ KS-CQI 콜센터 품질지수는 비대면 접점에 대한 관리 척도를 제시하기 위해 마련되었으며 콜센터 서비스 품질 수준을 국내 실정에 맞게 과학적으로 조사·발표한 지수이다.

④ KS-CQI 조사의 가장 큰 특징은 콜센터의 친절성이나 신속함만을 평가한 게 아니라 실제 이용 고객이 원하는 상담 업무가 이뤄졌는지를 평가에 반영했다는 점과 10여 년간 서비스산업 평가 기준이 되고 있는 한국서비스품질지수(KS-SQI)의 7가지 평가지표를 반영해 객관성을 높였다.

⑤ KS-CQI 평가모형은 과정품질 차원에서 △신뢰성, △친절성, △적극성, △접근용이성을 성과품질 차원에서, △본원적 서비스, △부가적 서비스 등을 평가해 부문별 점수를 합산할 수 있도록 구조화하였다.

⑥ KS-CQI는 미스터리 콜 5개 평가항목과 설문조사 7개 항목으로 구성되어 있다.

2. 콜센터 QA 및 주요 업무의 이해

(1) 콜센터 상담품질의 이해

1) 상담품질 관리를 통한 이점

기업측면	고객측면
• 균일하고 표준화된 상담품질 유지 • 회사 브랜드 이미지 개선 및 충성도 확보 • 수익창출 및 고객유지	• 표준화된 서비스 경험 • 신뢰 및 서비스 만족도 향상 • 불필요한 시간 및 비용 감소
관리자 측면	**상담사 측면**
• 개별 상담사 상담 시 장단점 파악 • 대고객 서비스 문제점 및 개선사항 파악 • 효과적인 코칭 및 피드백 가능	• 고객응대 자신감 • 오안내 및 오상담 감소(상담능력 개선) • 효율적이고 신속한 응대 가능

2) 서비스 품질평가에 대한 기본적인 접근 방법

① 조직적인 관점에서의 서비스 품질평가 : 고객에게 제공할 수 있는 최고의 서비스에 대해 정의하고, 이에 대한 품질을 측정하는 것으로 이는 보통 서비스 품질의 속성을 점수화하고 비중을 조절함으로써 가능하다. QAA에 의해 진행되는 간접 평가를 의미하며 고객 응대과정에서 서비스 품질이 우수했는지 부족했는지를 모니터링하고 평가하는 것이라고 할 수 있다.

② 고객 관점에서의 서비스 품질평가 : 고객관점에서의 서비스 품질평가는 직접적으로 고객에게 서비스 품질을 측정하는 것을 의미한다.

서비스 품질을 측정하는 수단으로는 인터넷이나 메일 또는 CATS(Completely Automated Telephone Survey : 고객만족도 평가를 위한 자동 전화응답 조사)를 활용하여 일련의 질문을 던지고 고객의 솔직한 답변을 얻어냄으로써 서비스 품질을 평가하는 것이다. 고객관점은 고객집적평가(CSI : Customer Satisfaction Index : 고객만족도)라고 할 수 있다.

구 분	조직적인 관점	고객관점
특 징	• 내부적인 측면에서의 서비스 품질평가 • 간접적인 서비스 품질 측정 및 평가	• 외부적인 측면에서의 서비스 품질평가 • 직접적인 서비스 품질 측정 및 평가
평가방식	QAA에 의한 모니터링 • 실시간 모니터링, Call taping 청취함과 동시에 모니터링 평가표를 통해 평가 진행	고객이 직접 평가에 참여 • FAX, e-Mail, Web, CATS(IVR Script) 등을 통한 인터뷰, 전화조사, 서면조사, FGI 조사 활용

(2) 콜센터 QA(Quality Assurance)의 이해

1) QA의 정의

① 사전적인 의미는 품질보증이라고 할 수 있는데 콜센터에서는 상담사의 전화통화 또는 다른 고객 채널을 통해 고객과의 대화를 관찰하거나 청취하는 일련의 행위를 의미한다.

② 콜센터에서의 QA는 모니터링을 통해 고객에 대한 응대수준을 표준화하거나 고객응대 시 발생할 수 있는 문제들에 대해서 개선 및 보완하기 위한 총체적인 커뮤니케이션 활동을 의미한다.

2) 콜센터 QA활동의 목적

① 상담사와 고객 사이에 표준화된 서비스를 제대로 이행하는지 모니터링하고 상황에 따라 콜센터에서 제공하는 서비스의 개선이나 보완할 점을 발견해내기 위함이다.

② 콜센터를 통한 표준화된 서비스는 고객에게 양질의 서비스를 제공함으로써 고객만족은 물론 반복구매를 유도함으로써 수익성을 향상시킬 수 있다.

(3) QA조직의 주요 업무

① 고객과의 응대업무 모니터링 및 평가
② 상담품질 향상 프로그램 개발
③ 모니터링을 통한 QA업무 프로세스 개선
④ 상담품질 향상을 위한 동기부여 및 보상 마련
⑤ 상담사의 서비스 품질 기준 수립 및 서비스 표준화

(4) QA조직 및 구성

1) 조직의 구성

QA조직을 독립적으로 운영해야 하는지 아니면 콜센터 내 지원기능이나 운영기능에 포함시켜야 하는지에 대한 판단은 콜센터의 규모나 운영형태에 따라 또는 조직의 운영 방향에 따라 목적에 맞게 배치하여야 한다.

① **독립적 조직으로 운영하는 경우 :** QA조직의 기능을 강화하기 위한 배치형태로 상담품질에 대한 평가의 객관성 유지, 서비스 표준화 및 일원화된 관리, 통합적인 프로그램 개발 및 수립측면에서 바람직하다.

② **운영조직 내에서 QA기능을 포함하여 운영하는 경우 :** 구축 초기 단계의 콜센터나 규모가 작은 콜센터의 경우 별도의 독립적인 조직보다는 운영지원 조직 내에 편제하여 상담사의 상담품질 평가 및 코칭, 스크립트를 개발하거나 지원하는 업무를 수행하는 등 다양한 업무 수행을 통해운영의 효율성을 높일 수 있다.

③ **평가와 코칭을 분리해서 운영하는 경우 :** 콜센터가 한 곳이 아니라 지역별로 분산되어 있을 경우에는 가장 일반적이고 효율적인 방법이며, 평가는 한곳에서 독립적으로 진행하되 코칭 및 교육은 평가결과를 바탕으로 각 센터에서의 진행을 통해 QA업무의 일관성 유지와 콜센터의 상담품질 관리를 통해 고객만족 서비스와 종합적으로 연계시킬 수 있다.

2) 조직원의 구성

① 구성 직무 및 역할의 경우 QA조직을 이끄는 팀장(리더)과 평가를 진행하는 QAA (Quality Assurance Analyst, 이하 QAA)와 코칭, 상담품질에 대한 교육 및 훈련을 진행하는 QAD(Quality Assurance Developer, 이하 QAD)로 구성된다.

② 팀장은 QA조직의 모든 업무를 총괄하는 사람으로써 고객만족은 물론 기업이익 창출을 위한 상담품질 업무를 기획하고, 상담품질의 트랜드를 분석하며 이를 통해

QA업무 프로세스 개선 및 콜센터의 적정 QA수준을 유지 및 관리하는 역할과 상담품질 개선의 기회를 파악하고 이를 상담품질 관리에 반영하는 역할을 수행한다.

③ QAA(Quality Assurance Analyst)는 상담사의 통화내용을 평가하고 분석하는 업무를 수행한다.

④ QAD(Quality Assurance Developer)는 평가와 분석을 통해 개선점 도출과 개선방안 마련 및 상담스킬 향상을 위한 코칭 및 교육을 진행한다. QAA와 QAD는 공통적으로 상담품질과 관련된 다양한 프로모션을 진행하는 등 콜센터 상담품질의 핵심적인 업무를 담당한다.

⑤ 적정 QAA 또는 QAD 인력 규모는 콜센터의 콜량이나 콜 길이 또는 목표 평가콜수 및 코칭실시 횟수와 해당 콜센터의 현황이나 규모, 업무를 고려하여 산정한다. 일반적으로 KS(한국표준협회)에 의하면 상담사 60명당 1명의 QA가 적당하다고 하며 COPC(Customer Operations Performance Center)에 의하면 40명이 적당하다고 가이드를 제시하고 있다.

> KS : 콜센터 서비스-교육훈련요건(KS A0976-2)
> 품질관리자 : 상담 내용을 모니터링하여 상담사의 평가와 코칭, 상담 경향분석, 커뮤니케이션 성향분석 등의 업무를 통해 콜센터 서비스의 품질평가 및 관리를 한다.
> a) 상담사 60명당 1명의 품질관리자를 둔다.

(5) QAA/QAD가 갖추어야 역량

1) 전문지식(Knowledge)

콜센터 상담품질을 관리하기 위해서 필요한 지식을 의미하는 것으로 다음 사항들이 이에 속한다.

① 고객에 대한 이해
② 업무관련 기초 통계 및 분석 능력
③ 상담품질 향상을 위한 기획력
④ 다양한 모니터링 형태의 이해
⑤ 회사의 전략 및 목표 이해
⑥ 상담품질 관리를 위한 시스템의 활용
⑦ 상담품질 관련 상담 프로세스의 이해
⑧ 콜센터 트랜드의 이해

2) 기술(Skill)

상담품질 관리 업무를 수행할 때 필요한 가장 기본이 되는 기술이나 역량을 의미한다.

① 상담품질 평가 및 코칭
② 교육 및 훈련
③ 상황에 맞는 스크립트 작성 능력
④ 평가 기법 활용 능력
⑤ 상담품질에 관한 리포팅 능력
⑥ 고객 응대 매뉴얼 작성 능력

3) 태도(Attitude)

콜센터 상담품질을 관리하기 위해 필요한 가장 기본이 되는 '자세'및 '마음가짐' 또는 '행동양식'이라고 할 수 있다. 태도에는 성실성, 공정성, 객관성 및 책임감, 긍정적인 자세 등과 같은 다양한 태도가 있겠으나, 가장 강조되어야 하는 것은 고객지향적인 마인드와 감성역량, 커뮤니케이션이다.

3. 콜센터 QA 업무 프로세스 및 주요이슈

(1) 모니터링 프로세스 개요

콜센터 전체 모니터링 프로세스는 다음 그림과 같이 Plan-Do-See-Check의 과정을 거쳐 관리가 이루어진다. 업종에 따라 또는 콜센터 형태에 따라 내용이나 구성상에 있어 상이할 수 있지만, 모니터링 프로세스는 대체로 다음과 같은 절차를 가지고 모니터링 업무를 진행하는 것이 바람직하다.

구 분		내 용	비 고
Plan	목표설정	• 콜센터 상담품질 운영목표 설정(콜센터 MBO와 연계) - 정량적, 정성적 목표 수립 • 센터장, QA수행부서 책임자, 운영팀장 사전 협의 진행	상담품질 적정목표
	모니터링 계획수립	• 모니터링의 방향성 설정 및 모니터링 계획서 작성 • 상담품질 평가항목(KPI) 선정(콜센터 MBO와 연동) - 기본능력/경청 및 표현능력/상담스킬/업무능력 등 • 평가 지침 및 평가표 준비(항목별 가중치 반영) • 그룹별/개인별 목표 공유(실행계획 수립) • 시행시기 및 대상자/모니터링 인당 횟수/모니터링 진행 시 사용하는 Tool(도구)	• 평가항목/세부지침 • 모니터링 평가표 • 모니터링 계획서

(계속)

구 분		내 용	비 고
Plan	합 의	센터장과 QAA, 운영팀장, 파트리더는 QA운영합의서 작성 및 합의	QA운영합의서
Do	모니터링	• 모니터링 계획에 따라 진행 -녹취 콜/샘플링 모니터링/실시간(Real time)/MBWA* • 특이사항 기록 후 코칭 및 피드백 진행 시 활용 • 민원 유발, 신입사원, 실적부진 상담사에 대한 별도 모니터링 진행	모니터링 특이사항
See	평 가	• 모니터링 계획 시 선정한 평가항목에 따라 평가진행 -개인별/팀별 평가결과 분석 → 통계화/피드백 및 코칭 시 활용 -상담품질 관련 매트릭스(Matrix) • 사전 계획된 가중치 적용(우수콜, 고객칭찬콜, 민원콜 등)	• 평가결과표 • 분석자료 • 관련 매트릭스
Check	피드백 및 코칭	• 평가결과를 바탕으로 피드백 및 코칭 진행 -분석자료 및 코칭이력 관리카드 활용 • 민원유발, 실적부진 및 신입사원 대상 별도 코칭/피드백	코칭이력 관리카드
Check	마무리 보고	• 모니터링 회의진행(주간/월간) -모니터링 시 특이점/개선 및 보완점(프로세스, 시스템) • 모니터링 결과보고(주간/월간), 특이사항 위주 -해당 주(월) 활동사항 및 차주 또는 익월 활동 계획	• 모니터링 결과 보고서 • 보완, 개선사항 정리

* MBWA(Montitoring By Walking Around). 현장 모니터링, 순시 모니터링

(2)콜센터 모니터링 유형

QAA/QAD는 상담사들의 콜 모니터링에 대한 부정적인 인식과 콜 모니터링 진행을 통한 긍정적인 결과에 대한 갭(GAP) 차이를 극복하고, 상담사의 통화를 방해하지 않고 고객과의 자연스러운 통화를 이끌어내며 실제로 상담사의 상담품질 향상에 직간접적인 도움을 줄 수 있는 가장 적합한 방법을 찾아 모니터링 활동이 진행되어야 한다.

1)녹취를 통한 모니터링(Monitoring by call taping)

① 콜센터에서 흔히 사용되며, 녹취서버에 저장된 다수의 콜 중 몇 개의 통화콜을 무작위로 샘플링하여 모니터링 하는 방식이다.

② 장점

- 녹취된 콜을 가지고 진행하며 타 방법에 비해 객관적이다.
- 청취 횟수에 대한 제약이 없고 모니터링이 가능한 좌석이라면 어디서든 들을 수 있다.
- QAA가 모니터링을 평가할 때 시간에 대한 유연성을 확보할 수 있다.

- 피드백이나 Coaching 시 자세하고 세분화된 내용을 제공해줄 수 있다.
- MP3 파일 형태로도 제공이 가능해 휴대가 용이하고 저장이 간편하다.

③ 단점

상담사들이 잘못 응대했을 경우 즉각적인 피드백이나 코칭을 진행하기가 어렵다.

2) 원격 모니터링(Remote Monitoring/Silent Monitoring)

① 할입(Interrupt) 또는 감청(Monitoring)의 형태로 이루어지며, 관리자가 수시로 들을 수 있고 무작위 모니터링이 가능하여 녹취 모니터링과 함께 보편적으로 사용된다.

② 장점

- 고객과 상담사가 통화하고 있는 상황에서 모니터링이 실시간으로 이루어져 녹취 모니터링에 비해 활용방법이 다양하다.
- 상담사가 인지하지 않은 상태에서 이루어지는 모니터링이기 때문에 상담사들의 평소 고객 응대 태도나 업무능력, 지식의 보유 정도를 쉽게 파악할 수 있으며, 잘못된 응대나 안내 또는 누락된 설명이나 지식 및 정보를 모니터링하고 이에 대한 즉각적인 조치나 피드백을 해주는 데 유용하다.

③ 단점

상담원들이 감시받는다는 느낌이 들면 고객응대업무를 위축시키거나 수동적인 태도로 업무에 임하는 부작용을 낳을 수 있다.

3) 동석 모니터링(Side by Side Monitoring, Kangaroo Monitoring)

① 실시간으로 현장에서 이루어지는 모니터링 방법으로 현장에서 즉시 피드백이 가능하여 신입사원업무 지원, 인큐베이팅 프로그램운영 시나 업무 투입 초기에 많이 활용된다.

② 장점

- 직접적으로 상담사 옆에 동석하여 잘못된 응대나 보완해야 할 사항들에 대해 즉각적이고 정확한 코칭 및 피드백이 이루어질 수 있다.
- 상담사의 태도나 시스템 활용능력, 상담에 필요한 업무능력을 직접 확인할 수 있으며, 잘못된 업무처리나 상담사가 어려워하는 부분에 대해서는 즉각적인 개입을 통해 문제를 해결할 수 있다.

③ 단점

- 상담사가 위축되어 부자연스럽고 인위적인 상담이 이루어질 수 있다.

- 상담사가 좀 더 좋은 결과를 얻으려고 노력한 결과 평상 시의 평가결과보다 높게 나올 수 있다.
- QAA/QAD의 투입시간이나 비용이 많이 든다.

4) 미스터리 콜 모니터링(Mystery call Monitoring)

① 고객을 가장하여 핵심사항이나 반드시 숙지하고 있어야 할 내용 및 상담사의 응대 태도 등을 모니터링 하는 방법이다.

② 장점

- 고객의 입장에서 응대태도나 업무지식 및 고객상담 수준 등을 파악할 수 있다.
- 고객서비스 수준 파악을 통해 개선요소를 도출하여 전화응대 서비스 수준을 향상시키고, 평가결과 코칭이나 교육을 통해 잘못된 부분을 개선하고 보완할 수 있다.

③ 단점

- 반복 시행으로 상담사가 미스터리 콜이라는 사실을 알게 되면 정확한 평가가 어려우며 즉각적인 피드백을 진행하기 어렵다.

5) 동료 모니터링(Peer Monitoring)

① 상담사가 주체가 되어 동료의 콜을 직접 모니터링하고 모니터링 결과를 통해 피드백을 제공해 주는 방법이다.

② 장점

- 상담사들이 상담품질에 대한 문제 의식을 가질 수 있고 모니터링에 대한 공포심 및 반감을 줄일 수 있다.
- 쌍방향적이고 문제해결을 위해 자발적으로 학습하게 되어 효과가 크다.

③ 단점

- 상대 상담사 선정이나 그룹핑이 잘못될 경우 효과가 감소될 우려가 있다.
- 목표를 분명히 하지 못하거나 진행 시 발생 문제에 대한 조정실패로 모니터링 효과를 기대하기 어려울 수 있다.

6) 자가 모니터링(Self Monitoring)

① 상담사 자신이 자신의 콜을 모니터링 하는 방식으로 모니터링 자체로만 끝나는 것이 아니라 직접 자신의 콜에 대해 평가함으로써 평가결과에 대한 갭을 줄일 수 있는 방식이다.

② 장점

- 상담사가 자신이 응대했던 콜에 대한 본인의 느낌과 실제로 진행되었던 통화에 대한 괴리 및 차이를 확인할 수 있다.
- 자신의 능력이나 태도 및 습관 등을 파악할 수 있으며 모니터링 및 평가를 통해 자신의 역량을 객관화시킬 수 있고 모니터링 결과 자신의 장단점 파악을 통해 스스로 개선해 나갈 수 있다.

④ 단점

- 신입상담사에게는 적절하지 않다.
- QAA/QAD의 적절한 Feedback과 코칭이 진행되지 않으면 개선이 어렵다.

(3) 콜센터 상담품질 관리

1) 상담품질관리 시 유의사항

① 상담품질에 대한 구체적이고 실현 가능한 목표 설정
② 상담품질 관련 핵심성과지표는 고객체감 만족도와 연계
③ 상담품질향상을 위한 시스템 및 체계 구축
④ 전문적인 QAA(Quality Assurance Analyst)와 상담사의 역량 강화
⑤ 지속적인 상담품질 프로세스 개선

2) 국내 콜센터 상담품질관리의 문제점

국내 콜센터 상담품질 관리의 대표적인 문제점은 다음과 같이 6개 정도로 정리될 수 있다.

① 상담품질과 관련 없는 너무 많은 평가항목들
② 상황을 고려하지 않은 감점 위주의 평가제도
③ 교육 기회의 부재와 개인화된 피드백 및 코칭의 부족
④ 모호하고 객관성이 결여된 평가기준
⑤ QA담당자의 불필요한 업무 가중 및 경력개발의 부재
⑥ 콜센터 상담품질 전략 및 목표의 부재

3) 콜센터 상담품질 개선방안

고객이 원하는 것이 무엇이고 어떻게 해야 고객이 만족할 수 있는지를 상담품질 관점에서 곰곰이 생각해 보고, 이에 대한 개선이 이루어져야 빠르게 변화하는 고객의 요구에 대처할 수 있으며 콜센터의 비효율적인 요소를 제거하여 최적화를 이룰 수 있다.

① 상담품질 평가항목의 간소화 및 실시간 모니터링 평가 비중의 확대
② 유연한 평가 및 긍정적 강화를 통한 상담품질 향상
③ 코칭 및 피드백을 진행할 수 있는 자원 확보 및 활용
④ 평가의 객관성 유지 및 평가 프로세스 개선
⑤ QA담당자의 전문성 확보를 위한 여건 마련

4) QA개선과제 체크리스트 및 이행점검 시 주의사항

상담품질 관련 현황파악을 통해 모니터링 분석이 이루어지면 운영상의 개선점을 도출하여 향상시킬 수 있으며, 현황자료를 면밀히 분석하다 보면 보다 구체적이고 명확한 개선과제들을 도출해낼 수 있다.

① 도출된 개선과제들을 목록화(Checklist)하여 이를 지속적으로 실행에 옮겨야 한다.
② 목록화한 체크리스트에 대해서 지속적인 모니터링과 이행여부 점검이 필수이다.
③ 구체적이고 누구나 쉽게 개선과제를 이해할 수 있도록 설정한다.
④ 목록화할 때는 절대 추상적이고 개괄적인 것을 과제화하지 않는다.
- 대부분 기준이나 목표가 불분명하면 해당팀이나 담당자들이 실행하지 않을 가능성이 높다.
- 예를 들어, 강화, 고도화, 최소화, 활성화, 제고 등과 같은 추상적인 개선과제 도출은 불가

⑤ 구체적인 목표 정량화 필수
- 개선과제를 실행에 옮기는 날짜와 구체적인 주기 또는 횟수, 시간 등을 정확히 설정한다.

5) 평가결과의 활용

콜센터에서 상담품질 결과로 나온 데이터는 다양하게 활용할 수 있으며 다음과 같은 분야에 활용될 수 있다.

활용분야	내 용
상담품질 수준진단	현재 운영되고 있는 콜센터의 서비스 및 상담품질 수준을 진단 및 파악하는 통계자료로 활용
교육 및 훈련	• 상담사들의 교육 및 훈련 자료로 활용(성과저조자, 고객불만 유발자와 같은 C-Player와 신입사원 등) • 평가 결과에 따른 부진항목의 개선 및 보완 자료로 활용 가능

(계속)

활용분야	내 용
평가 및 보상	• 콜센터 직원들의 평가 및 보상 수단으로 활용 -상담품질 우수자들에게 대한 평가 및 보상 수단
채용 및 선발	누적된 자료 활용을 통해 상담사들의 전반적인 특징(인구통계학적 분석) 분석 및 활용→채용 및 선발 시 참고자료로 활용
프로세스 개선	• 개선되어야 할 조직 내외부 프로세스 점검 및 개선, 보완 시 활용 • ATT, ACW, AHT의 감소/스케줄 고수율, Occupancy 등 효율적인 관점의 프로세스 개선

6) 이메일의 특징

① 가장 흔한 연결형 매체

② 가장 쉽고 편하게 사용할 수 있는 커뮤니케이션 매체

③ 세일즈와 마케팅 용도로 활용가능

④ 다른 매체에 비해 전달 속도가 빠름

⑤ 여러 사람들에게 동시에 전달 가능

7) 이메일 작성 시 주의 사항

① 가능한 한 페이지에 모든 내용을 담아라.

② 가독성에 신경을 쓴다.

③ 목적이 명확하게 드러나도록 작성하라.

④ 이모티콘 사용을 자제하라.

⑥ 띄어쓰기, 조사, 문장 부호 등에 유의하라.

⑦ 보내기 전 누락된 것이나 검토해야 할 것은 확인 또 확인하라.

8) 이메일 응대 평가기준

① 간결함

② 신속성

③ 정확한 정보제공

④ 공감 및 호응

⑤ 적절한 언어표현

⑥ 답변 충실성

⑦ 설득력 및 적극성 여부

⑧ 올바른 언어 사용

⑨ 친절성

(4) 상담품질 분석 기초

1) 상담품질분석을 효과적으로 수행하기 위해 세 가지 분석 요소

① 정확한 측정과 측정 시 발생하는 측정오차

② 평가항목별 적정한 분석 척도

③ 신뢰도와 타당도의 개념의 이해

2) 오차 발생원인

① 측정하고자 하는 측정 개념을 잘못 이해하는 경우

② 상담품질 피평가자에 대한 성향을 잘못 파악하는 경우

③ 측정시점의 피평가자의 단기적인 변화

④ 측정 시 환경요인(최번기, 최빈기)

⑤ 모니터링 평가표에 항목이 모호한 경우

⑥ 측정 방법의 문제(녹취 평가, 실시간 평가 등)

3) 분석척도의 종류

① 명목척도 ② 순위척도

③ 등간척도 ④ 비율척도

4) 척도 유형별 분석 방법

척도유형	자료형태	포함된 정보	대푯값/가능분석방법
명목척도	명목	확인, 분류, 존재유무, 집단분류	최빈값, 빈도분석
서열척도	서열	순서, 순위, 등급 순위비교, 등급평가	중앙값, 우선선위, 품질등급
등간척도	등간	명목, 서열, 차이 간격비교, 차이비교	산술평균, 표준편차 모수통계분석
비율척도	비율	명목, 서열, 차이, 배수, 비율 절대비교, 배율산정	절대온도, 매출액, 가격 기하, 조화평균

5) 신뢰도와 타당도

같은 상담품질 평가표를 가지고 평가를 하더라도 예상하지 못한 오차가 발생하여 피평가자에게 재평가를 요구를 받는 경우가 있는데, 이때 신뢰도와 타당도에 대한 정확한 이해가 있다면 평가의 문제점을 손쉽게 파악할 수 있다.

① 신뢰도

- 신뢰도는 동일한 상담품질 평가표를 수회 반복했을 때 나타나는 측정값의 분포
- 안정성, 일관성, 예측가능성, 정확성 4가지가 포함되어야 함
- 신뢰도를 개선하기 위해서는 측정도구의 모호성 제거
- 측정항목이 많으면 신뢰도가 높아지나 20개 이내로 구성

② 신뢰도 측정 방법

방 법	자료형태
재측정 신뢰도	• 동일한 측정도구를 이용 동일한 상황에서 동일한 대상에게 일정한 기간을 두고 반복 측정 • 최초 측정치와 재 측정치가 동일한지를 검증 • 측정간 간격은 최소 2주 이상
반분신뢰도	• 동일한 개념에 대해 여러 개의 문항으로 측정하는 경우 • 무작위로 측정문항을 두 집단으로 구분 • 측정치간의 상관관계를 분석하여 신뢰도 측정
평가자간 신뢰도	• 동일한 방법에 의한 측정을 다수의 측정자가 실시한 경우 • 측정자들간의 평가 일치도를 검증 • 일치도 = 일치된 문항/총문항수

③ 타당도

- 측정하고자 하는 개념이나 속성을 정확히 측정 여부
- 내적 타당도는 특정한 결과에 차이를 가져오는가, 가져오지 않는가 하는 데 초점
- 외적 타당도는 연구의 일반화 관련된 내용
- 고객만족도 측정 시 고객만족도 평가점수가 타당도의 지표
- 타당도가 높으면 신뢰도도 높다

(5) 상담품질 분석 방법

상담품질 분석을 효과적으로 이용하기 위해서는 데이터 종류, 관리에 대한 기본적인 이해와 정확한 분석 프로세스를 활용하여 진행한다.

1) 데이터의 종류

분 류	내 용
질적 데이터	• 범주형 자료라고도 함 • 몇 개의 범주 또는 항목의 형태로 나타나는 자료 • 명목 데이터와 순위 데이터로 나눔
양적 데이터	• 집단화된 자료라고도 함 • 수치로 측정이 가능 • 데이터는 속성을 그대로 나타냄 • 이산형 데이터, 연속형 데이터로 나눔

2) 데이터의 관리

① 문제, 목표의식을 명확히 함

② 데이터 관리 분석 기준시점을 지정

③ 데이터의 소스별 관리(CTI, QA평가, KPI)

④ 데이터 관리 지침 및 체계 구축

⑤ 원천데이터, 운영데이터, 분석데이터로 구분

⑥ 표준 데이터 선정

- 데이터관리의 4가지 주요이슈 : 데이터 모델링, 데이터 아키텍처, 데이터 참조모델, 데이터 품질관리

3) 데이터의 품질관리

① DBMS(Database Management Systems)를 기반으로 수행하는 데이터 관리

② 미시적, 거시적, 부가가치적 데이터 관리 관점

③ 데이터 품질관리 대상을 도출

④ 관리 목적과 관리 방법 및 기준, 그리고 관련 샘플 제시

⑤ 데이터 품질관리 모형 참조(데이터 품질 성숙모형)

⑥ 품질관리 요소는 크게 데이터 값, 데이터 구조, 데이터 관리 프로세스로 구분

4) 상담품질 분석 프로세스

상담품질 분석은 아래와 같이 5단계로 구성된다.

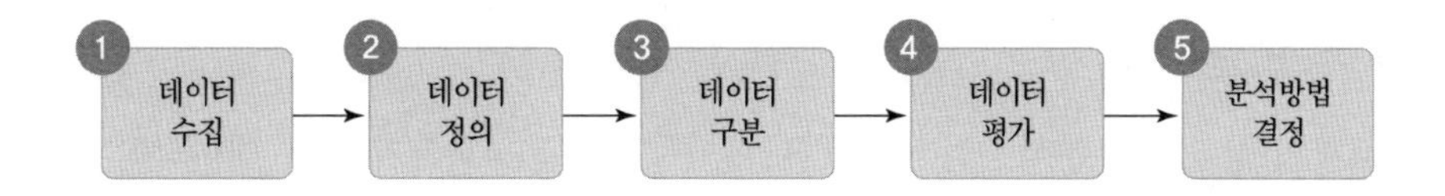

① 데이터 수집

- 내부/외부 데이터 수집(상담품질평가자료, VOC자료, 녹취자료, SNS 등)
- 유사 데이터 수집(OPEN 데이터 중심)
- 결측값이 없는 자료를 중심으로 수집
- 시계열 분석 시행 시 최소 3년간의 데이터 준비
- 개인정보는 반드시 확인이 안되게 조치 필요

② 데이터 정의

- 현재 문제에 대해 정의(상담품질점수 하락, 고객만족도 저하)

- 데이터 정의는 이해관계자들이 모두 합의하여 결정(데이터 관리자, IT담당자 필수)
- 실무를 충분히 고려하여 선정
- 데이터 수요자를 명확히 설정(상담사, 팀장, 센터장)

③ 데이터 구분

- 문제를 해결할 수 있는 단위로 세분화
- 목적별 데이터로 구분(해결방안을 미리 선정)
- 여러 관점으로 데이터 구분(고객, 성과관리, 매출 등)
- 데이터 중요도에 따라 우선순위 선정

④ 데이터 평가

- 기 평가 데이터를 참고
- 각각의 데이터를 비교/대조(2개 이상의 자료 활용)
- 데이터 관리자의 직관력을 이용하여 예비평가 실시
- 개략적인 결과를 추정(가설 추정)

⑤ 분석방법 결정

- 가장 쉽고 빠르게 할 수 있는 분석방법 선택
- 1개 이상의 유사분석 결정하여 결과 비교
- 보고서 작성 방법을 고려한 분석
- 목표/실제를 비교하여 표현
- 결과는 간결하게 정리 되어야 함

5) 상담품질 분석방법

구체적인 상담품질 분석방법의 선택은 분석목적과 분석하고자 하는 데이터의 유형에 따라 적정한 분석방법을 선택해야 하며, 어떤 분석 도구를 사용할지를 결정하고, 개략적인 결과를 예측하여 분석 시 참고하는 것도 중요하다.

① 분석목적에 따른 분석방법

분석목적	분석방법	분석개요	분석자료유형
분 류	빈도분석	분석대상의 특성확인과 프로파일링 가능	모든 자료
	기술통계분석	분석대상의 주요 값 확인	등간, 비율자료
	군집분석	데이터를 유사한 그룹으로 구분	모든 자료

(계속)

분석목적	분석방법	분석개요	분석자료유형
관 계	교차분석	두 개 이상 집단 비교	명목, 서열자료
	상관분석	데이터간의 관계성 검증	등간, 비율자료
	요인분석	분석데이터 공통점 찾기	등간, 비율자료
예 측	회귀분석	데이터간의 영향도로 예측	등간, 비율자료
	시계열 분석	과거의 데이터로 미래를 예측	모든 자료
	연관성 분석	어떤 항목이 또 다른 항목을 동반하는지 여부	모든 자료

② 주요 상담품질 분석방법

■ 빈도분석

- 데이터의 주요 정보 제공(예시/남녀비율, 문항별 점수분포 등)
- 수치와 비율로 표시
- 데이터 특성을 프로 정확히 표현
- 대표적인 분석방법은 히스토그램, 도수분포표
- 주요 히스토그램 형태 해석

▾ 히스토그램의 형태에 대한 해석

히스토그램 형태	형태명	해 석
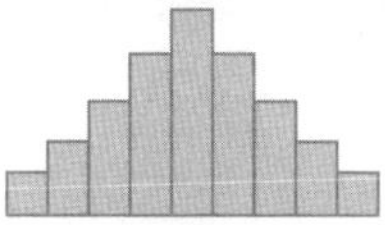	일반형	분포가 중앙이 높고 좌우대칭을 이루며 안정적인 데이터의 분포를 나타내는 경우로 가장 많이 나타나는 분포의 형태
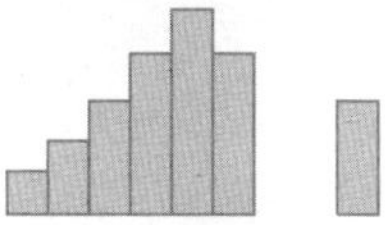	이상 분포형	분포 중 소수의 데이터가 분포에서 이탈되어 나타나는 경우 평가자 또는 평가툴의 문제로 예상하지 못한 데이터 정상분포와 떨어져 나타남
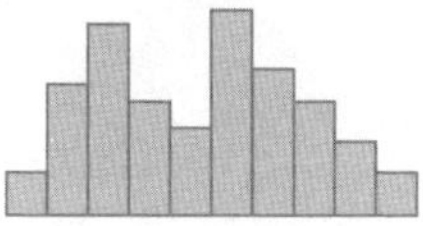	이중 중앙형	분포 중 1개 이상의 정점이 나타나는 경우로 현재 분석하고 있는 데이터가 1개 이상의 집단이 층별로 나타나는 경우로 정점을 기분으로 분리하여 분석
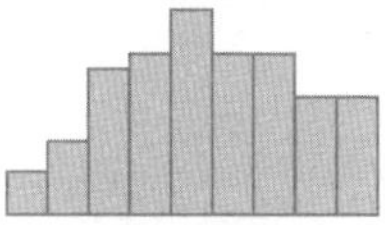	평지형	분포가 일정한 층으로 구분이 되어야 하는데 유사한 분포가 계속으로 이어지는 경우로 데이터 층별로 분화되지 못하고 데이터의 산포가 평균 이상인 경우로 데이터의 수정이 필요한 경우
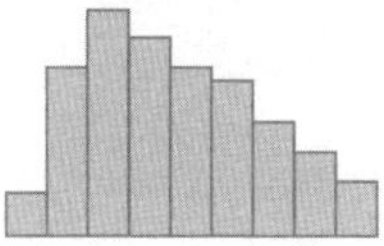	좌측 쏠림형	분포가 좌측으로 쏠림이 된 경우는 하위 그룹에 대한 데이터를 제외한 경우로 원인이 되는 데이터를 찾아 추가해야 함

■ 기술통계분석
- 데이터의 효과적인 요약 수치 분석
- 자료의 표준화가 가능
- 대푯값, 산포도, 비대칭도 확인가능
- 분석값 : 평균, 합, 표준편차, 분산, 범위, 최솟값, 최댓값, 평균오차, 첨도, 왜도
- 기술통계분석 예시 : 상담품질 설문지 분석

▼ 상담품질 설문지 분석

구 분	문항수	평 균	표준편차	왜 도	첨 도
CS만족도	6	0.9293	0.8142	0.8865	0.9921
상담과정품질	6	0.8858	0.7227	0.8048	0.1902
결과품질	9	0.9763	0.9114	0.9674	0.1901
상담환경품질	4	0.9332	0.7775	0.9046	0.5677
상담사 신뢰	4	0.9609	0.8601	0.9457	0.3851
기업신뢰	3	0.8866	0.6617	0.8321	−0.1833
센터이용의도	3	0.9023	0.7523	0.8347	−0.0444

■ 군집분석
- 자료의 거리측정치 차이를 가지고 구분
- 데이터의 유사성, 비유사성 정도 측정
- 주요 분석방법 : 계측, 비계측, 중복군집분석
- 사전 분석작업으로 집단 구분 후 주요 분석진행
- 군집분석 절차

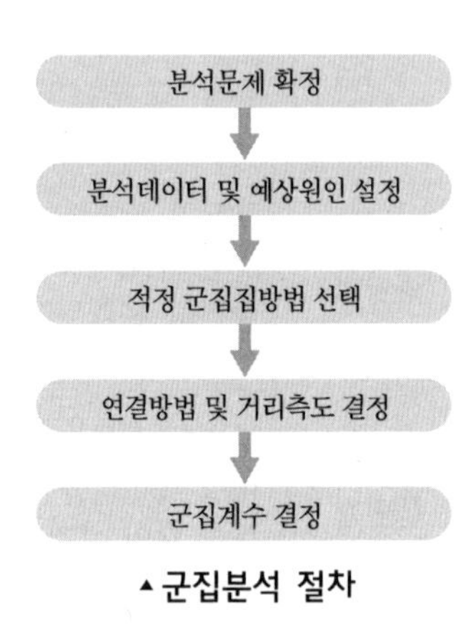

▲ 군집분석 절차

■ 교차분석

• 명목/서열척도인 자료만 분석가능
• 결합분포를 나타내는 분할표 작성
• 사용되는 변수는 10 미만이며 서열척도이어야 함
• 대표적인 분석방법은 카이 검정

■ 상관분석

• 데이터간의 선형관계 확인
• 인과관계가 아닌 연관성 정도로 표현
• 산점도, 상관계수로 나타냄
• 대표적인 상관계수로는 피어슨, 스피어만계수
• 산점도에 형태에 의한 쉬운 상관관계 이해

▾ 산점도에 의한 상관관계

산점도 형태	관계	관계의 이해
	양(+)	A 데이터 값이 증가하면 B 데이터도 증가하는 것으로 가장 기본적인 상관관계
	음(−)	A 데이터 값이 증가하면 B 데이터도 감소하는 것으로 특히 평가 시 음의관계의 평가항목은 제외하여 분석의 정확도 증대
	무상관	복수의 데이터간의 상관관계가 없는 것으로 예를 들어 A팀의 QA점수가 높으면 B도 높을 것이라는 가정하여 관계를 분석해 보니 관계 없음
	절대상관	복수의 데이터간의 상관관계가 완벽하게 일치하는 데이터로 동일한 특성이 있는 데이터로 비교분석이 안 됨

■ 요인분석

- 인자분석이라고도 함
- 분석대상인 데이터간의 내재된 상호관련성을 이용 공통점 찾음
- 탐색적, 확인적 요인분석이 있음
- 고유치(Eigen Value)가 1 이상인 것만 독립요인으로 선정
- 심리학의 지능테스트, 성격 테스트 시 많이 사용됨

▲ 요인분석으로 분석된 MBTI 16가지 성격유형

■ 회귀분석

- 데이터간의 상호관련성 규명
- 영향을 주는 독립변수와 영향을 받는 종속변수로 구분
- 회귀분석을 통해 회귀방정식 구성가능
- 세부 분석방법에는 단순, 중, 다중 회귀분석이 있음
- 회귀계수를 이용하여 변수간의 상대적 영향력 비교
- 종속변수의 미래 값 예측가능

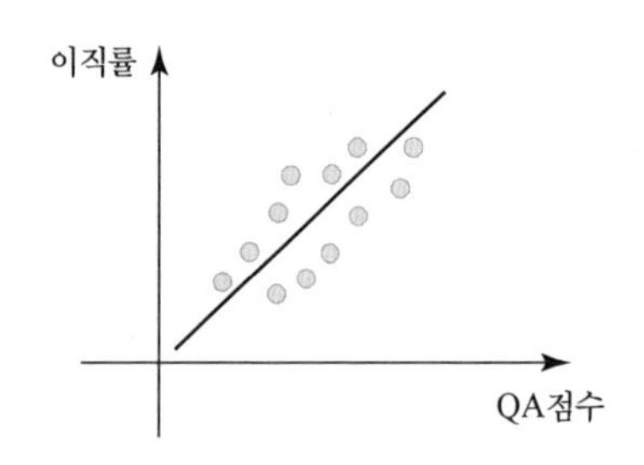

회귀방정식

이직률 = A + B(QA 점수)
* A = 상수, B = 회귀계수
QA 점수는 이직률에 영향 줌

그외 이직률에 영향을 주는 항목으로 나이, 학력, 주거지도 추가하여 이직률과의 상호관련성을 분석해 보면 모두 유의미한 관계가 있음

▲ 회귀분석 예시

■ 시계열분석

- 과거의 데이터로 미래를 예측
- 가까운 시점의 데이터가 더 영향을 미친다는 가정
- 최소 2년 이상의 데이터로 분석
- 추세변동, 순환변동, 계절변동, 불규칙변동 등을 파악해야 함
- 주요분석방법 : 추세분석, 평활법, 분해법, ARIMA 모형

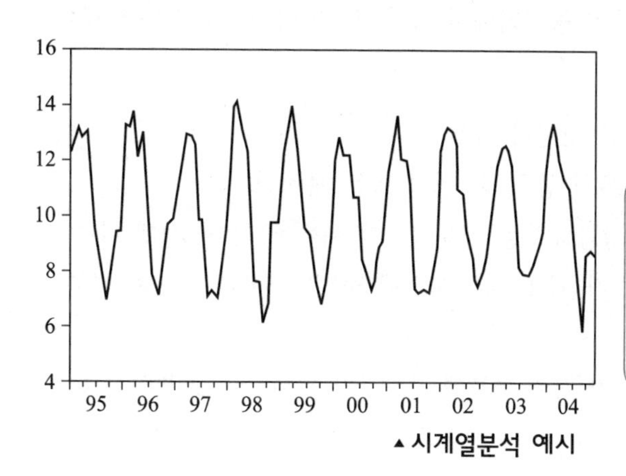

X센터의 10년 간의 QA 점수를 분석해 보니 다음과 같은 그래프가 나타남
계절변동이 있는 추세로 년별, 월별 계절지수 분석하여 이후 2~3년간 QA 점수 예측

▲ 시계열분석 예시

■ 연관성분석

- 어떤 데이터 또는 분석항목과 관련성 분석(Apriori 알고리즘 사용)
- 장바구니분석(M.B.A : Market Basket Analysis)이라고도 함
- "IF－Then" 구문으로 정보 제공
- 온라인 쇼핑몰 추천시스템으로 널리 사용되고 있음
- 지지도와 신뢰도라는 측정도구 사용

선행요인 후행요인

Rule No.	Conf. %	Antecedent(a)	Consequent(c)	Support(a)	Support(c)	Support(a U c)	Lift Ratio
1	68.42	업무전달, 콜백안내 ⇒	정보탐색, 첫인사	19	32	13	2.672697
2	01.20	정보탐색, 회법응대 ⇒	콜백안내	10	41	13	2.477134
3	61.9	정확성 ⇒	정보탐색, 첫인사	21	32	13	2.418155
4	59.09	업무전달, 첫인사 ⇒	정보탐색, 콜백안내	22	31	13	2.382698
5	76.47	업무전달, 정보탐색, 첫인사 ⇒	콜백안내	17	41	13	2.33142
6	52	업무전달, 정보탐색 ⇒	정보탐색, 첫인사	25	28	13	2.321429
7	71.88	정보탐색, 첫인사 ⇒	콜백안내	32	11	23	2.191311

QA평가 결과 데이터를 연관성 분석 방법을 통해 평가항목간의 관련성 검증

연관성 분석을 통해 선행요인 과 후행요인을 알 수 있어 QA평가 후 코칭시 선행요인이 저하되는 상담사의 경우는 미리 후행요인을 감안하여 선제적인 코칭으로 전반적인 QA 점수가 향상됨

▲ 연관성분석 예시

4. 콜센터 상담품질 실무

(1) 적정 모니터링 평가콜수 산정 시 고려요소

모니터링 평가건수는 콜센터에서 요구하는 상담사당 평가건수를 근거로 하는데, 이때는 합리적인 근거를 바탕으로 설정되어야 한다. 또한 콜 목표를 산정할 때는 가능한 변수들을 모두 반영하여 실제적으로 적정한 모니터링 평가건수는 얼마가 되는지를 설정하여 목표에 반영하여야 한다. 다음은 콜센터에서 적정 모니터링 평가콜수를 산정할 때 고려해야 할 요소들이다.

① 콜센터의 평균통화시간이나 상담사 규모
② 해당 업종의 특성이나 업무의 종류 및 성격 또는 목적성
③ 콜센터 모니터링의 목적(상담품질을 향상시키기 위한 코칭 제공)에 따라
④ 가용할 수 있는 콜센터의 자원들(인원, 시스템 등)이 얼마나 되는지 여부
⑤ 새롭게 도입된 프로세스
⑥ 상담사의 숙련도 및 콜센터가 정한 목표에 도달하기 위해 필요한 평가항목 등 다양한 요소들이 고려되어야 한다.

(2) QA조직의 성과평가

1) QA조직의 성과평가의 이해

구 분	정량적인 지표	정성적인 지표
내 용	• 모니터링 평가 건수(모니터링 달성률) • 상담사/파트리더에게 이의제기 받은 건수 • 코칭내역 및 코칭 목표 달성률 • CSI점수 중 콜센터 관련 점수 • 전체 콜 상담품질 점수의 개선 정도 • 상담품질 점수 저조자의 개선 대상비율 • 사전 스팟이나 피드백 시간 정도 • 스케줄 고수율, FCR(첫번째 콜해결률) • 고객유지 및 상향/교차판매 비율 • 업무지식 평가 점수 • QA업무관련 이슈와 문제해결 정도 • 기타	• 정성적인 지표는 정량적으로 평가하기 어려운 부분을 평가(팀 기여도, 직무평가 등) • 팀장 평가 항목 －조직원간 커뮤니케이션, 리더십, 고객지향성 －문제해결능력, 업무조정능력, 업무에 대한 열정 등 • 내부 역량진단을 통해 역량에 대한 평가기준을 구체적으로 설정함 • 모니터링 보고 및 분석에 대한 만족도 • 스크립트 만족도 평가 • 코칭 및 피드백에 대한 상담사 만족도 • 콜센터 SQI(Service Quality Index) 점수

① 조직에 대한 평가는 정량지표와 정성지표를 KPI(Key Performance Index)[1]화하여 평가한다.

② 정량지표는 보통 계량화된 수치 형태로 나타날 수 있는 생산성 지표로 평가되며, 정성지표는 비계량화된 형태로 나타나므로 일반적으로 역량에 기반하여 평가한다.

③ 콜센터의 규모나 성격 및 특성에 따라 다음 지표들은 다양한 형태로 나타나는데 QA 조직의 성과평가는 어느 조직이나 마찬가지겠지만 객관적이고 공정한 평가를 할 수 있어야 하며, 가급적이면 평가자의 주관적 요소가 평가에 개입되어서는 안 된다.

2) BSC 관점의 QA조직 성과지표

① 흔히 BSC(Balanced Score Card)는 기업의 성과를 측정하는 도구로 활용되는데, 조직의 비전달성을 위한 전략수립에 근거하여 핵심역량을 찾아내고 이를 성과지표로 연결하여 핵심지표를 측정·관리함으로써 효과적으로 조직의 비전을 달성할 수 있도록 하는 평가방법이다.

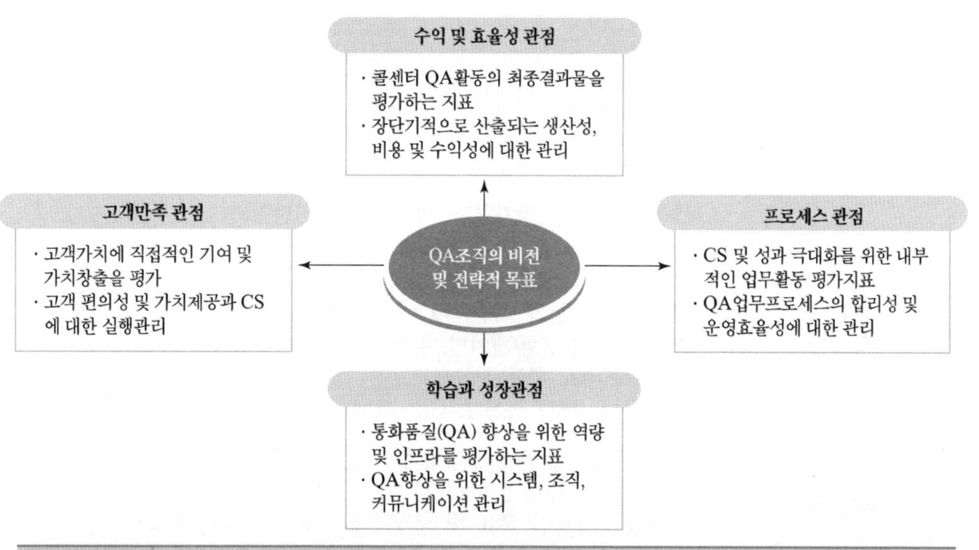

관점 및 지표	주요 KPI
고객만족	팀의 모니터링 점수 결과, 고객불만접수건, 첫 번째 콜해결률(FCR), CSI, SQI 등
수익/효율성	해지방어 성공률, 상향 및 교차판매 성공률, 신규가입률, 콜당 단가, CPH 등
학습과 성장	상담사 만족도 조사, 교육진행건수, 스크립트 활용도, 코칭 만족도, 이직률 등
프로세스	업무절차의 효율성, QA평가표의 합리성 및 적정성, 모니터링 시간 효율성 등

1) KPI(Key Performance Index) : 핵심성과지표라고 하며 어떤 계획이나 목표가 성공하였는지 또는 성공하고 있는지를 확인하기 위해서 성공을 구성하는 요소들을 측정하는 지표를 찾아 측정하여야 하는데, 이들 지표 중 성공을 확인할 수 있는 가장 결정적인 지표

② 콜센터의 정책 또는 전략 및 경영목표에 따라 관점을 달리 반영할 수 있으므로 QA 조직에 대한 평가도 필요에 따라 다양한 관점에서 평가가 이루어질 수 있도록 해야 한다.

③ QA조직을 평가할 때 고려해 할 것은 균형잡힌 성과지표가 설계되고 이에 따라 성과관리가 이루어져야 하는데, QA 조직에 대한 평가할 때도 수익 및 효율성 관점, 고객만족 관점, 학습과 성장 관점, 프로세스 관점이 반영되어야 한다.

(3) 콜센터 모니터링 보고

1) 콜센터 상담품질 보고서 구성

모니터링 결과보고는 보통 필요에 따라 일간, 주간, 월간 또는 분기단위로 보고가 이루어지기도 하는데 보고 주체 또는 성격에 따라 보고의 형식이나 내용이 달라진다.

월간 상담품질 보고서의 구성 및 주요 내용은 다음과 같다.

구 성	내 용
핵심요약 (Executive Summary)	• 보고서 전반의 핵심을 요약 정리 • 상담품질 활동결과 및 향후 예정계획 • 특이사항 및 시사점 등 핵심을 간단명료하게 정리
당월 상담품질 활동결과 및 분석	• 종합 상담품질 평가결과, 평가항목별 진단결과 • 각 팀별 비교 및 전월 목표대비 비교 등 • 업무 부문별 점수 구간별 분석 • 분석결과를 통한 개선과제 이행점검 결과 • 코칭 진행결과(팀/개인별, 실적 부진자, 민원유발자 대상) • QA조직 주요 활동사항(프로모션, 스크립트, 모니터링 등) • QA개선을 위한 활동 Review(문제점 및 개선방안 등)
익월 상담품질 활동 계획	• 익월 상담품질 운영계획(평가/코칭/주요 활동계획) • 상담품질 교육/코칭 관련 세부일정 및 기타 진행 예정업무 • 생산성/상담품질 목표 및 달성계획(프로모션 계획 포함)
기타 특이사항 및 제안사항	• 상담품질 활동 시 특이사항 또는 제안사항 정리 - 평가항목 및 평가기준 변경 등의 의사결정사항 - 타 부서와의 커뮤니케이션 및 요청사항 - 프로세스, 교육, 평가
별첨 (Appendix)	• 상담사별/팀별 모니터링 평가점수 • 교육/코칭진행 결과 • 항목별 평가분석 결과 등

2) 상담품질 보고서 작성 시 고려사항

① 상담품질 보고서는 월간 단위로 작성하는 것이 일반적이다

② 상담품질 보고서는 일반적으로 핵심사항을 요약해 놓은 장표를 시작으로 당월 상담품질 활동결과 및 분석, 익월 상담품질 활동계획, 기타 특이사항 및 제안사항, 첨부의 형태로 구성된다.

③ 당월 상담품질 활동결과 및 분석과 익월 상담품질 활동계획은 반드시 포함되어야 하며, 당월상담품질 활동결과 및 분석은 종합 상담품질 평가결과와 각 평가항목별 진단과 함께 QA조직의 주요 활동사항들은 포함하여 내용을 구성하여야 한다.

④ 추가적으로 QA분석을 통해 도출된 상담품질 개선과제들에 대한 이행여부 결과도 포함하면 보고서의 내용 및 구성 자체가 풍부해진다.

⑤ 익월 상담품질 활동계획에서는 생산성 및 상담품질 목표와 더불어 달성계획이 들어가야 하며 목표달성을 위해 시행되어야 하는 각 업무별 실행계획과 필요한 자원들을 포함해야 한다.

3) 타사 모니터링 조사 결과보고서 구성

구 성	내 용
핵심요약	보고서 전반의 핵심 요약 정리
조사개요	• 조사 목적 및 방법 －모니터링 콜 표본수(Mystery call) －내부 자체 모니터링 조사/외부 용역을 통한 모니터링 조사 여부 －모니터링 평가표 구성 및 평가항목과 비중(Weight) 조정 등 • 조사 대상 및 조사 기간
종합평가 결과	• 종합점수 결과 • 각 항목별 점수 비교 및 분석(업무능력/업무요소별/세부항목별) • 동업 타사의 특징 및 차별성/벤치마킹 포인트
요약 및 결론	• 모니터링 결과 분석을 통한 이슈 및 시사점 • 현황파악을 통한 개선요소 도출 －평가표 변경 시 적용 검토 －추진과제 선정
첨부 (Appendix)	• 평가표 및 동업 타사 항목별 평가 사례 등 • 동업 타사 Call flow(IVR Logic) 및 질문 시나리오

4) 타사 모니터링 시 고려사항

① 타사 모니터링 조사 결과보고서의 경우 보통은 분기별 또는 반기별로 진행되는 것이 일반적이나 콜센터의 상황에 따라 일간/주간/월간 단위로 이루어진다.

② 동업타사를 대상으로 하는 것이 대부분이지만 동종업계가 아닌 상담품질이 우수한 다른 업종의 콜센터를 대상으로 해서 모니터링을 한다.
③ 동업타사의 동향을 분석하고 이를 통해 QA상담품질 전략을 개선함은 물론 동업타사의 응대 수준을 파악함으로써 상담품질에 대한 상향평준화를 목적으로 진행하기도 한다.
④ 동업타사가 아닌 타사를 대상으로 하는 모니터링은 벤치마킹 성격이 강하며 다른 성격의 콜센터 고객응대 수준 파악을 통해 정확한 자가진단 및 개선방안을 마련하여 콜센터의 수준을 향상시키고자 하는 의도가 강하다.
⑤ 동업타사 모니터링의 경우 QA조직에서 자체적으로 진행하는 경우도 있으나 대부분 외부 대행업체에 의뢰하여 객관성을 확보하고 내부에서 보지 못하는 자사의 상담품질의 잘하는 점과 못하는 점 또는 문제점 분석을 통해 개선안을 도출하기도 한다.
⑥ 타 업종의 회사 콜센터를 모니터링하는 것은 모니터링 활동을 통해 장단점과 문제점을 파악하고, 이에 대한 내부 직원들의 수준을 향상시키기 위한 QA활동의 일부라고 할 수 있다.

(4) 콜센터 상담품질 향상 활동

1) 콜센터 상담품질 향상을 위한 활동

① 상담사가 참여하는 상담품질 향상 프로그램의 주기적인 시행
② 상담품질 향상을 위한 다양한 모니터링 시행
③ 경쟁업체 비교 모니터링을 통한 상담품질 수준을 평가하도록 하는 프로그램 시행
④ 실제 상황에서 원활한 커뮤니케이션을 이루기 위한 역할 연기 프로그램 시행
⑤ 우수 녹취콜을 청취하고 분석하여 상대방에게 코칭하는 1 : 1 코칭프로그램 시행
⑥ 상담품질 우수자와의 동석 근무 프로그램 시행
⑦ 각종 콜센터 관련 경진대회(스크립트 경진대회, 상담품질 향상 경진대회 등) 개최 및 시행
⑧ 업무숙지도 향상을 위한 주기적인 테스트(Quiz) 진행을 통해 상담 업무지식의 강화
⑨ 실무 및 사례 중심형 교육 및 계층별 교육 진행 강화
⑩ 기타

2) 콜센터 상담품질 향상을 위한 고려사항

① 먼저 QA결과에 대해서는 상담사들이나 담당자가 자유롭게 의사를 전달할 수 있고, 이를 QA조직에서는 자연스럽게 받아들일 수 있는 분위기를 조성한다.

② 모든 QA담당자들이 평가의 일관성 유지를 위해서 정기 공동평가를 진행한다.
③ 상담품질 향상을 저해하는 요소들에 대한 주기적인 점검 및 개선활동을 한다.
④ 상담품질 모니터링 결과 분석 데이터를 축적함은 물론 다양한 용도로 활용한다.
⑤ 상담품질 향상을 위한 평가 및 보상프로그램을 마련한다.
⑥ 업무 특성을 고려한 모니터링 평가표의 지속적인 보완 및 개선과 평가의 객관성을 확보한다.
⑦ 센터 상담품질 담당자들은 상담품질을 향상시킬 수 있는 직원참여 프로그램을 지속적으로 개발하고 이를 업무에 적용시킬 수 있어야 한다.

(5) 콜센터 역할연기

1) 콜센터 역할연기의 이해 및 특성

① 역할연기는 유형별, 상황별 스크립트를 가지고 상담사들이 각각 고객의 입장 그리고 상담사의 입장에서 연기를 해봄으로써 상대방의 입장을 이해하고 실제 상황에서 원활한 커뮤니케이션을 이루기 위한 고도의 기법이다.
② 역할연기는 신입사원에서 기존사원까지 활용되는 교육 도구로서 활용 범위가 아주 넓다.
③ 단순히 고객 CS측면에서의 역할연기뿐만 아니라 신상품 출시에 따른 가입 및 상품안내 해지방어를 위한 교육 및 훈련에도 활용이 가능하며, 민원을 유발하거나 민원을 사전에 예방하는 차원에서 이루어지는 역할연기까지 아주 다양하다.
④ 가상 고객과의 통화를 통해 콜센터 업무를 이해시키고 실제로 반복연습을 통해 실전감각을 익히게 하며, 연습을 통해 발생할 수 있는 잘못된 부분을 사전에 개선 및 보완시킴으로써 업무를 수행하는데 있어 자신감은 물론 상담사로 하여금 고객과의 통화에 적극성을 갖게 하는 등의 바람직한 결과를 낳는다.
⑤ 사전에 역할연기를 하는 과정을 통해 상담사의 태도 및 화법이 변화될 수 있으며, 특수 업무를 수행하는 상담사들에게는 역할연기를 통해 간접적인 경험을 함으로써 더욱 안정되고 세련된 업무를 수행할 수 있도록 도움을 준다.

2) 역할연기의 종류

콜센터에서의 역할연기는 보통 그림자 역할연기(Shadow Role playing), 그룹별 역할연기(Group Role playing), 관찰 역할연기(WatchingRole playing) 등 3가지 종류가 있다.

① **그림자(가상) 역할연기 :** 그림자(가상) 역할연기란상담사가 거울을 보고 가상의 고객이 바로 앞에 있다고 생각하고 표정이나 동작, 미소 등을 봐가면서 시행하는 1인

역할연기방법이다. 보통 콜센터에 가보면 상담사들 앞 자리에 거울을 하나씩 준비해 주는데 이는 바로 1인 역할연기 또는 고객응대 시 상담사 자신의 얼굴이나 표정을 봐가면서 응대하라는 용도로 사용되는 것이다.

② **그룹 역할연기 :** 이 방법은 말 그대로 3인 이상의 사람들이 각각의 역할을 분담하여 시행하는 방법이며 보통 콜센터에서 시행하는 역할연기 중 가장 기본적이며 자주 사용되는 방법이다. 각각의 상황을 2개로 나누어 역할연기를 진행할 수 있는데, 예를 들어 우수 사례와 나쁜 사례로 나누어 진행한다면 보통 상담사 2명, 고객 2명, 진행자 1명으로 구성되고 각각의 상황을 비교해가면서 역할연기를 할 수 있고, 상담사 1명, 고객 1명, 진행자의 형태로 진행될 수도 있다.

③ **관찰 역할연기 :** 콜센터 역할연기 중 가장 효과적인 방법 중에 하나이다. 상담사, 고객역할을 각 1명씩 두고 관찰자를 2명 이상 선정하여 이들로 하여금 상담내용을 철저히 관찰하게끔 하는 역할연기 방식으로, 관찰자는 상담사가 고객의 Needs나 요구를 제대로 파악하고 있는지, 상황에 맞게 응대하고 있는지, 표정이나 동작들이 자연스러운지, 상향 및 교차판매는 제대로 했는지, 쿠션 언어는 제대로 구사하고 있는지 등 상담사의 다양한 응대 태도나 내용들을 모니터링하거나 관찰하고, 이에 대해 잘한 점과 못한 점 그리고 개선이나 보완이 이루어져야 할 점들에 대해서 참석한 사람들에게 알려주거나 결과를 공유하도록 하는 방법이다.

(6) 콜센터 스크립트

1) 스크립트의 특징

① 스크립트는 콜센터에서 가장 중요한 교육이자 훈련 도구이다.

② 스크립트는 가장 기본적인 고객 커뮤니케이션 도구이자 고객 응대에 있어 가이드라인(Guideline)이라고 할 수 있다.

③ 고객과 응대 시 사전에 필요한 내용을 규격화 및 표준화하여 서비스의 수준을 균일하게 유지함은 물론 지속적인 보완과 점검을 통해 고객만족과 기업 사업성과에 기여하는 것에 목적이 있다.

④ 콜센터 스크립트는 오직 전화를 통해서만 이루어지고 실시간적이고 즉각적으로 대응해야 하는 부담을 안고 있으므로 보다 정교하고 세심해야 하며 전달하는 메시지가 명쾌하여야 한다.

⑤ 콜센터 스크립트는 상황에 따라 지속적으로 보완과 업데이트를 해줘야 하기 때문에 상담사가 업무를 수행하는데 있어서 자신감과 안정감을 주는 효과적인 수단이다.

⑥ 잘 짜여진 스크립트는 상담사들로 하여금 자신감은 물론 상담능력 향상에 직접적인 영향을 미치고 생산성을 향상시킬 수 있는 이점을 제공한다.

⑦ 사전에 발생할 수 있는 개연성 높은 상황이나 고객에 대한 철저한 분석이 선행되어 작성되기 때문에 고객응대에 대한 실수를 최소화할 수 있고 일관된 응대를 가능하게 해준다.

⑧ 일관되고 표준화된 응대를 통해 불필요한 통화시간을 줄일 수 있으며 고객이 원하는 요구사항을 신속히 해결해 줄 수 있어 고객만족을 향상시킬 수 있다.

⑨ 상담사들의 개인적인 태도나 스킬 또는 경험이 제각기 달라 응대에 있어서 상담사의 차이가 많이 나는데, 이와 같은 상담사들의 차이를 극복하고 일정 수준의 응대능력을 유지하게 해준다.

⑩ 스크립트는 표준화문제로 인하여 고객에게 너무나 형식적인 인상을 줄 위험이 있으며, 전혀 예기치 못한 상황에 대응할 수 있는 상황대처 능력이 떨어지는 단점이 있다.

2) 스크립트의 작성원칙

① 스크립트는 간단명료하게 작성되어야 한다.

② 활용하는 사람이 쉽게 이해할 수 있도록 구성되어야 한다.

③ 고객과의 커뮤니케이션이 원활하고 자연스럽게 이어질 수 있게 회화체로 구성되어야 한다.

④ 고객으로부터 설득력 있고 납득할 수 있도록 논리적으로 작성되어야 한다.

⑤ 스크립트 내용이 고객중심적(Customer-oriented)이어야 한다.

3) 스크립트 개발 프로세스

스크립트 개발은 회사의 중요한 프로세스를 만드는 일이고 이렇게 만들어진 프로세스가 그대로 회사를 대표하는 상담사의 입을 통해 고객에게 전달되기 때문에 협업을 통해 개발되어야 한다.

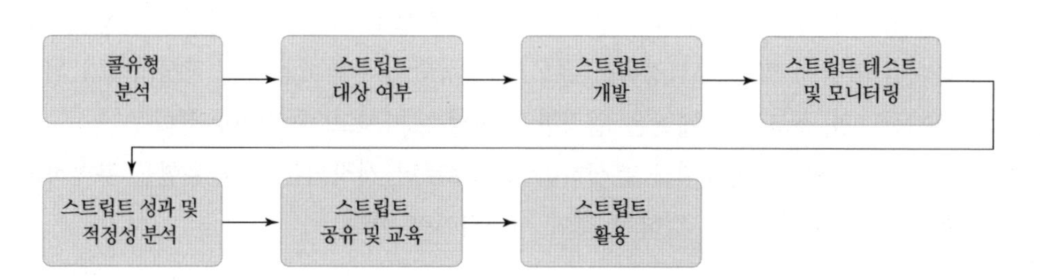

① 처리의 복잡성이나 발생빈도를 고려해야 하는데 부가적으로 상담사들이 임의적으로 판단하기 쉽거나 파급효과가 큰 콜 유형을 선별하여 이를 스크립트 대상으로 삼아야 한다.
② 인바운드의 경우 위와 같은 기준을 통해 스크립트 대상을 선정하지만 아웃바운드의 경우 캠페인(Campaign) 단위로 작성되기 때문에 몇 개의 샘플 스크립트를 대상으로 실적이 우수한 상담사를 대상으로 테스트해 보고 그중 가장 높은 성공률을 보이는 스크립트를 선정한다.
③ 콜 유형분석에 따른 스크립트 대상을 선정하였으면 스크립트를 작성한다. 작성한 스크립트를 가지고 상담사들을 대상으로 기능 테스트를 시행한다.
④ 콜센터에서 수행하는 업무에 해당 스크립트가 적합한지 여부와 스크립트에 녹아 있는 정보들에 대한 정확성 및 업무의 효과성, 적합성 여부 및 스크립트 작성원칙대로 개발되었는지 여부와 고객의 반응 등을 고려하였을 때 적합한지 여부를 종합적으로 판단한다.
⑤ 기능 테스트는 보통 숙련 상담사나 비숙련 상담사로 나누어 진행하기도 하나 대부분 상담능력이 뛰어나거나 경험이 풍부한 상담사들을 대상으로 진행되는 경우가 많다. 이렇게 기능 테스트를 수행한 뒤 수정이나 개선되어야 할 사항들을 보완하고 소단위 상담그룹군을 대상으로 새로 만들어진 스크립트를 가지고 업무를 진행함과 동시에 모니터링도 병행한다.
⑥ 테스트를 통해 나온 결과와 스크립트 개발 시 예상했던 결과치를 비교해 보고 그 갭(Gap)을 해소하기 위한 보완 및 개선작업을 진행한 후 최종적으로 완성된 스크립트를 콜센터 전체에 공유하고 이에 대한 교육을 진행한 후 업무에 반영한다.
⑦ 이후에도 모니터링을 통해 예측된 결과와의 차이가 발생하거나 프로세스상 문제가 발생할 경우 원인에 대한 파악을 통해 지속적으로 스크립트를 수정하고 개선하여야 한다.

4) 스크립트 개발 대상 선정

① 스크립트가 콜 상담유형의 특성에 맞게 체계적으로 개발 및 관리되어서 상담사로 하여금 일관성 있는 고객경험을 유도하고, 상담업무의 효율성을 향상시키기 위해 존재한다면 스크립트 개발은 일정한 방향성을 가지고 움직여야 한다.
② 스크립트 개발은 콜유형을 분석하는 것으로부터 시작되는데, 콜유형을 분석하고 이에 대한 우선순위를 정하는 것이 선행되어야 한다.

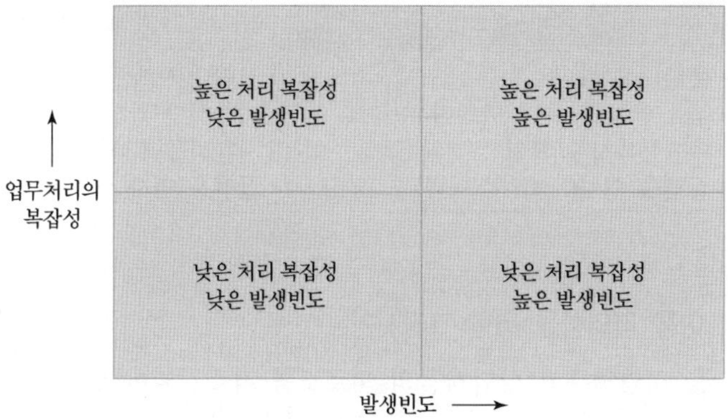

↑ 업무처리의 복잡성	높은 처리 복잡성 낮은 발생빈도	높은 처리 복잡성 높은 발생빈도
	낮은 처리 복잡성 낮은 발생빈도	낮은 처리 복잡성 높은 발생빈도

발생빈도 ⟶

③ 콜 유형을 분석할 때는 업무처리의 복잡성, 우선순위와 발생빈도를 종합적으로 고려하여 스크립트를 개발한다.

5) 스크립트의 구성

스크립트는 수행하는 업무가 인바운드(Inbound)인지 아웃바운드(Outbound)인지에 따라 구성이나 내용이 확연히 달라진다. 인바운드의 경우 고객 주도형의 업무이다 보니 경우의 수가 너무 많아 정형화된 스크립트가 나오기 힘들고, 각각의 상황에 따라 다양한 스크립트가 존재하기 때문에 지속적인 교육이나 KMS(Knowledge Management System)와 같은 지식관리시스템이 뒷받침되어야 한다. 아웃바운드의 경우 상담사 주도형의 업무이기 때문에 사용하는 단어나 어휘의 선택에 있어 신중해야 하며 상담사가 주도하기 때문에 인바운드보다는 내용 구성상 자유롭고 변형된 스크립트의 허용이 가능하다는 특징이 있다.

구 분	인바운드	아웃바운드
도 입	• 인사 및 자기소개 　－소속 및 본인 이름 • 고객본인여부 확인 • 기본적인 고객정보 확인 　－이름, 주소, 전화번호 등	• 인사 및 자기소개 　－소속 및 본인 실명 공개 • 고객 본인여부 확인 　－의사결정권자 여부 정확히 파악 • 통화가능 여부 확인
본 문	• 문의내용 파악을 위한 탐색 질문 진행 (경청/재반복 확인) • 해결방안 제시 및 안내 　－고객상황에 맞는 응대 　－고객반론 극복 • 상황에 따른 영업기회 포착 및 진행 　－상향/교차판매, 신상품 소개	• 용건과 정보의 전달 및 수집 　－짧고 간단하게 설명 • 탐색질문 • 가치제안 　－정보제공 및 오퍼(Offer) 설명 • 고객반론극복 　－거절극복, 권유

(계속)

구 분	인바운드	아웃바운드
마무리	• 통화내용 확인 • 필요에 따라 응대 만족여부 체크 • 추가문의사항 확인 • 끝맺음 인사(소속 및 이름)	• 상담내용 확인 • 지속적인 관심 및 유지부탁 • 시간허용에 대한 감사 • 끝맺음 인사(소속 및 이름)

6) 스크립트의 이용 편의성을 위한 고려사항

① 상담시간을 절약해주고 상담사들의 피로도를 감소시켜야 한다.

② 시선추적 이론에 따라 스크립트를 작성해야 한다.

③ 스크립트 작성 시 중요한 내용이나 핵심이 되는 사항은 시선이 오래 머물고 집중도가 상대적으로 높은 왼쪽과 위쪽에 배치해야 한다.

④ 상담사들의 시선추적의 결과를 바탕으로 한 편의성을 고려하여 작성 및 개발되어야 한다.

⑤ 일반적으로 사람이 글을 읽을 때 좌에서 우로, 위에서 아래도 읽는다는 점을 고려해야 한다.

⑥ 사용자의 경험을 중시하여 스크립트를 작성해야 한다.

7) 콜센터 스크립트의 구조와 배치

① 스크립트는 크게 핵심 지침 및 가이드 영역－주요 상담/응대 영역－상담/응대 지원 영역 등 3가지 영역으로 구성된다.

② 핵심 지침 및 가이드 영역은 주로 상담목적의 명확화를 위한 핵심 내용을 포함하며 일관된 응대 흐름을 위한 가이드 및 지침 역할을 수행하는 영역이다.

③ 주요 상담/응대 영역은 고객과의 통화 흐름이나 절차라고 할 수 있으며 핵심포인트 영역에서 제시한 가이드 및 지침에 해당하는 세부적인 내용이 포함되어 있는 영역이다.

④ 상담/응대 지원 영역은 예기치 못한 질문 또는 고객의 반론 제기 및 해당 상담과 관련해서 나오는 연관 질문에 대한 답변을 미리 준비하여 상담사들이 원활한 응대를 할 수 있도록 지원해주는 영역이다.

⑤ 상담/응대 지원 영역은 크게 응대 본래 목적에 따른 지원과 부가 목적에 따른 지원으로 구분이 된다.

⑥ 응대 본래 목적에 따른 지원은 고객의 질문에 대해서 신속하고 정확하게 답변해야 하는 기능을 효과적으로 진행해야 하기 때문에 고객지향적인 성향이 강하다.

⑦ 부가 목적에 따른 지원은 철저히 기업지향적이라고 할 수 있는데 아무래도 응대 본래 목적에 따른 지원과는 달리 좀 더 적극적이며 콜센터에서 고객에게 바라는 목적을 수행하기 위한 성격이 강하다는 특징이 있다.

5. 콜센터의 VOC와 고객 불만 관리

(1) VOC의 이해

1) VOC의 개념

VOC(Voice of Customer)란 기업의 경영활동에 있어서 고객들이 기업에게 반응하는 각종 문의, 불만, 제안, 칭찬 등의 정보를 의미하는데, 회사에 대한 고객의 의사표현의 권리라고 할 수 있으며 기업의 수익 및 가치를 증대 시키며 충성 고객 확보와 긍정적인 브랜드 이미지를 형성하는 중요한 경영 활동이다.

2) 콜센터 VOC 처리 프로세스

일반적으로 VOC 처리 프로세스는 접수, 현황 및 원인 파악, 보고 및 조치, 결과 사후관리, 평가 및 분석 5가지 단계로 이루어진다.

① **접수 :** 상담사가 고객의 요청사항에 따라 접수하며, 칭찬/제안/불만/민원 등으로 정리하여 기록을 남긴다.

② **현황 및 원인 파악 :** 요청사항 검토 및 불만/민원사항 난이도 파악

③ **보고 및 조치 :** 내용에 따라 처리 부서 보고 및 조치 진행

④ **조치 결과 사후관리 :** 처리 부서 사후 결과 확인 및 피드백(Happy Call 등) 진행

⑤ **평가 및 분석 :** 최종 조치 결과 확인후 필요에 따라 프로세스 개선 및 제도 개선

3) VOC 분석 및 활용

VOC를 이용하여 고객불만 발생 유형 및 업무 처리 분석을 하고, 분석된 자료는 VOC 데이터베이스에 구축되며, VOC 사례, 고객만족 경영활동, 마케팅 활동 등에 사용하게 된다.

① **VOC Knowledge 구축 :** VOC 사례 축척을 통하여 비슷한 유형의 고객 유형 인입시 신속하고 만족도 높은 서비스를 제공할 수 있다.

② **고객만족 경영 활동 :** 마케팅 보고서, 잠재고객 보고서 등 각종 유형에 따른 고객 분석의 기초 데이터로 사용되며, 서비스 개선 등을 통한 고객만족 활동에 이용된다.

③ **마케팅 활동 지원 :** SMS/OB service/Direct Marketing 등 각종 마케팅 활동 및 고객 유형에 맞는 상품 개발 등에 이용된다.

4) VOC 관련 평가 지표

관련지표	평가내용
데이터 입력주기 준수율	데이터 별로 사전에 정의된 입력 주기를 준수해 VOC 관리 시스템에 입력하였는가를 평가 대상으로 함
데이터 분류 정확도	정의된 VOC 유형분류 기준에 의해 정확하게 데이터를 분류해 처리팀에 이관하였는가를 평가대상으로 함→QA 모니터링 또는 샘플 조사 등
처리 리드(lead) 타임	분류에 의한 이관 후 처리까지 소요된 시간을 의미함 처리 리드타임을 관리함으로써 대응부서의 신속한 대응을 유도
처리 이행률	• 이관된 VOC 중 실제로 처리된 비율 • 본 지표관리를 통해 처리부서에서 적정한 근거 없이 미처리하지 않도록 유도함
특정 시간내 처리율	• VOC를 제기한 고객이 만족하는 시간 이내 처리율 • 보통 외부 조사 또는 FGI를 통해 습득함
처리 만족도	처리된 결과에 대해 VOC를 접수한 외부고객 및 내부고객의 만족도에 의한 평가
VOC 재접수율	VOC 중 미대응 혹은 오대응한 결과로 고객이 다시 VOC를 재기하는 비율을 낮춤으로써 VOC 처리 비용 절감
불만율(클레임률)	VOC 중 불만 또는 클레임에 대한 비율(불만 또는 클레임건/총문의건)

5) VOC의 새로운 채널 SNS 활용전략

선진기업의 경우 SNS를 마케팅, 홍보는 물론 고객과의 소통 채널로서 적극적으로 활용하고 있으며 Fortune 100기업의 대부분이 SNS를 적극적으로 활용할 정도이고 국내 기업들도 SNS를 보다 효과적으로 활용하기 위한 고민이 본격화되고 있다.

① 사용자 간의 관계를 활용하여 신속하고 지속적인 관계를 유지할 수 있다.
② 다수의 사용자와 커뮤니케이션이 가능하고, 고객의 유형 또한 다양하다.
③ 다양한 다수의 사용을 대상으로 처리 가능함에도 불구하고 비용이 저렴하다.
④ 관계맺기 등 쌍방향 커뮤니케이션으로 신뢰 구축 및 인간적인 교류가 가능하다.

(2) 콜센터의 고객 불만(Complaint) 관리

1) 컴플레인(Complaint)과 클레임(Claim)

① 컴플레인 : 고객이 회사의 제품과 서비스에 대한 불만 또는 불편사항을 요청하는 모든 행위이며, 고객으로부터 나오는 각종 불만이나, 요구사항을 일컬어 통칭으로 사용되는 용어

② 클레임 : 고객이 회사의 제품과 서비스에 대한 시정요청 및 보상요청 행위

③ 컴플레인이 클레임보다 넓은 의미의 요청 행위로 통용된다.

클레임	컴플레인
• 주장, 요구 • 법적, 규정 등에 근거 • 합리적 사실에 입각 • 서류나 문서 • 거래내용의 잘못에 따른 배상 • 결과로서 금전적/물질적인 책임 • 불만사항에 대한 수정 및 배상요구	• 불평, 불만 • 감정에 의해 발생 • 감정 속에 감춰진 사실 주장, 요구 • 커뮤니케이션 스킬 • 거래내용 전반에 대한 불만 • 잘못된 관행이나 태도의 시정 요구 • 고객감정의 개입→(예) 직원 불친절

2) 클레임의 역할

① 회사 서비스 평가의 기초가 된다.

② 컴플레인은 경영층을 자각시키는 계기가 된다.

③ 고객의 진정한 정보를 취득하게 된다.

④ 회사 이미지 향상의 계기가 된다.

3) 불만고객의 발생원인

① 고객불만의 원인은 사소한 것에서부터 발생하는 것이 대부분이어서 기본에 충실하여야 한다.

② 직원의 용모/복장 불량

③ 퉁명스러운 말투 및 언행

④ 서비스의 지연

⑤ 약속의 불이행

⑥ 기대에 못 미치는 서비스

⑦ 직원의 실수와 무례한 태도

4) 컴플레인 고객의 증가 원인

경영 환경의 변화와 인터넷 등을 통한 고객의식의 증가, 소셜네트워크를 통한 공유가 활성화되면서 고객 서비스에 대한 고객욕구가 증가되었다.

① 주 5일제 근무 등 정책 변화에 따른 고객의 라이프 스타일 변화
② 의료 및 산업 발달로 인한 고령화 사회 진입에 따라 노후 대비 및 관심 증가
③ 여성경제활동 인구 증가에 따른 여성의 구매력 및 소비 욕구 증가
④ 정보화 사회로의 변화에 따른 재테크에 대한 관심 증가
⑤ 인터넷 및 SNS의 발달로 인한 고객 요구의 다양성 증가

5) 고객 컴플레인 유형

① 수준 이하의 서비스, 제품 자체의 결함, 약속 불이행등 회사 문제로 인한 컴플레인
② 서비스 불친절, 업무처리미숙, 설명 오류 등 고객 접점 관련 컴플레인
③ 지나친 기대감, 고객의 오해, 고객의 부주의 등 고객 성향에 따른 컴플레인

6) 컴플레인 관리의 중요성

① 회사의 상품 및 서비스에 대한 문제점을 객관적으로 파악할 수 있다
② 고객의 욕구를 즉시 확인하여 새로운 상품 또는 서비스를 개발함으로써 회사 이익에 기여한다.
③ 불만 고객은 만족한 고객에 비해 약 3배 이상의 부정적인 효과가 전달되므로 불만 고객 관리는 회사의 신뢰도를 유지하는 데 중요한 역할을 한다.

7) 콜센터 컴플레인 고객 응대 요령

① 사과 : 고객에게 먼저 사과하여 고객의 감정을 최소화시킨다.
② 공감 및 경청 : 고객이 흥분하지 않도록 불만 내용을 끝까지 경청하고 내용에 공감한다.
③ 원인/진의 파악 : 진의를 파악하고, 변명보다는 불만사항에 대한 추가적인 사과 표현을 한다.
④ 해결방안마련 : 불만사항에 대한 정확한 처리방법을 모색한다.
⑤ 대안제시 : 미해결 시 상황을 전환시켜 대안으로 처리 할 수 있는 방법을 마련한다.
⑥ 동조/호응 : 고객의 의사에 동조하고 호응하는 단어를 사용한다.
⑦ 긍정적 마무리 : 고객으로부터 긍정적인 단어가 확인될 때 마무리한다.
⑧ 감사표현 : 고객에 대한 감사의 표현을 자주 사용한다.

8) 컴플레인 고객 처리 시 주의사항

① 첫 응대가 문제 해결의 핵심이다. 고객에게 정성을 다하고 관심을 적극적으로 표현하라.

② 불만에 대해 적극적인 자세로 처리하고 있다는 인상을 고객에게 주어라.

③ 까다로운 고객일수록 요구를 정확히 이해하라.

④ 고객의 상황에 맞는 소재를 찾아 교감하라(주요뉴스, 취미, 가족 이야기 등).

⑤ 관련부서의 업무 협조를 받아 즉각적이고 완벽하게 처리하라.

9) 온라인 사이트 관리

① 주요 포털 사이트상 전담활동(글삭제, 우호글 게시, 댓글)을 통한 웹상의 이미지 개선

② 근거 없는 악성 글의 경우 포털 사이트 전담인력이 포털측에 게시글 삭제 요청 가능

③ 전담관리를 통한 게시글 속성에 따라 고객 성향 파악 및 대응 필요

- 고객불만 유형 : 이벤트, 상담사 태도, 가격 정보, 서비스 및 기타

④ 전담조직을 통한 게시글의 유형 및 속성, 성향 파악 및 분석 대응 필요

- 긍정적인 반응/부정적인 반응/중립으로 구분 운영

⑤ 주기적인 웹 구전 관리에 대한 체계 또는 보고가 이루어질 수 있도록 보고체계 수립

- 구매는 물론 투입 비용에 대한 정기적이고 체계적인 보고 필요
- 매체별 또는 포털 사이트별 글 등록 현황 및 주요 이슈 종합 정리 보고

⑥ 전담부서와 해당 부서 간의 커뮤니케이션 강화 필요

(3) 블랙컨슈머의 이해와 대응방안

인터넷과 SNS의 발달과 소비자 주권의 강화와 개인주의적인 성향이 어우러짐에 따라 블랙컨슈머가 사회적 이슈로 떠오르고 있다. 과거 정보가 비대칭적으로 흐를 때는 문제가 되지 않던 일들이 인터넷이나 SNS로 인해 정보가 대칭으로 이루어져 기업으로써는 다양한 문제에 직면하게 되었다.

1) 블랙 컨슈머의 정의

악성을 뜻하는 블랙(black)과 소비자란 뜻의 컨슈머(consumer)를 합친 신조어로 상품이나 서비스 불량을 고의적으로 유발하여 이를 문제 삼아 기업으로부터 과도한 피해보상을 받으려는 악덕 소비자를 지칭한다.

2) 블랙컨슈머의 전형적인 수법

수 법	주요 내용
억지 주장	• 규정 및 법규 무시 • 막무가내로 자신의 요구만 주장 • 규정에 따라 처리했음에도 불구하고 자신의 요구에 미치지 못할 경우 또 따른 민원을 제기함
무례/과도한 언행	• 대화거부 및 폭언 • 상담사에게 비인격적 화풀이(욕설 및 성희롱)
무리한 요구사항	정신적인 피해를 이유로 과다한 금전적 보상 요구
협박과 위협	• 언론 및 인터넷 유포 위협 • 대표와의 면담 지속적인 요구 • 내용 증명
업무방해	• 지속적으로 전화를 걸음 • 홈페이지에 반복적인 민원 제기를 통한 업무 방해

3)기업의 블랙컨슈머 대응방안

① 제품 및 서비스 클레임에 대한 신고 시스템 구축

② 블랙컨슈머 응대 매뉴얼 및 유형별 응대 매뉴얼 개발

③ 블랙컨슈머의 악성 불만 유형 수집 분석 및 활용

④ 블랙컨슈머 대응 전담팀 운영

⑤ 교육을 통한 합리적 소비자 인식 제고

• 홈페이지 게시판 및 사례집 발간, 공유를 통해 지속적인 홍보

⑥ 소비자만족 자율 관리 프로그램(CCMS) 도입

⑦ 철저한 제품 및 서비스 품질관리

4) 블랙컨슈머 대응요령

① 신속하게 대응해야 피해를 줄일 수 있다.

② 과격한 언행이나 맞대응은 철저히 삼가할 것

③ 친절하되 필요 이상으로 굽신거리거나 저자세를 유지하지 말 것

④ 보상 시에도 절대적인 원칙을 가지고 대응할 것

⑤ 책임자/연장자 등 제3자를 내세울 것

⑥ 과격한 언행에 대해서 녹취 및 증거를 확보하라.

⑦ 시간적인 간격을 두거나 장소를 바꿔서 분위기를 전환하라.

⑧ 인터넷 유포 협박에 흔들리지 마라.

Quality Assurance

콜센터 상담품질관리

필답형/기술형 예상문제

01 서비스의 4가지 특징을 기술하시오.

02 다음에 설명하는 것은 서비스의 어떤 특징을 설명한 것인가?

> 판매되지 않고 소멸되며 수행 시 혜택과 편익이 발생하지만 저장 및 재활용이 불가능하며, 서비스가 제공되는 순간 사라지고 기억만 남게 된다. 예를 들어, 콜센터에서 친절하고 만족할 만한 서비스를 받았다고 하더라도 순간적일 수밖에 없다.

03 서비스 품질 모형에 대한 설명이다. 다음 빈칸에 알맞은 말은 무엇인가?

> (　　　　　　)모형은 서비스 품질을 결정하는 5가지 요소 즉, 유형성, 신뢰성, 응답성, 확신성, 공감성에 대해 고객이 기대하는 서비스 수준과 이미 경험하여 인지된 서비스 수준의 차이가 결국 서비스 품질을 결정한다고 보는 모형이다.

04

SERVQUAL 모형에 대한 설명이다 다음 빈칸에 알맞은 말을 채워 넣으시오.

> 서비스 수준과 실제로 고객이 경험한 서비스 사이에는 갭이 발생할 수 있는데 인식된 서비스 품질이 고객의 기대를 초과하게 되면 서비스 품질이 (　①　)는 것을 의미하고, 기대수준과 경험한 수준이 동일하면 서비스 품질이 (　②　)하다는 것을 의미하며, 고객의 기대수준과 실제 경험한 서비스 사이에 갭이 발생하면서 경험한 서비스 수준이 낮다면 서비스 품질이 (　③　)는 것을 의미한다.

05

현재 국내 콜센터 서비스 품질지수를 대표하는 모델 2가지는 무엇인가?

06

다음은 국내 콜센터 서비스 품질 지수에 대한 설명이다. 다음 빈칸에 알맞은 말은 무엇인가?

> (　①　)는(은) 콜센터의 업무에 대한 △사전 준비, △서비스, △사후 관리 등 3단계로 진행되며 평가 항목은 △통화 연결, △고객맞이, △상담 태도, △업무 능력, △종료 태도 등 총 5가지로 나뉘는 반면, (　②　)는 컨택센터 관리 체계를 총 7가지 평가 구조로 진행하는데 미스터리 평가를 통해 신뢰성, 친절성, 적극성, 접근 용이성, 물리적 환경 등 콜센터 이용 과정과 절차를 평가하게 된다. 또 이용고객 평가를 통해 본원적 서비스(상담 자체 서비스)와 부가적 서비스(상담 이외 서비스) 등의 상담 결과에 대해 성과품질을 평가한다.

07 다음은 국내 콜센터 서비스 품질지수에 대한 설명이다. 다음 빈칸에 알맞은 말은 무엇인가?

> (　　　　)콜센터 품질지수의 가장 큰 특징은 콜센터에 대한 '미스터리 평가(전문가가 고객을 가장해 서비스 품질을 평가하는 조사 방법)'와 '이용 고객 평가'를 병행했다는데 있으며, 콜센터의 친절성이나 신속함만을 평가하는 게 아니라, 실제 이용 고객이 원하는 상담 업무가 이뤄졌는지를 평가에 반영한다는 점과 10여 년간 서비스산업 평가 기준이 되고 있는 한국서비스품질지수(KS-SQI)의 7가지 평가 지표를 반영해 객관성을 높였다는 점이다.

08 KS-CQI 콜센터 품질지수의 특징을 기술하시오.

09 콜센터 상담품질 관리를 통한 이점 중 상담사 측면에서의 이점은 무엇인지 기술하시오.

10 콜센터 상담품질 관리를 통한 이점에 대한 설명이다. 빈칸에 알맞은 말은 무엇인가?

기업 측면	(①)
• 균일하고 표준화된 상담품질 유지 • 회사 브랜드 이미지 개선 및 충성도 확보 • 수익창출 및 고객유지	• 표준화된 서비스 경험 • 신뢰 및 서비스 만족도 향상 • 불필요한 시간 및 비용 감소
(②)	**상담사 측면**
• 개별 상담사 상담 시 장단점 파악 • 대고객 서비스 문제점 및 개선사항 파악 • 효과적인 코칭 및 피드백 가능	• 고객응대 자신감 • 오안내 및 오상담 감소(상담능력 개선) • 효율적이고 신속한 응대 가능

11 서비스 품질평가에 대한 기본적인 접근방법에 대한 설명이다. 빈칸에 알맞은 말은 무엇인가?

(①)관점에서의 서비스 품질평가는 내부적인 측면에서의 서비스 품질평가이며 간접적인 서비스 품질 측정 및 평가를 의미한다. 고객에게 제공할 수 있는 서비스 정의 및 품질을 측정하는 것으로 보통 서비스 품질의 속성을 점수화하고 비중을 조절함으로써 가능하다. 반면 (②)관점에서의 서비스 품질평가는 외부적인 측면에서의 서비스 품질평가이며 직접적인 서비스 품질 측정 및 평가를 통해 이루어진다. (①)관점은 QAA에 의한 모니터링을 통해 이루어지며 (②)관점은 고객이 직접 평가에 참여함으로써 이루어진다.

12 조직적 관점에서의 서비스 품질평가에 대해서 기술하시오.

13 콜센터에서 QA(Quality Assurance)의 정의에 대해서 기술하시오.

14 콜센터 QA활동의 목적에 대해서 기술하시오.

15 콜센터 QA조직의 주요 업무를 3가지 이상 기술하시오.

16 콜센터 QA조직에 대한 설명이다. 빈칸에 알맞은 것은 무엇인가?

> 구성 직무 및 역할의 경우 QA조직을 이끄는 팀장(리더)과 평가를 진행하는 (①)와 코칭, 상담품질에 대한 교육 및 훈련을 진행하는 (②)로 구성된다.

17 콜센터 QA조직에 대한 설명이다. 빈칸에 알맞은 것은 무엇인가?

(①)는 모니터링 평가표를 통해 상담사의 통화내용을 평가하고 분석하는 업무를 수행하는 반면, (②)는 평가와 분석을 통해 개선점 도출, 개선방안 마련 및 상담스킬 향상을 위한 코칭 및 교육을 진행한다. 공통적으로 (①)와 (②)는 상담품질과 관련된 다양한 프로모션을 진행하는 등 콜센터 상담품질의 핵심적인 업무를 담당한다.

18 국내외 인증업체의 상담품질관리자 배치기준을 설명한 것이다. 빈칸에 알맞은 것은?

일반적으로 KS(한국표준협회)에 의하면 상담사(①)명당 1명의 QA가 적당하다고 하며 국제적 품질 보증 규격인 COPC(Customer Operations Performance Center)에 의하면 (②)명이 적당하다고 가이드를 제시하고 있다.

19 적정 QAA 또는 QAD 인력 규모를 산정하는 기준에 대해서 기술하시오.

20 QAA 또는 QAD가 갖추어야 할 역량 중 기술(Skill)분야에 대해서 기술하시오.

21 콜센터 모니터링 프로세스는 Plan → Do → See → Check 과정을 거쳐 관리가 이루어진다. 이 중 Plan에 해당하는 업무를 기술하시오.

22 콜센터 모니터링의 세부 절차 7단계를 열거한 것이다. ( ) 안에 들어갈 내용을 순서대로 적으시오.

> 목표 설정 → (①) → 합의 → 모니터링 실행 → 평가 → (②) → 마무리 보고

23 콜센터 모니터링의 유형에 대한 설명이다. ( )에 들어갈 알맞은 말은?

> 콜센터에서 가장 흔히 사용되며, 녹취서버에 저장된 다수의 콜 중 몇 개의 통화콜을 무작위로 샘플링하여 모니터링하는 방식은 (   )이다.

24 녹취 모니터링의 장점에 대해서 3가지 이상 기술하시오.

25 콜센터 모니터링의 유형에 대한 설명이다. (   )에 들어갈 알맞은 말은?

> (   )은 할입(Interrupt) 또는 감청(Monitoring)의 형태로 이루어지며, 관리자가 수시로 들을 수 있고 무작위 모니터링이 가능하여 녹취 모니터링과 함께 보편적으로 사용된다.

26 고객을 가장하여 핵심사항이나 반드시 숙지하고 있어야 할 내용 및 상담사의 응대태도 등을 모니터링하는 방법으로 고객의 입장에서 응대태도나 업무지식 및 고객상담 수준 등을 파악할 수 있으며, 개선요소를 도출하여 전화응대 서비스 수준을 향상시키고, 평가결과 코칭이나 교육을 통해 잘못된 부분을 개선하고 보완할 수 있는 장점을 가진 모니터링은?

27 상담사 자신이 직접 자신의 콜을 모니터링하는 방식으로 모니터링 자체로만 끝나는 것이 아니라 본인이 직접 자신의 콜에 대해 평가함으로써 평가결과에 대한 갭을 줄일 수 있는 모니터링 방식을 무엇이라고 하는가?

28 콜센터에서 실적 부진자, 고객불만 야기자, 신입사원을 대상으로 이루어지는 동석 모니터링의 장단점을 기술하시오.

29 콜센터에서 상담사(피평가자) 본인이 최종적으로 부여받은 QA평가 결과에 대해서 본인이 생각한 것과 다르게 나오거나 평가가 제대로 이루어지지 않았다고 판단될 때 공식적으로 QA평가에 대한 조정을 신청하는 것을 무엇이라고 하는가?

30 국내 콜센터 상담품질 관리의 문제점을 3가지 이상 기술하시오.

31 국내 콜센터의 문제점을 개선하기 위한 상담품질 개선방안을 3가지 이상 기술하시오.

32 콜센터에서 상담품질 결과로 나온 데이터는 다양하게 활용할 수 있다. 그렇다면 평가결과의 활용분야를 3가지 이상 기술하시오.

33 실시간 모니터링 평가의 장점을 기술하시오.

34 모니터링 평가표 작성 절차이다. ( )에 들어갈 알맞은 말은?

> 목표설정/가이드라인 마련 → 목표 및 가이드라인에 맞는 평가항목 설정 → (①) → 평가항목에 대한 구체적인 평가기준 설정 → (②) → 평가표의 현장 적용

35 콜센터에서 적정 모니터링 평가콜수를 산정할 때 고려해야 할 사항을 3가지 이상 기술하시오.

36 FAQ가 무엇의 약자인지 쓰고 그 의미를 설명하시오.

37

VOC 관련지표 중 다음에 설명하는 지표는 무엇인가?

> VOC 중 미대응 혹은 오대응한 결과로 인해 고객이 다시 VOC를 재기하는 비율을 나타내는 지표로, 이 지표가 낮을수록 고객만족도는 물론 VOC 처리비용이 감소한다.

38

다음 내용은 어떤 결과 보고서의 구성 예시이다. 어떤 보고서를 설명하고 있는 것인가?

> • 조사 목적 및 방법
>   – 모니터링 콜 표본수(Mystery call)
>   – 내부 자체 모니터링 조사/외부 용역을 통한 모니터링 조사 여부
>   – 모니터링 평가표 구성 및 평가항목과 비중(Weight) 조정 등
> • 조사 대상 및 조사 기간
> • 종합점수 결과
> • 각 항목별 점수 비교 및 분석(업무능력/업무 요소별/세부항목별)
> • 대상 콜센터의 특징 및 차별성/벤치마킹 포인트
> • 모니터링 결과 분석을 통한 이슈 및 시사점
> • 현황파악을 통한 개선요소 도출
>   – 평가표 변경 시 적용 검토
> • 추진과제 선정
>   – 평가표 및 동업 타사 항목별 평가 사례 등
>   – Call flow(ARS Logic) 및 질문 시나리오

39

콜센터에서 상담품질을 향상시키기 위한 활동을 3가지 이상 기술하시오.

40

유형별, 상황별 스크립트를 가지고 상담사들이 각각 고객의 입장 그리고 상담사의 입장에서 연기를 해봄으로써 서로 상대방의 입장을 이해하고 실제 상황에서 원활한 커뮤니케이션을 이루기 위한 고도의 기법을 무엇이라고 하는가?

41

콜센터에서 역할연기의 중요성은 아무리 강조해도 지나치지 않는데 역할연기의 목적에 대해서 기술하시오.

42

역할연기에 대한 설명이다. 다음에 설명하고 있는 역할연기를 무엇이라고 하는가?

> 상담사가 거울을 보고 가상의 고객이 바로 앞에 있다고 생각하고 표정이나 동작, 미소 등을 봐가면서 시행하는 1인 역할연기 방법이다. 보통 콜센터에 가보면 상담사들 앞자리에 거울을 하나씩 준비해 주는데 이는 바로 1인 역할연기 또는 고객응대 시 상담사 자신의 얼굴이나 표정을 보면서 응대하라는 용도로 사용된다.

43

VOC 관련지표 중 다음에 설명하는 지표는 무엇인가?

> 정의된 VOC 유형분류 기준에 의해 정확하게 데이터를 분류하여 해당 처리부서 및 팀에 이관하였는가를 평가대상으로 하며, 보통 QA 모니터링 또는 샘플 조사 등을 실시하여 평가한다.

44 콜센터 역할연기 중 가장 효과적인 방법 중에 하나이다. 상담사, 고객역할을 각 1명씩 두고 관찰자를 2명 이상 선정하여 이들로 하여금 상담내용을 철저히 관찰하게끔 하는 역할연기 방식으로 관찰자는 상담사가 고객의 Needs나 요구를 제대로 파악하고 있는지, 상황에 맞게 응대하고 있는지, 표정이나 동작들은 자연스러운지, 상향 및 교차판매는 제대로 했는지, 쿠션 언어는 제대로 구사하고 있는지 등등 상담사의 다양한 응대 태도나 내용들을 모니터링하거나 관찰하고, 이에 대해 잘한 점과 못한 점 그리고 개선이나 보완이 이루어져야 할 점들에 대해서 참석한 사람들에게 알려주거나 결과를 공유하도록 하는 역할연기를 무엇이라고 하는가?

45 그룹 역할연기에 대해서 기술하시오.

46 콜센터 운영의 3가지 핵심요소는 무엇인가?

47 다음에 설명하고 있는 것은 콜센터 운영의 핵심요소라고 할 수 있는데 무엇인지 쓰시오.

> 콜센터에서 가장 중요한 교육이자 훈련 도구이며 고객 응대에 있어 가이드라인이라고 할 수 있다. 어느 조직의 복잡한 프로세스를 간단 명료하고 정제된 언어를 사용하여 정확하게 정리함으로써 상담사로 하여금 고객이 원하는 바를 정확하게 전달하게 해주는 도구를 (　　　　　)라고 한다.

48 스크립트의 작성 원칙 5가지를 기술하시오.

49 스크립트의 작성 목적은 무엇인지 기술하시오.

50 콜센터 스크립트의 단점에 대해서 기술하시오.

51 콜센터 스크립트 개발 프로세스를 설명한 것이다. ( ) 안에 들어갈 말은 무엇인가?

> (①)→스크립트 대상 여부 확인→스크립트 개발→스크립트 테스트 및 모니터링→(②)→스크립트 공유 및 역할연기→스크립트 활용

52 콜센터에서 스크립트 개발 시 먼저 콜 유형을 분석하는데 콜 유형을 분석할 때 활용하는 가장 기본이 자료 또는 데이터는 무엇인가?

53 스크립트 개발 프로세스 중 스크립트 성과 및 적정성 분석에서 주로 하는 업무는 무엇인가?

54 스크립트 개발 후 테스트 및 모니터링 단계에서 고려해야 할 특성 3가지를 열거하시오.

55 스크립트에 대한 설명이다. 빈칸에 알맞은 말을 넣으시오.

> (①)의 경우 고객주도형의 업무이고 경우의 수가 너무 많아 정형화된 스크립트가 나오기 힘들어 지속적인 교육이나 KMS와 같은 지식관리시스템이 뒷받침되어야 하는 반면, (②)의 경우 상담사주도형의 업무이기 때문에 사용하는 단어나 어휘의 선택에 있어 신중해야 하며 상담사가 주도하기 때문에 내용 구성상 자유롭고 변형된 스크립트의 허용이 가능하다는 특징이 있다.

56 스크립트에 대한 설명이다. 빈칸에 알맞은 말을 넣으시오.

> 스크립트 개발 대상을 선정할 때는 콜 유형에 대한 분석이 선행되어야 하고 이에 대한 우선순위를 고려해야 한다. 이때 스크립트 대상 선정의 기준이 되는 것은 (①)과 (②)이다.

57 다음 설명을 읽고 빈칸에 알맞은 말을 넣으시오.

> 콜 유형 분석 후 업무처리의 복잡성과 발생빈도가 높은 것은 반드시 (①)형태로 개발해야 하며, 업무처리의 복잡성이나 발생빈도가 낮은 것은 (②)형태로 유지하는 것이 바람직하다.

58 QA평가결과에 따라 이의가 있을 경우 보통 내부적으로 마련된 프로세스에 의해 처리가 되는데 이의제기가 자주 발생하는 상황이나 항목과 QA평가 결과의 편차(Gap)을 해소시키기 위해서 (①) 운영은 물론 (②) 기준서를 작성해야 한다.

59 다음 내용은 무엇에 대한 설명인지 쓰시오.

( )란 기업의 경영활동에 있어서 고객들이 기업에게 반응하는 각종 문의, 불만, 제안, 칭찬 등의 정보를 의미하는데 회사에 대한 고객의 의사표현 권리라고 할 수 있으며, 기업의 수익 및 가치를 증대시키며 충성 고객 확보와 긍정적인 브랜드 이미지를 형성하는 중요한 경영 활동이다.

60 VOC 처리 프로세스 5단계에 대한 절차이다. ( )에 알맞은 말을 넣으시오.

접수→현황 및 원인 파악→(①)→조치 결과 사후관리→(②)

61 VOC 관련지표 중 다음에 설명하는 지표는 무엇인가?

이관된 VOC 중 실제로 처리된 비율을 나타내는 지표이며 이러한 지표관리를 통해 처리부서에서 적정한 근거 없이 미처리하지 않도록 유도한다.

62 클레임(Claim)과 컴플레인(Complaint)의 차이점을 기술하시오.

63 블랙컨슈머에 대해서 기술하시오.

64 블랙컨슈머의 전형적인 수법에 대해서 3가지 이상 기술하시오.

65 블랙컨슈머에 대한 대응방안을 3가지 이상 기술하시오.

66 다음 내용은 무엇에 대한 설명인지 쓰시오.

> 기업의 소비자불만을 예방하고 신속하게 사후구제하기 위한 설계, 운영 및 관리에 관한 기본지침으로, 정부나 법률 등 제3자의 관여없이 기업이 소비자불만을 자율관리하기 위한 관리기준을 자발적으로 만들어 내부 임직원을 감독, 관리하는 투명한 기업경영활동이라 할 수 있다.

67 다음 내용은 무엇에 대한 설명인지 쓰시오.

고객응대 시 사용하는 언어로 고객과의 대화를 부드럽게 해주는 역할을 수행한다. 예를 들어, "죄송하지만~", "유감입니다만~", "번거로우시겠지만~" 등이 대표적인 표현이라고 할 수 있다.

68 다음에 설명하고 있는 것은 무엇인지 쓰시오.

콜센터에서 집중·반복적으로 발생하는 불만 불편사항을 예보 관리 대상으로 지정해 콜센터 직원은 물론 내부 고객에게 공유함으로써 재발을 막고 현장 대응력을 강화하기 위한 제도이며, 보통 이벤트적인 요소(Eventual factor) 또는 계절적인 요인(Seasonal factor)에 따른 고객불만을 시계열 분석을 통해 특정 시기에 발생하는 고객불만사항을 최소화하거나 제거하는 데 활용한다.

69 서비스의 역설(Service paradox)이 발생하는 원인을 3개 이상 기술하시오.

70 다음에 설명하고 있는 것은 무슨 용어인지 쓰시오.

'추천의향'이라는 단 하나의 문항으로 고객 로열티를 측정하는 방법으로 추천 의향 문항을 11점 척도로 측정하여 추천고객비율에서 비추천 고객비율을 빼서 산출하는 고객충성도를 측정방법이다.

71 다음에 설명하고 있는 개념은 무엇인지 쓰시오.

> 기존의 CRM이 거래(Transaction) 중심의 고객 만족전략이라면 이 개념은 제품이나 회사에 대한 고객의 전반적인 경험(Experience)을 전략적으로 관리하는 프로세스 중심의 완전한 고객중심 경영전략이다. 또한 결과가 아니라 과정에 중점을 두는 고객만족 개념이다.

72 콜센터에서 활용하는 스크립트 전개방식은 크게 (①), (②), (③)으로 구성된다.

73 콜센터 상담품질에 대한 설명이다. ( )에 알맞은 말은 무엇인가?

> 고객이 콜센터에 기대하는 최고의 가치는 (①)과 (②)이다. 아무리 호응과 공감을 잘하고 친절하게 응대하더라도 (①)과 (②)이 결여된 응대는 고객불만을 야기할 수밖에 없다. 따라서 콜센터 상담품질 평가 및 코칭은 (①)과 (②)에 초점을 맞춰 이루어져야 한다.

74 상담사가 주체가 되어 동료의 콜을 직접 모니터링하고 모니터링 결과를 통해 피드백을 제공해 주는 모니터링을 무엇이라고 하는가?

75 특정한 관심이나 활동을 공유하는 사람들 사이의 관계망을 구축해 주는 온라인 서비스를 지칭하는 말로 페이스북이나 트위터가 대표적인 사이트이다. 초기에는 홍보나 마케팅 분야에서 활용되고 있으나 최근에는 CS활동분야에 핵심도구로 활용되는 것을 무엇이라고 하는가?

76 콜센터의 기대가치에 대한 설명이다. ( ) 안에 들어갈 말은 무엇인가?

> 고객이 콜센터 이용 시 콜센터에 기대하는 가장 핵심적인 가치 및 요소는 (   )과 (   )이다. 콜센터 업무처리 시 상담사가 아무리 친절하게 응대한다고 하더라도 (   )과 (   )이 떨어지면 고객의 만족도는 저하된다.

77 다음에 설명하고 있는 서비스 용어를 무엇이라고 하는가?

> 서비스 경제발달, 경제적 풍요, 기술발달에 따라서 오히려 고객의 체감서비스 품질은 하락하는 현상으로 콜센터에서 고객만족을 위해 구축하거나 시행하고 있는 서비스가 오히려 고객의 만족을 저하시키는 요소로 작용하는 것을 설명하는 용어이다. 예를 들어, 셀프 서비스가 대표적이라고 할 수 있다.

78 축적된 VOC 데이터를 바탕으로 사전 발생 VOC를 예측함으로써 불만 VOC 발생을 최소화하려는 선제적인 대응방안으로 고객이 불만을 느낄 만한 부분을 사전에 미리 공유하여 고객불만을 최소화하거나 불만요소를 제거하는 제도는 무엇인가?

79 다음에 설명하고 있는 모니터링 방식을 무엇이라고 하는가?

> 고객인 것처럼 가장하여 콜센터에 전화해서 상담사의 서비스 태도나 전문지식, 상담품질을 평가하는 방법으로 다양한 유형별 질문을 준비해서 상담사가 눈치채지 못하도록 하는 것이 중요하다. 특히 자연상태에서 신입 상담사나 실적 부진자를 대상으로 교육진행 후 교육효과를 확인하는 방법으로 활용할 수 있다.

80 콜센터 모니터링 방식에 대한 설명이다. 다음에 설명하고 있는 모니터링 기법은 무엇인가?

> 동석 모니터링과 동일한 효과가 있으나 수퍼바이저나 QAA가 현장을 직접 돌아다니면서 업무 수행에 있어서의 진척도나 개선을 위해 실시하는 활동이다. 콜센터 부스 이곳 저곳을 돌아다니며 현상이나 문제를 파악하고 신속하게 문제를 해결해 주는 방식이기도 하다. 동석모니터링의 경우 실적 부진자 또는 신입 상담사 등 대상이 명확히 정해져 있으나 이 방식은 불특정 다수를 대상으로 진행한다.

81 콜센터에서 진행하는 타사 모니터링을 설명하고 타사 모니터링을 통해 얻을 수 있는 기대효과는 무엇인지 기술하시오.

82 고객과의 커뮤니케이션 도구로 활용할 수 있는 e메일의 특징을 3가지 이상 기술하시오.

83 콜센터에서 e메일 상담을 할 경우 고객에게 신뢰를 주기 위해 메일의 끝에 자신의 전화번호를 남기거나 회사 홈페이지나 자신의 직통전화번호, 이메일 주소 등을 남기는 것을 무엇이라고 하는가?

84 기업이 고객으로부터 메일을 보내도 좋다는 동의를 사전에 획득하고 이메일을 통해서 고객이 원하는 정보를 주기적 또는 비정기적으로 보내는 메일을 무엇이라고 하는가?

85 상담품질 측정에 대한 설명이다. (　　) 안에 맞는 용어를 작성하시오.

> 상담품질의 측정은 (　　)에 의해 관찰된 현상을 일정한 규칙에 의해 수치로서 의미를 부여하는 것이다. 측정에 대한 정의는 평가규칙에 의해 대상, 사건, 상태, 특성 등에 (　　)를 부여하는 것을 말한다.

86

상담품질 평가표에 대한 점수를 부여할 때 사용하는 척도는 무엇인가?

87

2년간의 시간별 고객센터 C.T.I 자료이다. 상담품질 평가 시 활용 할 수 있는 데이터를 2개 이상을 찾아 활용방안에 대해 기술하시오.

시 간	상담 인입	상담 응대	상담 포기	응대율	포기율	I/B평균 (초)	상담원당 I/B 누적	OB 건수	O/B 평균(초)
09시	10	10	0	100.	0.	146.00	0.08	6	38.00
10시	18	17	1	94.44	5.56	140.00	0.20	0	0.00
11시	30	24	6	80.	20.	171.00	0.38	1	39.00
12시	34	27	7	79.41	20.59	153.00	0.41	2	42.00
13시	18	17	1	94.44	5.56	58.00	0.08	1	96.00
14시	14	14	0	100.	0.	150.00	0.22	2	45.00
15시	23	22	1	95.65	4.35	129.00	0.25	0	0.00
16시	13	13	0	100.	0.	149.00	0.19	2	35.00
17시	8	8	1	88.89	11.11	113.00	0.07	2	186.00
18시	7	7	0	100.	0.	55.00	0.02	1	21.00

88

상담품질 데이터 분석 프로세스를 순서대로 작성하시오.

( ) → ( ) → ( ) → ( ) → ( )

89 아래 설명을 듣고 어떤 분석방법을 사용할 것인지에 대해 작성하시오.

> 매년 실시하고 있는 고객만족도 조사가 결과가 오늘 나왔는데, 전 분기 대비 전반적인 고객만족도 점수가 하락하였다. 그러나 내부 QA평가 점수는 지속적으로 상승을 하고 있다. 이에 OO 센터장은 고객만족도 점수 하락원인을 분석하고자 한다.

---

90 QA평가표를 연관성 분석을 실시한 결과이다. 이 중 가장 연관성이 높은 선행, 후행요인 항목을 1개를 찾아 작성하시오.

규칙번호	Conf %	선행요인	후행요인	Lift ratio
1	21.1	업무전달, 콜백안내	정보탐색, 첫인사	2.111
2	68.2	정보탐색, 화법응대	첫인사	2.477
3	52	업무전달, 정보탐색	콜백안내	2.676
4	33	대기안내	첫인사	1.989

---

91 QA 평가 결과에 대한 신뢰도 평가방법을 2개 이상 작성하시오.

92 아래 산점도의 상관관계는 어떤 관계를 설명하고 있는가?

93 시계열 분석 시 확인해야 할 변동특징에 2개 이상 대해 작성하시오.

94 분석목적에 따른 분석방법 중 관계를 확인하는 분석 방법은 무엇인가?

95 스크립트 작성 시 스크립트를 구성하는 핵심 3가지 영역을 기술하시오.

96 콜센터 스크립트 작성 시 주로 상담목적의 명확화를 위한 핵심 내용을 포함하며 일관된 응대 흐름을 위한 가이드 및 지침 역할을 수행하는 영역을 무엇이라고 하는가?

97 콜센터 스크립트를 구성하는 상담 및 응대 지원 영역에 포함되어야 할 내용이나 요소를 3가지 이상 기술하시오.

98 작성한 스크립트가 원래 의도한 목표에 알맞게 실행될 수 있도록 하려면 유지, 실행, 관리가 이루어져야 하는데 예를 들어 스크립트 버전관리, 지속적인 업데이트 여부 및 분석활동, 모니터링을 통한 개선 및 보완 활동 등이 대표적인 활동이라고 할 수 있다. 이러한 일련의 활동을 무엇이라고 하는가?

99 콜센터 스크립트 개발 후 변화관리를 위한 활동을 3가지 이상 기술하시오.

콜센터 상담품질관리

예상문제 정답

01 무형성, 동시성, 이질성, 소멸성

02 소멸성

03 SERVQUAL

04 ① 높다 ② 적정 ③ 낮다

05 한국서비스품질지수(Korea Service Quality Index)
컨택센터 품질지수 조사 KS-CQI(Korean Standard Contact Service Quality Index)

06 ① KSQI ② KS-CQI

07 KS-CQI

08 ① 미스터리 평가와 '이용 고객 평가'를 병행했다는 점
② 콜센터의 친절성이나 신속함에 대한 평가만이 아니라 실제 이용 고객이 원하는 상담 업무가 이뤄졌는지를 평가에 반영했다는 점
③ 10여 년간 서비스산업 평가 기준이 되고 있는 한국서비스품질지수(KS-SQI)의 7가지 평가 지표를 반영해 객관성을 높였다는 점

09 ① 고객응대 자신감
② 오안내 및 오상담 감소(상담능력 개선)
③ 효율적이고 신속한 응대 가능

10 ① 고객 측면 ② 관리자 측면

11 ① 조직 ② 고객

12 내부적인 측면에서의 서비스 품질평가이며 간접적인 서비스 품질 측정 및 평가를 의미한다. 고객에게 제공할 수 있는 서비스 정의 및 품질을 측정하는 것으로 보통 서비스 품질의 속성을 점수화하고 비중을 조절함으로써 가능하다. QAA에 의한 모니터링을 통해 이루어진다.

13 사전에 작성된 평가표를 통해 모니터링을 함으로써 고객에 대한 응대수준을 표준화하거나 고객응대 시 발생할 수 있는 문제들에 대해서 개선 및 보완하기 위한 총체적인 커뮤니케이션 활동

14 ① 상담사와 고객 사이에 표준화된 서비스를 제대로 이행하는지 모니터링하고 상황에 따라 콜센터에서 제공하는 서비스의 개선이나 보완할 점을 발견해내기 위함이다.
② 콜센터를 통한 표준화된 서비스는 고객에게 양질의 서비스를 제공함으로써 고객만족은 물론 반복구매를 유도함으로써 수익성을 향상시킬 수 있다

15 ① 고객과의 응대업무 모니터링 및 평가
② 상담품질 향상 프로그램 개발
③ 모니터링을 통한 QA업무 프로세스 개선
④ 상담품질 향상을 위한 동기부여 및 보상 마련
⑤ 상담사의 서비스 품질 기준 수립 및 서비스 표준화

16 | ① QAA(Quality Assurance Analyst
② QAD(Quality Assurance Developer

17 | ① QAA(Quality Assurance Analyst)
② QAD(Quality Assurance Developer)

18 | ① 60 ② 40
KS : 콜센터 서비스-교육훈련요건(KS A0976-2)에 의하면 상담사 60명당 1명의 품질관리자를 둔다고 규정하고 있다.

19 | 콜센터의 콜량이나 콜 길이 또는 목표 평가콜수 및 코칭실시 횟수와 해당 콜센터의 현황이나 규모, 업무를 고려하여 산정한다.

20 | ① 상담품질 평가 및 코칭능력
② 상담사 교육 및 훈련능력
③ 상황에 맞는 스크립트 작성능력
④ 평가 기법 활용 능력
⑤ 상담품질에 관한 리포팅능력
⑥ 고객 응대 매뉴얼 작성능력

21 | 목표 설정, 모니터링 계획 수립, 합의

22 | ① 모니터링 계획 수립 ② 피드백 및 코칭

23 | 녹취를 통한 모니터링(Monitoring by call taping) / Call taping

24 | ① 녹취된 콜을 대상으로 진행하여 타 방법에 비해 객관적이다.
② 청취 횟수에 대한 제약이 없고 모니터링이 가능한 좌석이라면 어디서든 들을 수 있다.
③ QAA가 모니터링 평가를 할 때 시간에 대한 유연성을 확보할 수 있다
④ 피드백이나 코칭 시 자세하고 세분화된 내용을 제공해 줄 수 있다.
⑤ MP3파일 형태로도 제공이 가능해 휴대가 용이하고 저장이 간편하다.

25 | 원격 모니터링(Remote Monitoring/Silent Monitoring)

26 | 미스터리 콜 모니터링(Mystery call Monitoring)

27 | 자가 모니터링(Self Monitoring).

28 | ① 장점
- 즉각적이고 정확한 코칭 및 피드백이 이루어진다.
- 상담사의 태도나 시스템 활용능력, 상담에 필요한 업무능력을 직접 확인 가능
- 즉각적인 개입을 통한 개선 및 보완과 문제해결

② 단점
- 상담사가 위축되어 부자연스럽고 인위적인 상담이 이루어질 수 있다.
- QAA/QAD의 투입시간이나 비용이 많이 든다.

29 | QA평가에 대한 이의 제기

30 | ① 상담품질과는 관련 없는 너무 많은 평가항목들
② 상황을 고려하지 않은 감점 위주의 평가제도
③ 교육 기회의 부재와 개인화된 피드백 및 코칭의 부족
④ 모호하고 객관성이 결여된 평가기준
⑤ QA담당자의 불필요한 업무 가중 및 경력개발의 부재
⑥ 콜센터 상담품질 전략 및 목표의 부재

31 | ① 상담품질 평가항목의 간소화 및 실시간 모니터링 평가 비중의 확대
② 유연한 평가 및 긍정적 강화를 통한 상담품질 향상
③ 코칭 및 피드백을 진행할 수 있는 자원 확보 및 활용
④ 평가의 객관성 유지 및 평가 프로세스 개선
⑤ QA담당자의 전문성 확보를 위한 여건 마련

32 | ① 현재 운영되고 있는 콜센터의 서비스 및 상담품질 수준을 진단 및 파악하는 통계자료로 활용
② 상담사들의 교육 및 훈련 자료로 활용
③ 콜센터 직원들의 평가 및 보상 수단으로 활용
④ 채용 및 선발 시 참고자료로 활용
⑤ 개선되어야 할 조직 내외부 프로세스 점검 및 개선, 보완 시 활용

33 | ① 상담사가 오상담, 오안내에 대한 즉각적인 모니터링 가능
② 평가콜 샘플이 많아져 상담사의 불만 감소
③ 평가를 위한 평가가 아닌 코칭 및 교육 중심의 기반
④ QAA 평가시간의 감소 및 코칭 시간의 확대를 통한 실질적인 상담품질 향상 가능
⑤ 상담사 스킬 향상 및 상담품질 관리자의 시간적 여유 확보
⑥ 콜센터 상담품질 수준의 거시적 관점 유지

34 | ① 평가항목에 대한 배점/비중
② 평가항목에 대한 테스트 및 수정 보완

35 | ① 콜센터의 평균통화시간이나 상담사 규모
② 해당 업종의 특성이나 업무의 종류 및 성격 또는 목적성
③ 콜센터 모니터링의 목적(상담품질을 향상시키기 위한 코칭 제공)에 따라
④ 가용할 수 있는 콜센터의 자원들(인원, 시스템 등)이 얼마나 되는지 여부
⑤ 새롭게 도입된 프로세스
⑥ 상담사의 숙련도 및 콜센터가 정한 목표에 도달하기 위해 필요한 평가항목

36 | Frequently Asked Question 빈번하게 묻는 질문

37 | VOC 재접수율

38 | 타사 모니터링 조사 결과 보고서

39 | ① 상담사가 참여하는 상담품질 향상 프로그램의 주기적인 시행
② 상담품질 향상을 위한 다양한 모니터링 시행
③ 경쟁업체 비교 모니터링을 통한 상담품질 수준을 평가하도록 하는 프로그램 시행
④ 실제 상황에서 원활한 커뮤니케이션을 이루기 위한 역할연기 프로그램 시행
⑤ 우수 녹취콜 청취하고 분석하여 상대방에게 코칭하는 1 : 1 코칭프로그램 시행
⑥ 상담품질 우수자와의 동석 근무 프로그램 시행
⑦ 각종 콜센터 관련 경진대회(스크립트 경진대회, 상담품질 향상 경진대회 등) 개최 및 시행
⑧ 업무숙지도 향상을 위한 주기적인 테스트(Quiz) 진행을 통해 상담 업무지식의 강화
⑨ 실무 및 사례 중심형 교육 및 계층별 교육 진행 강화

40 | 역할연기(Role playing)

41 | ① 가상 고객과의 통화를 통해 콜센터 업무 이해
② 반복연습을 통한 실전감각 습득 및 사전 개선 및 보완
③ 업무 수행에 있어 자신감 및 응대 적극성 부여
④ 안정되고 세련된 업무 수행

42 | 그림자(가상) 역할연기(Shadow Role playing)

43 | 데이터 분류 정확도

44 | 관찰역할연기(WatchingRole playing)

45 | 3인 이상의 사람들이 각각의 역할을 분담하여 시행하는 방법이며 보통 콜센터에서 시행하는 역할 연기 중 가장 기본적이며 흔하게 사용되는 방법이다. 각각의 상황을 2개로 나누어 역할연기를 진행할 수 있는데, 예를 들어 우수 사례와 나쁜 사례로 나누어 진행하는 역할연기이다.

46 | 스크립트, 모니터링, 코칭

47 | 스크립트(Script)

48 | ① 스크립트는 간단명료하게 작성되어야 한다.
② 활용하는 사람이 쉽게 이해할 수 있도록 구성되어야 한다.
③ 회화체로 구성되어야 한다.
④ 논리적으로 작성되어야 한다.
⑤ 스크립트 내용이 고객중심적(Customer-oriented)이어야 한다.

49 | ① 신입 상담사의 두려움 제거 및 자신감과 함께 업무 매너리즘 방지
② 업무 순서의 명확화 및 표준화, 신규 업무형태에 적응 용이
③ 주기적인 점검에 의해 개인의 업무 및 응대스킬 향상에 기여
④ 콜센터 운영의 균질성 및 상담사 상담능력의 일정 수준 유지

50 | 스크립트는 표준화 문제로 인하여 고객에게 너무나 형식적인 인상을 줄 위험이 있으며, 전혀 예기치 못한 상황에 대응할 수 있는 상황대처 능력이 떨어지는 단점이 있다.

51 | ① 콜 유형분석 ② 스크립트 성과 및 적정성 분석

52 | 서비스 코드, IVR 코드, VOC 분석

53 | ① 예측 결과치와 실제 결과치에 대한 비교 및 분석
② 갭(Gap) 발생 시 해소를 위한 개선 및 보완

54 | 정보의 정확성, 업무의 효과성, 현 업무와의 적합성

55 | ① 인바운드 스크립트 ② 아웃바운드 스크립트

56 | ① 업무처리의 복잡성 ② 발생빈도

57 | ① 스크립트 ② FAQ

58 | ① 귀높이 회의 ② 평가 가이드

59 | VOC(Voice of Customer) 고객의 소리

60 | ① 보고 및 조치 ② 평가 및 분석

61 | VOC처리 이행률

62 |

클레임	컴플레인
• 주장, 요구 • 법적, 규정 등에 근거 • 합리적, 사실에 입각 • 서류나 문서 • 거래내용의 잘못에 따른 배상 • 결과로서 금전적/물질적인 책임 • 불만사항에 대한 수정 및 배상요구	• 불평, 불만 • 감정에 의해 발생 • 감정 속에 감춰진 사실 주장, 요구 • 커뮤니케이션 스킬 • 거래내용 전반에 대한 불만 • 잘못된 관행이나 태도의 시정 요구 • 고객감정의 개입→(예) 직원 불친절

63 | 악성을 뜻하는 블랙(black)과 소비자란 뜻의 컨슈머(consumer)를 합친 신조어로 상품이나 서비스 불량을 고의적으로 유발하여 이를 문제 삼아 기업으로부터 과도한 피해보상을 받으려는 악덕 소비자를 지칭한다.

64 | 억지 주장, 무례 및 과도한 언행, 무리한 요구사항, 협박과 위협, 업무방해

65 | ① 제품 및 서비스 클레임에 대한 신고 시스템 구축
② 블랙컨슈머 응대 매뉴얼 및 유형별 응대 매뉴얼 개발
③ 블랙컨슈머의 악성 불만 유형 수집 분석 및 활용
④ 블랙컨슈머 대응 전담팀 운영
⑤ 교육을 통한 합리적 소비자 인식 제고
→ 홈페이지 게시판, 사례집 발간 및 공유를 통해 지속적인 홍보
⑥ 소비자만족 자율관리 프로그램(CCMS) 도입
⑦ 철저한 제품 및 서비스 품질관리

66 | 소비자 불만 자율관리 시스템 또는 CCMS(Consumer Complaints Management System)

67 | 쿠션어

68 | VOC 사전 예보제 또는 고객불만(Complaint) 사전 예보제

69 | 서비스의 획일화 및 표준화, 서비스의 인간성 상실, 기술의 복잡화, 전문 인력확보의 어려움

70 | NPS(Net Promote Score) 또는 순 추천 고객지수

71 | 고객경험관리(CEM : Customer Experience Management)

72 | 도입(Opening), 본문(Body), 마무리(Closing)

73 | ① 신속(성) ② 정확(성)

74 | 동료 모니터링(Peer monitoring)

75 | SNS(Social Network Service)

76 | 신속성, 정확성

77 | 서비스의 역설(Service paradox)

78 | VOC 사전 예보제 또는 고객불만(Complaint) 사전 예보제

79 | 미스터리 콜 모니터링

80 | MBWA(Monitoring By Walking Around) 또는 현장(순시) 모니터링

81 | 타사 모니터링은 경쟁업체나 우수 콜센터에 직접 전화해서 자사 상담품질 수준을 파악하는 데 활용하는 모니터링 방식이다.
기대효과 : 자사의 장단점 분석, 서비스품질 개선, 자사 콜센터 서비스 수준 파악

82 | 가장 흔한 연결형 매체, 가장 쉽고 편하게 사용할 수 있는 커뮤니케이션 매체, 세일즈와 마케팅 용도로 활용가능, 다른 매체에 비해 전달 속도가 빠름, 여러 사람들에게 동시에 전달 가능

83 | 시그니처 블록(Signature block)

84 | 퍼미션 이메일 또는 옵트인(Opt-in) 이메일

85 | 평가표, 일정한 수치

86 | 등간척도

87 | ① 확인데이터 : 최번기 확인/평균통화시간
② 활용 방안 : 최번기 상담평가콜 제외/평균통화시간 10% 이상 긴콜 제외

88 | 데이터 수집, 데이터 정의, 데이터 구분, 데이터 평가, 분석방법 결정

89 | 회귀분석

90 | 규칙번호 3번

91 | 재측정 신뢰도, 반분 신뢰도, 평가자간 신뢰도

92 | 절대상관

93 | 추세변동, 순환변동, 계절변동, 불규칙 변동

94 | 교차, 상관, 요인분석

95 | 핵심 지침 및 가이드 영역－주요 상담/응대 영역－상담/응대 지원 영역

96 | 핵심 지침 및 가이드 영역

97 | 예기치 못한 질문, 고객의 반론 제기, 해당 상담과 관련한 연관 질문, 부가 목적에 따른 반론 극복

98 | 스크립트 매니지먼트

99 | 사전 커뮤니케이션 활동, 교육 및 코칭, 이벤트 및 프로모션 진행, 모니터링 활동 강화, 스크립트 개선

콜센터 교육 및 코칭

03 PART

1. 콜센터의 개념과 역할

(1) 콜센터의 개념

① 콜센터는 다양한 정보통신수단을 통해 고객과 기업이 커뮤니케이션하는 접점채널이라고 할 수 있다. 단순히 전화에 의한 상담뿐만 아니라 최근에는 광의의 개념으로 마케팅은 물론 고객관계관리, 해지방어 등의 활동을 고객 응대를 통해 가치를 창출해내는 채널로 인식되고 있다.

② IT 시스템과의 접목을 통해 상품이나 서비스에 관한 고객의 질문 및 요구를 해결해 주고 고객에게 필요한 정보를 제공해 주는 대고객 창구이며, 고객접점채널 또는 기업의 전략적인 실행부서이다

③ 주요 고객접점(MOT)으로서 또는 멀티 채널에 대한 전략적 중요성 및 관심이 증대되고 있으며, 특히 고객관계관리(CRM) 관점에서 고객유지 및 회사수익에 지대한 영향을 미치고 있어 전략적인 부서로서 콜센터의 역할은 갈수록 커지고 있다.

④ 기술의 발전으로 최근에는 전화 외 단문메시지, FAX, SNS, 이메일, DM, 인터넷 게시판 등 다양한 채널을 운영함으로써 컨택센터라는 용어로 불리우기도 한다.

⑤ 초창기 콜센터가 단순히 고객불만을 처리하고 해결해 주는 접수중심의 비용센터 개념에서 출발하였다면 현재는 고객의 경험관리차원이나 고객관리를 유지하는 차원을 뛰어넘어 회사수익에 직간접적인 영향을 미치는 아주 중요한 채널이다.

▾ 용어에 대한 의견

용 어	업무 특징
콜센터	상품 및 서비스 관련 고객 상담, AS 처리, 불만 상담, 채권 추심, 보험 등 상품 판매 등의 업무들이 수행되는데, 고객 스스로(Pull) 콜하는 업무 행위를 하는 장소(Inbound 중심)
텔레마케팅	기업이 필요에 의해 콜하는(Push)하는 Happy Call 및 보험 판매 등의 각종 통신 판매 행위(Outbound 중심)
컨택센터	고객중심이 아닌 업체(Vendor)에서 채널 확장의 의미로 쓰이고 있으며 고객중심보다는 고객을 단순히 채널로 보는 시각이 우세함
고객센터	한국 표준산업분류, 관련 학회, 수행하는 주요 업무적인 측면, 고객 Care 측면에서 볼 때 콜센터 또는 컨택센터라는 용어보다는 "고개만족"이나 "고객감동"이라는 측면에서 고객센터라는 호칭으로 통일하자는 의견도 있음

※ 한국 콜센터 서비스학회에서는 콜센터와 텔레마케팅을 통합해 고객센터라는 호칭을 사용하자며, 2011년에는 한국 고객센터 서비스 학회로 명칭을 변경하였다. 또한 한국표준산업분류에서는 "텔레마케팅 서비스"란 용어를 사용하다가, 공청회 결론에 따라 2007년에 "콜센터 및 텔레마케팅 서비스"로 개정하였다.

(2) 콜센터의 역할

1) 고객 접점 채널로서의 콜센터 역할

① 콜센터는 고객접점의 채널로서 회사의 수익은 물론 기업 전체의 경쟁력을 좌우할 수 있는 핵심 키워드로 자리매김하고 있다.

② 현재 콜센터는 고객의 경험관리 차원이나 고객관리를 유지하는 차원을 뛰어넘어 회사 수익에 직간접적인 영향을 미치는 아주 중요한 채널이 되고 있다.

2) 서비스 전략적인 측면에서 본 콜센터의 역할

고객을 정확히 이해한 서비스 전략과 고객중심의 마케팅 전략 그리고 고객중심의 프로세스와 조직 시스템을 갖추는 것이 고객과 기업이 만족할 수 있는 윈-윈 방법이라 할 수 있다.

① 콜센터는 철저한 서비스 실행조직으로서 기업 전체에 미칠 영향을 중요시해야 한다.

② 서비스 및 고객의 니즈(needs)를 정확히 이해하고 이에 대해 피드백을 줄 수 있어야 한다.

③ 기업의 서비스 전략을 효과적으로 수행하기 위한 콜센터 KPI를 가지고 있어야 한다.

④ 다양한 커뮤니케이션 채널을 확보해야 한다.

3) 기업경영 측면에서의 콜센터 역할 변화

콜센터는 기능적인 조직이라기보다는 전략적인 실행부서인 동시에 기업의 종합상황실 역할을 수행하는 조직으로 변화해야 한다.

① 고객확보를 위한 콜센터 역할

- 기업의 서비스 경쟁력은 시스템, 내부 프로세스, 전략, 서비스 품질, 인적 인프라 등 다양한 형태로 나타난다. 이러한 서비스 경쟁력을 한꺼번에 보여 줄 수 있는 조직이 바로 콜센터이며, 이러한 서비스 경쟁력을 통해 고객확보에 주력해야 한다.
- 또한 고객확보를 위해 콜센터는 끊임없이 고객들로부터 나오는 여러 가지 형태의 시그널을 통해 개별고객의 니즈 및 잠재적 수익성을 파악하고 상품 및 서비스를 그에 맞추어 제공하는 역할을 수행해야 한다.

② 고객유지를 위한 콜센터 역할

고객의 행동 특성을 파악하는데 여러 채널이 관련될 수 있으나 가장 강력한 역할을 할 수 있는 것이 콜센터 조직이다. 고객의 경우 시간과 공간의 제약이 있는 대면 접촉 채널보다는 비대면 채널을 통해 본인이 경험했던 불만족스러운 서비스나 제품에 대한 불만을 토로하는데, 고객이 접할 수 있는 대표적인 비대면 채널이 바로 콜센터라는 의미이다.

가장 기본적인 인지 경로부터 고객의 주소 및 기타 기본 정보의 갱신과 고객의 캠페인에 대한 반응도와 고객서비스의 문제점 및 거래 시 고객의 만족 및 불만족 정도 등 고객과 관련된 다양한 정보를 수시로 수집하고 이를 기업경영이나 대고객 서비스 전략에 반영할 수 있도록 도와야 한다.

③ 고객가치의 증대를 위한 콜센터 역할

고객가치의 증대를 위해 콜센터는 고객관련 지식을 충분히 얻어내고, 다양한 고객의 니즈를 발견해 내어 더 높은 수준의 고객관리 활동 및 서비스를 제공함으로써 이를 실현시킬 수 있다. 또한 고객으로부터 나오는 다양한 소리 및 메시지를 통해 고객이 원하는 것이 무엇인지를 정확히 이해하고, 이를 공유함으로써 기업의 충성도를 높이는 역할을 수행해야 한다.

2. 인바운드와 아웃바운드의 이해와 특성

(1) 콜센터 인바운드

1) 인바운드 업무 정의

인바운드 업무는 외부로부터 걸려오는 전화를 받는 것으로 일반적으로 고객의 문의접수나 의견, 불만, 주문· 신청· 예약 업무 등을 체계적으로 처리하는 마케팅 활동이다. 인바운드 고객상담은 카달로그나 우편 등을 특정 고객에게 보내거나 TV나 라디오, 인터넷 등 대중매체를 통해 자사의 전화번호를 노출하여 고객이 번호를 인지하고 전화하게 함으로써 인바운드 업무를 활성화한다.

3) 인바운드 응대 시 갖추어야 할 자세 및 태도

① 고객지향적인 서비스 마인드를 갖추어야 한다.
② 고객불만 발생 시 불만원인의 정확한 파악이 선행되어야 한다.
③ 오상담, 오안내를 방지하기 위한 전문적인 응대기법을 습득하여야 한다.
④ 제품이나 서비스에 대한 정확한 지식과 정보를 갖추어야 한다.
⑤ 경청과 공감은 필수이고 신속하고 정확하게 응대하여야 한다.

4) 인바운드 상담 절차

① 사전 응대준비
② 전화응대(자신 소개 및 고객 정보 업데이트)
③ 고객요구 사항의 파악(전화 건 목적 및 의도 탐색/경청)
④ 문제해결 제시
⑤ 동의 및 확인 등의 마무리
⑥ 통화내용 정리 및 후처리 업무

5) 인바운드 콜 프로세스

콜센터에서 진행되는 인바운드 콜의 일반적인 프로세스는 다음과 같다.

① 고객으로부터 각종(전화, E-Mail, Web) 채널을 통해 전화 인입
② 인입된 전화는 상담사에게 할당되어 연결
③ 고객정보시스템을 통해 고객의 정보가 상담 애플리케이션에 뿌려져 상담사는 고객 정보 확인
④ 상담사가 처리 가능한 콜은 문제해결을 위해 고객으로부터 세부 정보를 받아 입력
⑤ 확인된 정보로 문의사항에 대한 응대
⑥ 응대 후 상담이력 입력 및 저장 후 상담종료
⑦ 상담사가 1차 콜에서 처리하지 못할 경우 업무는 처리 부서에 이관

6) 상담이력관리 프로세스

① 고객상담 완료 후 문의에 대한 처리 완료
② 상담이력 작성 시 상담내용에 따라 대, 중, 소분류 등으로 구분하여 가능한 세부단위로 관리
③ 상담이력까지 작성이 끝나면 상담 종결

7) 상담이력의 활용

① 상담업무 처리 및 상담 시 효과적인 고객응대 가능
② 상담사의 신속한 고객파악이 가능하므로 응대의 서비스 질(Quality) 향상
③ 신뢰성 있는 데이터를 확보, 신속한 통계분석은 업무 개선기회 발굴
④ 개선계획의 수립이나 운영 프로세스 개선이나 업무 프로세스 개선

(2) 콜센터 아웃바운드

1) 아웃바운드 업무의 정의

아웃바운드 업무는 일반적으로 고객정보를 가지고 잠재고객 또는 기존고객을 대상으로 전화를 걸어 고객관리는 물론 마케팅, 조사, 안내, 지원, 판매 등의 업무를 수행하는 일체의 행위를 의미한다. 인바운드에 비해서 능동적이고 상담사가 주도해야 하는 상담이다 보니 데이터베이스의 정교함은 물론 고객을 설득하는 능력이나 고객반론을 극복하는 등 스킬이 우수한 상담사의 확보가 중요한 업무이다. 고객데이터를 활용하다 보니 고객접촉률이나 고객의 반응률을 중시한다.

2) 아웃바운드 업무의 특성

① 축적된 신규고객 또는 기존고객의 데이터를 활용하는 업무이다 보니 고객 데이터의 정확성이나 질(Quality)이 중요한 요소로 작용한다.

② 업무의 특성상 고객과의 1 : 1 상담이 이루어지다 보니 고객 관계개선 활동에 유리하다.

③ 고객의 니즈를 찾아서 목적을 달성하는 업무여서 상담사의 자질이나 스킬에 큰 영향을 받는다.

④ 아웃바운드는 기업주도형이며 철저히 목표지향적인 활동이라고 할 수 있다.

⑤ 대리점이나 오프라인 채널을 거치지 않고 직접 고객과 접근할 수 있어 비용대비 효율성이 높다.

⑥ 업무가 독립적으로 운영되기도 하나 마케팅 채널이나 도구를 활용하면 반응률이 배가된다.

⑦ 다양한 정보기술을 활용하여 마케팅 효율성을 향상시킬 수 있으며 전략적으로 판매촉진의 보완수단으로 활용이 가능하다.

3) 아웃바운드의 활용패턴

아웃바운드는 대상고객, 활용 수단, 활동목적, 활동을 통해 기대하는 결과에 따라 내용이 달라진다. 최근에는 아웃바운드의 활용범위가 다양해지고 있는데 업무에 따라 크게 5가지 정도로 분류한다.

① 신규 고객 확보　　② 판매 촉진 활동

③ 해지방어 활동　　④ 유지 및 보전업무

⑤ 각종 리서치 업무

4) 아웃바운드 콜 프로세스

전화를 이용한 고객 DB를 근거로 하여 아웃바운드의 업무패턴에 따라 아웃바운드를 진행한다. 아웃바운드 콜 프로세스는 아웃바운드 수행목적에 맞는 데이터를 정확하게 추출하고 추출된 데이터에 의해 담당부서와 인원 및 기간을 결정하고 실행에 대해 논의 후 스크립트 작성, 작성된 스크립트에 의한 교육과 훈련을 실시하는 것이 일반적이다.

① 상담사 PC에서 고객 전화정보를 검색(대상고객 선정)
② 고객정보 숙지 후 발신(전화)
③ 발신에 따른 응답 상태를 분별(무응답, 통화중, 결번, 팩스, 부재중, Cold call)
④ 해당고객과의 연결 시내용 확인 및 상담 진행(상담)
⑤ 고객과의 통화결과 등록 및 갱신(등록)
⑥ 해당 결과에 대한 업무 처리(처리)

5) 아웃바운드 수행을 위한 핵심요소 5가지

핵심요소	주요 내용 및 설명
DB	• 대상 고객 DB • 재구매/신규/이탈고객 및 회사 타겟팅 고객(VIP/Demarketing) • 제안 분석을 통한 고객별 성향 파악 및 추출 • 고객별 정보 분석을 통한 접촉 방법 및 스케줄 계획
시스템	• 아웃바운드 업무가 가능한 시스템 • 정보시스템, Dialing 시스템, 서베이 시스템 • 데이터분석, 음성 및 녹취 분석, Call 및 캠페인 분석 가능 시스템
상담사	• 적극적이고 긍정적인 마인드를 소유한 상담사 • 상품 및 서비스에 대해 충분히 숙지한 상담사 • 경험 및 반론이 충분한 상담사 등 해당업무에 적합한 상담사 채용
스크립트	• 각 유형별 스크립트, 제안 및 고객 혜택 제어가 가능한 스크립트 • 고객별, 상품(제안), 캠페인별 접근 방법/ 상품 Offer/고객 설득 기법/반론극복이 포함된 스크립트 필요
상품 및 서비스	• 아웃바운드를 통해 고객에게 제안되는 상품 또는 서비스 • 조직이나 회사에서 얻고자 하는 최종적인 결과물

6) 고객 DB전략 프로세스

고객DB 전략은 고객에 대한 여러 가지 정보를 시스템을 통하여 데이터베이스화시키고 구축된 고객의 DB를 전략적으로 활용하여 고객 개개인과의 접촉을 통해 직접적인 반응/판매를 유도하거나 고객과의 장기적인 관계를 구축하고자 하는 전략이다.

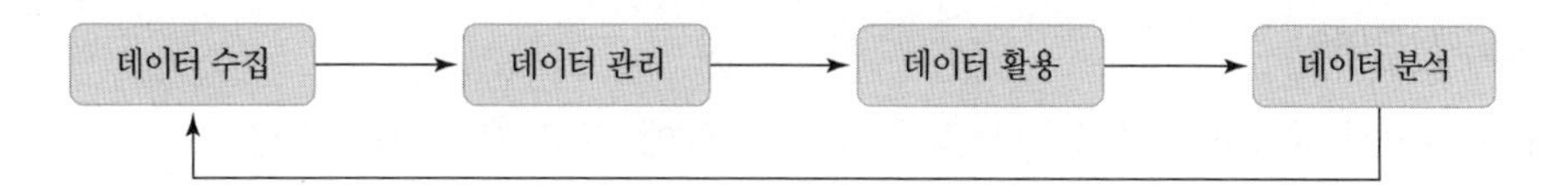

7) 개인정보의 이해

일반적으로 생존하는 개인을 식별할 수 있는 정보라고 정의하나 정보통신망법 제2조에 의하면 생존하는 개인에 관한 정보로서 성명, 주민등록번호 등에 의해 당해 개인을 알아볼 수 있는 부호, 문자, 음성, 영상정보를 의미한다.

① 신분정보(성명, 주소, 주민번호, 본적, 가족관계)
② 심신정보(신장, 체중, 건강상태, 병력, 장애여부)
③ 경제정보(소득규모, 재산상황, 거래내역, 신용등급, 채권채무관계 등)
④ 사회관계정보(전화번호, 휴대전화번호, 직장, 직위)
⑤ 내면의 비밀(사상, 신조, 종교, 정치적 성향)
⑥ 새로운 유형의 정보

3. 콜센터 핵심역량 및 역량구분

(1) 핵심역량 정의

기업내부의 조직구성원들이 보유하고 있는 총체적인 기술·지식·문화 등 기업의 핵심을 이루는 능력이라고 할 수 있으며, 콜센터 내 역할에 따른 주요 직무과제를 수행하기 위해 콜센터 역량요소인 지식, 기술, 능력, 태도(K.S.A) 및 인성을 중심으로 필요한 핵심역량을 도출하고, 이에 입각하여 각 해당 업무를 수행할 때 콜센터 구성원들에게 요구되는 역량을 정의한다.

(2) 역량 구분

콜센터 업무를 수행할 때 콜센터 구성원에게 요구되는 역량을 정의하는데 직무공통역량과 직무전문역량으로 구분할 수 있다.

1) 직무공통역량

콜센터 구성원에게 공통적으로 요구되는 공통적인 역량
→ 업무지식, 직장예절, CS마인드, 기본적인 문제해결능력, 대인관계 등

2) 직무전문역량

콜센터에서 수행해야 하는 각 직무 또는 역할에 따라 요구되는 역량

① 지식(Knowledge) : 경험 및 교육을 통해 습득한 전문적인 정보와 지식
② 기술(Skill) : 반복적인 지식과 능력의 활용을 통해 얻어진 기술
③ 능력(Ability) : 정신적, 물리적인 행동과 업무수행을 위한 타고난 잠재력
④ 인성(Personal attributes) : 개인의 성향이나 가치관, 속성 등

3) 콜센터 주요 공통핵심역량

① 지식 : 전산활용능력, 상품과 지식, 업무 절차
② 기술 : 의사소통능력, 고객응대 스킬, 고객응대 처리기술 및 불만고객 대상 문제 해결능력
③ 능력 : 리더십, 감성역량, 스트레스 관리,
④ 인성(Personal attributes) : 개인의 성향이나 가치관, 속성 등

4) 콜센터 주요 R&R 및 핵심역량 정의(공통역량)

공통역량은 다음 표에서 보는 예시와 같이 지식, 기술, 능력, 인성 등 기본이 되는 역량요소를 바탕으로 콜센터 업무를 수행하기 위해 필요한 역량을 정의하며, 업무의 성격이나 전략, 목표에 따라 필요한 역량을 정의한다.

구 분	갖추어야 할 역량	정 의
지 식	전산활용능력	업무수행 시 필요한 기본적인 전산활용능력(MS OFFICE/콜센터 App)
	상품과 서비스	콜센터에서 다루는 상품과 서비스에 대한 기본적인 업무지식
	업무 프로세스	콜센터에서 진행되는 주요한 업무 프로세스에 대한 이해
기 술	커뮤니케이션	콜센터 직원 간의 의사소통 및 상호작용이 원활히 이루어지게 하는 기술
	고객 응대스킬	고객과 관련한 정보를 지속적으로 수집 및 활용해 고객과의 관계형성은 물론 유지 및 발전시켜 나가는 능력 →기본적인 고객응대 처리기술 및 컴플레인 고객 대상 문제 해결 기술
능 력	리더십	부하직원 관리능력 및 어떤 상황에서도 목표에 도달할 수 있는 리더십
	감성역량	어려운 상황 하에서도 긍정적인 감성을 유지함으로써 고객 응대는 물론 동료와의 관계에서도 긍정적인 반응을 이끌어내는 능력
	스트레스 관리	악조건 속에서도 본인에게 요구되는 역할을 수행할 수 있는 능력
인 성	자기확신	업무수행 능력에 대한 확신 및 업무에 대한 자신감을 키우려는 자세
	고객중심적 사고	• 고객 응대 시 고객중심적으로 사고하고 행위하는 태도 • 고객중심적 사고를 통해 의사결정을 함으로써 고객만족을 시키는 태도

5) 콜센터 주요 R&R 및 핵심역량 정의_중간관리자

콜센터 중간관리자가 갖추어야 할 공통역량은 다음 예시와 같이 지식,기술,능력, 인성 등 기본이 되는 역량요소를 바탕으로 콜센터 업무를 수행하기 위해 필요한 역량을 정의한다.

구 분	역 량	정 의
지 식	시스템의 이해	콜센터 시스템에 대한 기본적인 이해 및 활용방법을 습득해 이를 상담업무에 효과적으로 사용할 수 있도록 상담사에게 전달할 수 있어야 함
	업무 프로세스	콜센터에서 진행되는 주요한 업무 프로세스에 대한 이해 특히 타부서와 연관된 업무 프로세스의 명확한 이해와 이를 바탕으로 상담품질 및 스크립트에 업무 프로세스를 녹여낼 수 있어야 함
	조직 및 운영관리	상담사들의 성과는 물론 이직, 근태관리를 포함해 콜센터 구성원에 대한 관리 및 책임에 대한 이해
기 술	갈등해결	콜센터 상담그룹 내의 갈등과 주요 이슈를 해결하고 사항을 중재하고 직원들과의 신뢰와 원활한 커뮤니케이션을 통해 고객센터 내 갈등을 해결하는 역할 수행
	고객불만처리	상담사들이 해결하지 못하는 고객불만(Complaint)의 적절한 처리 및 피드백 업무 수행
	코칭	상담사 부진 및 개선이 필요한 부분을 정확히 집어내고 코칭함으로써 상담에 자신을 갖게 하고 부하직원에게 조언자 역할을 수행
능 력	동기부여	직원들이 원하는 개인적인 니즈와 동기를 파악해서 콜센터의 목표나 비전을 달성하도록 함
	Team work	팀 또는 파트의 목표를 달성하기 위해 팀/파트 간의 관계를 친밀하게 함으로써 발생할 수 있는 갈등을 최소화하거나 제거하는 능력(정보공유 및 업무배분 등)
인 성	대인관계 (상사, 부하)	상사와 부하 간의 원활한 관계를 통해 업무로 인해 발생하는 갈등을 최소화하고, 조직에 긍정적인 분위기를 유도하며 근무 분위기 조성 및 주의를 요구할 수 있음

4. 콜센터 리더십

(1) 콜센터 리더십의 정의 및 필요성

1) 리더십의 정의

① 리더십은 '부하직원이나 상호 연관성이 있는 타인에게 바람직한 영향력이나 권한을 행사하여 의도하거나 설정한 목표를 이루어나가는 과정'이라고 정의한다.

② 이 밖에도 리더십과 관련한 정의는 무수히 많지만 리더십이라는 것은 간단히 요약하자면 목표를 위해 집단(Group)의 행위에 영향력을 행사하는 것으로 정의될 수 있다.

③ 리더십이라는 것은 사람과의 관계를 통해 이루어지는 것이므로 이들 구성원의 의식이나 행동을 이끌어낼 수 있는 리더십을 통해 조직의 목표를 달성하는 것이다.

2) 콜센터 리더십의 필요성

① 콜센터는 일정한 공간에서 일정한 시간에 상담을 진행 하는 집단업무의 조직이다.

② 콜센터는 동일한 업무를 반복적으로 진행해야 하는 표준화 조직이다.

③ 콜센터는 다양한 고객과의 직접적인 상담을 해야 하는 고객접점 조직이다.

④ 콜센터는 고객의 요구사항을 서비스 하는 서비스 조직이다.

⑤ 콜센터는 감정을 최대한 억제하고, 고객만족을 추구하는 감정 노동 조직이다.

(2) 콜센터 리더십의 유형

1) 분석적 리더십

① 통계 및 분석을 중심으로 센터를 운영하는 리더십으로 감성적인 평가인 정성평가보다는 객관화되고 시스템적인 정량평가를 중요시한다.

② 일반적으로 기획능력 및 Report 능력이 우선시 되고, 자원 배분과 최적의 효율성을 중요시하므로 단기간 성과 향상 운영에 효과적으로 대응한다.

③ 상담사의 업무능력에 대한 평가를 통하여 부족한 부분을 지속적으로 관리함으로써 전체 센터의 효율성에 중심을 두고 운영한다.

④ 조직원들의 스트레스 증가, 미래 예측 오류 및 환경 변화에 대한 대응력 부족 등으로 장기적인 효과에는 불투명하다.

2) 조직 관리형 리더십

① 조직 간의 커뮤니케이션을 중심으로 센터를 운영하는 리더십으로 정량평가보다는 정성적인 평가를 중요시한다.

② 조직 간의 관계 및 인간 관계를 우선시 하고, 조직의 가치관과 행동, 태도 등을 중요시하므로 안정적인 조직운영에 적합하다.

③ 상담사 및 팀장의 개인별 성장에 관심이 많으며, 동기부여를 통한 상담사의 발전을 통해 센터의 업무능력 향상에 중심을 두고 운영한다.

④ 업무와 개인 간의 불명확한 구분으로 이슈가 장기화될 수 있으며, 조직의 이익과 개인의 이익이 상충되어 발전을 저해할 수 있다.

3) 전문가형 리더십

① 교육 및 코칭을 중심으로 운영하는 리더십으로 프로세스 및 업무 역량 평가를 중요시한다.

② 새로운 평가방식 도입, 새로운 프로세스 도입 등 운영을 통하여 센터의 업무능력 향상을 중심으로 하며, 성장 확장하고 있는 조직 운영에 적합한 리더십이다.

③ 외부 교육, 기간별 교육, 코칭 방법 개선 등을 통한 상담사의 성장에 중심을 두고 운영하며, 벤치마킹 등을 통한 비교우위를 중요시한다.

④ 전문성 강화를 위한 교육 및 코칭 등에 시간과 비용이 많이 소요되며, 신규 방식 도입의 사이클이 짧아 기존 방식에 대한 충분한 검증 없이, 신규 방식이 도입되기도 한다.

4) 통제 관리형 리더십

① 재무와 프로세스를 중시하여 운영하는 리더십으로 각 직무별 업무 구분이 명확하며, 각 구성원의 역할을 중요시한다.

② 표준화된 스크립트, 정형화된 시스템, 직무별 업무역량 및 프로세스 절차를 중요시하여 운영되며, 대규모 또는 규제가 엄격한 산업의 콜센터에서 적합한 리더십이다.

③ 회사의 지침 및 업무 규제 등을 중시함에 따라 상담사의 QA평가를 특히 중요시하며, 개개인의 결과보다 집단 또는 조직의 결과를 중요시한다.

④ 고객 요청의 처리 시간이 내부 절차에 의해 지연될 수 있으며, 콜센터 조직 간에 이기주의가 발생될 수 있고, 수동적인 콜센터 운영이 될 수 있다.

(3) 바람직한 콜센터 리더십의 조건

1) 비전 제시 및 역할모델 – Vision Messenger & role model

① 콜센터 운영자는 구성원들에게 비전을 제시해야 한다. 구체적으로 콜센터가 가야 할 방향과 미래 콜센터의 구체적인 모습을 제시함으로써 콜센터 구성원의 역량을 한 곳으로 집중할 수 있게 한다.

② 콜센터 구성원 개개인의 비전을 정립할 수 있는 기준 및 근거를 마련하고 콜센터 비전 달성을 위해 구성원 개개인이 어떠한 일을 수행해야 할지를 구체적으로 제시해야 한다.

③ 운영자는 콜센터의 비전을 전달하는 사람(Messenger)임은 물론 구성원들의 역할모델(Role model)이다. 운영자는 구성원들의 본보기로서 올바른 가치관이나 태도 그리고 적절한 방향제시 및 솔선수범하는 자세와 구성원간의 신뢰구축 등을 통해 영향력을 발휘할 수 있어야 한다.

2) 커뮤니케이션 활성화 – Communicator

① 콜센터가 효율적이고 강력한 조직으로 거듭나기 위해서는 반드시 훌륭한 커뮤니케이터가 존재해야 한다. 콜센터는 수평적인 네트워크 구조를 가진 조직이며 이러한 수평적인 네트워크 조직에서 가장 강력한 힘을 발휘하는 것은 바로 커뮤니케이션이다.

② 콜센터 운영자는 커뮤니케이션을 활성화하기 위하여 개방성을 바탕으로 조직의 건전성을 확보하여야 하며 구성원들 사이에 발생하는 조직 내 오해와 갈등을 효과적으로 풀어나가야 한다.

③ 커뮤니케이션이 잘 이루어지는 조직으로 만들기 위해 운영자는 끊임없이 구성원들이 의견이나 소리에 대해서 개방적인 태도를 유지하여야 하고 커뮤니케이션할 수 있는 채널을 마련한다.

④ 커뮤니케이션의 특성을 정확히 이해해서 일방향이 아닌 쌍방향 커뮤니케이션이 이루어질 수 있도록 하고 구성원들 간의 커뮤니케이션이 원활히 일어날 수 있도록 한다.

⑤ 운영자가 커뮤니케이션을 활성화하기 위해 가장 기본적으로 갖추어야 할 자세는 경청이다.

3) 감성적인 콜센터 조직문화 창조－Culture Innovator

① 이성과 논리보다는 감성이 주를 이루는 조직이다 보니 이러한 콜센터 조직의 특성을 이해하고 감성적인 조직문화로 변화시킬 수 있는 운영자가 필요하다.

② 업무에 있어서는 합리적이고 이성적인 판단을 하고 가슴으로는 조직의 문화를 변화시키기 위한 따듯한 감성이 자리잡은 운영자가 되어야 한다.

③ 감성이 주를 이루는 콜센터 조직문화 창조를 위해 운영자는 긍정적인 감성(Positive sensibility)으로 조직을 운영하여야 한다.

④ 다양한 개성을 가진 사람들이 모여 일하는 콜센터에서 감성이라는 것은 콜센터의 특징을 규정지을 수 있는 문화여야 하며, 그런 의미에서 콜센터 운영자는 감성 관리자라고도 할 수 있다.

4) 부하의 역량 발굴 및 양성－Capability developer

① 상담사의 잠재된 역량을 이끌어내고 이들의 역량이나 능력을 지속적으로 개발해 줄 수 있는 리더의 능력이 중요하다.

② 채용한 콜센터 직원들의 '기'를 살리고 이를 통해 자신의 능력을 최대한 발휘할 수 있도록 콜센터 환경이나 분위기를 조성해 주는 운영자가 필요하다.

③ 스태프(Staff)나 상담사의 역량을 향상시키기 위해서는 동기부여, 권한위임(Empowerment), 코칭 및 교육, 훈련, 피드백 등이 적절히 이루어져야 하며 콜센터 조직을 학습 조직화함으로써 직원들의 개인역량을 발굴, 향상시키고 콜센터의 경쟁력 확보를 통해 성과를 창출한다.

④ 콜센터 직원의 역량을 발굴하고 개발시키며 이를 성장시켜 주는 것은 운영자의 책임이며, 지속적인 관심과 기대를 통해 부하직원들이 새로운 지식과 능력을 끊임없이 배양할 수 있도록 분위기나 환경을 마련해 주고 이들이 성장할 수 있도록 배려와 독려해 주는 역할을 수행하여야 한다.

5) 꾸준한 자기관리와 태도－Transformational leader

① 콜센터 운영자는 꾸준한 자기관리와 태도 유지를 통해 콜센터 구성원들의 역할 모델(Role model)이 되어야 한다.

② 콜센터와 같은 수평적인 네트워크 조직은 콜센터 목표를 위해 상호협력하고 지적인 자극이나 충고 또는 관심이나 배려를 통해 상호간의 신뢰구축은 물론 비전제시나 활력을 불어 넣어줌으로써 지속적인 방향성을 제시하고 조직을 활성화시키는 변혁적인 리더십(Transformational Leadership)이 필요한 조직이다.

③ 콜센터 직원들의 실수나 잘못에 대해서 인내와 관용을 베풀 수 있는 태도를 유지하고 절제와 자기 통제능력 배양을 통해 훌륭한 리더십의 조건을 갖추어 나가야 한다.

④ 콜센터 운영자는 끊임없이 자기계발에 힘써야 한다. 학습 조직인 콜센터에서 직원들에게 균형적이고 올바른 역할모델이 되려면 끊임없이 자기계발에 힘쓰는 운영자의 모습을 갖추어야 한다.

5. 콜센터 조직문화

(1) 조직문화의 이해

21세기는 감성의 시대라고 할 수 있으며 미래학자 롤프 옌센은 그의 저서인 <드림 소사이어티(Dream Society)에서 '사회가 발전할수록 감성에 바탕을 둔, 꿈을 대상으로 하는 시장이 정보를 기반으로 하는 시장보다 점점 더 커질 것이고 감정을 대상으로 하는 시장이 물리적 상품을 대상으로 하는 시장을 무색하게 할 것'이라고 주장하였는데, 디지털 진화에 의한 편리, 편의만큼이나 사람들의 감성은 더욱 더 결여될 것이고 이러한 감성을 충족시켜 주기 위해 기업은 단순히 '상품'을 파는 것이 아니라 '감성'을 팔아야 한다는 논리가 성립된다.

1) 조직문화의 정의

① 조직문화라는 것은 정착되면 좀처럼 변화되기 어렵고 변화가 된다 하더라도 그 변화속도가 더디면서도 유무형의 부작용을 양산하기도 하고 상황에 맞게 다른 방식으로 변화를 반복한다.

② 조직 내에서 발생하는 구성원들 간의 불협화음은 알게 모르게 조직을 와해시키고 커뮤니케이션을 가로막아 조직 내 반목과 충돌, 불신, 분열, 침체, 혼란 등을 야기시켜 조직의 발전을 저해하고 와해시킬 수 있는 단초를 제공하기도 한다.

③ 조직문화라는 것은 기업이 생존해 나가기 위해 반드시 필요한 요소이며, 기업의 생존과 직간접적으로 연결되어 있다.

④ 조직문화는 조직을 구성하는 구성원에 의해서 자연스럽게 형성되며 교육 및 훈련과정을 통해 구성원들 사이에 공유가 된 가치관이나 행동방식, 규범, 관행이나 경영이념, 지식, 전통에 의해 형성된 문화라고 정의할 수 있다.

2) 일반적인 조직문화의 특성

① 실체가 없는 무형의 관념체계이다

② 조직구조, 동기, 의사결정, 리더십 등에 작용한다.

③ 공통적 특징들이 집합적으로 작용한다.

④ 조직구성원에 의해 스스로 학습된다.

3) 콜센터와 조직문화

① 고객의 최접점에 있는 콜센터 직원은 철저하게 '감성'으로 무장하여야 한다. 훌륭한 상품과 서비스를 제공한다 해도 직원들이 제대로 전달하지 못하면 고객으로부터 올바른 평가를 받을 수 없다.

② 콜센터가 중요한 이유는 기업 메시지를 전달할 수 있는 가장 강력한 채널이자 조직이기 때문이다.

③ 콜센터는 성과의 즉시성은 물론 고객편의를 최우선적으로 수행하는 등 기업에 있어 중요한 역할을 수행하는 조직이다.

④ 조직문화에서 콜센터는 여느 조직과 달리 많은 사람들이 모여 근무하는 곳이며, 고객과의 잦은 접촉을 통해 감정노동의 정도가 아주 심한 직업 중에 하나이다.

⑤ 감정노동지수가 높고 업무몰입지수가 낮을 수밖에 없는 현재 콜센터의 상황에서는 고객에게 '감성'이 담긴 서비스를 제공하기란 쉽지 않은 일이다.

⑥ 콜센터의 제반 문제를 해결하려면 조직문화 형성과 커뮤니케이션이 원활하게 이루어져야 한다.

⑦ 고객들의 다양한 요구에 대해 만족스러운 서비스를 제공하기 위해서는 커뮤니케이션이 바탕이 된 신속하고 정확한 의사결정이 가능하며, 구성원 개개인의 권한과 책임이 대폭 강화된 수평적인 네트워크로 변해야만 가능하다.

⑧ 여성이 많은 콜센터는 특유의 부드러움과 끊임없는 대화와 커뮤니케이션이 씨실과 날실처럼 교차하는 곳이기 때문에 결과 지향적인 사고보다는 과정 지향적인 여성 특유의 접근방법이 중요하다.

⑨ 끊임없는 대화와 커뮤니케이션을 통해 감정을 교류하고 오해와 갈등을 풀며 남성 위주의 조직에서 느끼는 목표 지향적인 조직구조보다 관계 지향적인 문화를 공유함으로써 감성이 위주가 된 서비스를 제공할 수 있다.

(2) 콜센터 조직문화의 특성

여성이 많은 국내 콜센터 조직의 문화적인 특성은 다음과 같다.

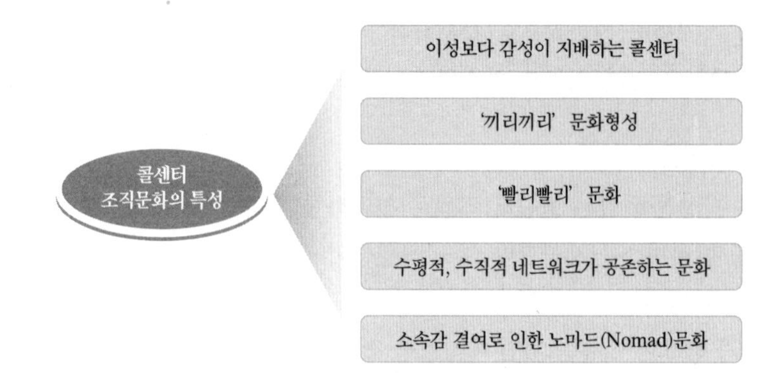

(4) 일하기 좋은 콜센터 만들기(Great Callcenter to work)

1) 커뮤니케이션이 바탕이 된 수평조직으로의 전환

커뮤니케이션의 활성화를 통한 기대효과

① 탄력 있는 조직으로의 전환 가능
② 생산성 및 경쟁력, 높은 성과 확보
③ 콜센터 직원 상호 간의 견해와 다양한 아이디어를 자유롭게 주고받음
④ 업무적인 개선이나 보완이 지속적으로 이루어짐
⑤ 서로 존중하고 협력하는 조직으로의 변화가능

2) 여성 특유의 감성이 묻어나는 조직으로의 전환

여성이 많은 콜센터에서 수치와 통계, 지시와 통제, 획일화와 같은 이성적인 접근을 통해서는 절대로 건전한 조직문화가 자라날 수 없다. 콜센터가 감성이 묻어나는 조직으로 변화하기 위해서는 구성원들의 유연하고 창의적인 발상을 장려하는 조직 자체의 노력이 필요하고, 이러한 창의적이고 자율성을 제도적으로 뒷받침할 수 있는 분위기 및 환경이 조성되어야 한다.

3) 즐겁게 일할 수 있는 분위기 조성(Fun management)

콜센터처럼 감정노동의 정도가 심해 스트레스가 많은 조직에서는 즐겁게 웃으며 일할 수 있는 분위기를 만드는 것이 시급하다. 콜센터 운영자들이 최우선적으로 신경써야 할 것은 상담사들이 받는 스트레스나 육체적, 정신적인 소진(Burn-out)을 해소시키는 것인데, 이를 위해 즐겁고 활기찬 분위기를 만들려고 노력해야 한다.

'Fun' 경영은 직원들이 업무 내외적으로 겪는 스트레스나 긴장 그리고 압박감을 해소시켜 줌으로써 직원들의 유연하고 창의적인 사고를 유도해 내고 건강한 기업문화를 유지하는 데 목적이 있다.

① 일과 즐거움이 어우러지는 콜센터에서 보이는 긍정적인 효과
② 업무태만으로 오는 비효율적인 시간 감소
③ 업무 만족도 및 생산성 향상
④ 낮은 결근율과 이직률
⑤ 센터 내의 긍정적인 에너지 분출
⑥ 상담사로 하여금 자부심, 소속감을 고취
⑦ 콜센터를 이루는 구성원들의 일체감을 유도
⑧ 전반적인 업무 몰입도 향상

4) 칭찬과 인정 그리고 격려가 바탕이 된 문화

① 일하기 좋은 콜센터가 되려면 콜센터 구성원에 대한 관심이 선행되어야 하는데 그러한 관심은 바로 칭찬과 인정 그리고 격려를 통해 이루어져야 한다.
② 콜센터 구성원에 대한 끊임없는 격려와 배려 그리고 칭찬과 인정이 더욱 즐겁고 행복한 콜센터 문화를 만들어가는 데 일조한다.
③ 콜센터 문화는 칭찬과 격려와 배려를 바탕으로 한 구성원들의 자발적인 참여가 있어야 가능하다는 사실 또한 인식하여야 한다.

5) 다름과 차이를 인정할 수 있는 조직문화

① 콜센터는 다양한 사람들이 모여 일하는 곳이다 보니 콜센터에 존재하는 다름과 차이를 인정하지 못하는 조직문화가 있다.
② 콜센터를 구성하는 직원들의 다양성으로 인해 그리고 각자 살아온 환경이나 배경이 다르기 때문에 보이지 않는 벽이 존재한다. 학력이든 자체 계약직이든 아니면 외주 계약직이든지, 연령 또는 지역이든지 간에 차이가 존재하므로 이러한 속성에 따른 갈등을 조절해야 한다.
③ 콜센터에서는 다양한 계층과 그룹 간에 갈등이 상존하는데 운영자는 이러한 것도 문화라고 인정하고 이러한 계층 간, 세대 간에 발생할 수 있는 갈등 요소들을 미리 예측하고 이에 대한 적절한 조치를 마련하고 시행해야 한다.

④ 콜센터에서 발생하는 갈등 구조
- 나이에서 오는 세대 간의 갈등
- 의사소통의 단절
- 업무 스타일에 대한 상호 간의 불신
- 젊은 층의 경우 인터넷 보급 및 확산, 디지털 매체의 발달로 인한 다양한 문화의 향유 등을 통해 발달된 수평적인 사고나 행동
- 옳고 그름이 아닌 싫고 좋음으로 가치를 판단하는 나름대로의 개인성향의 기준
- 콜센터 조직 내에 계약직과 정규직의 차이에서 오는 갈등

6) 공평이 아닌 공정한 평가와 대우

① 콜센터에서는 인원이 많다 보니 불공정한 평가나 대우에 대해서 상당히 예민한 반응을 보이는데, 만약 콜센터 내에서 상담사가 부당한 대우를 받고 있다거나 다른 상담사와는 다른 차별적인 평가나 대우를 받고 있다고 생각한다면 더 이상의 충성도나 몰입도, 소속감을 기대하기 어렵다.

② 자신도 다른 상담사처럼 열심히 일하거나 성과를 내게 되면 대우가 달라질 수 있고, 그러한 대우를 받기 위한 절차가 투명하고 공정하게 이루어진다고 믿는다면 콜센터 구성원들의 부정적인 태도나 악영향들이 발생할 여지가 그만큼 줄게 된다.

③ 콜센터 내 무임 승차자(Free rider)나 평가자의 후광효과에 의한 특정인의 평가 또는 평가기준의 잦은 변화를 없애거나 개선하고 평가와 대우에 대한 공정한 프로세스를 직접 눈으로 확인시켜 줄 수 있는 체계를 마련한다면 이에 대한 신뢰는 더욱 확고해 진다.

④ 콜센터 운영 시 공평함과 공정한 평가의 기준
- 콜센터 구성원들이 일구어 놓은 업무성과에 대한 공정한 평가와 이에 대한 공정한 대우
- 콜센터 업무에 대한 공정한 배분
- 교육이나 성장에 있어서 공정한 기회를 보장
- 성과에 따른 금전적, 비금전적인 이득을 공정하게 배분

6. 콜센터 교육 및 훈련

(1) 국내 콜센터 교육 및 훈련

1) 콜센터 교육 및 훈련의 이해

① 콜센터는 직원들에게 많은 역량을 요구하는 곳이며 제대로 된 역량을 발휘하기 위해서는 다양한 교육과 훈련이 병행되어야 한다.

② 교육 및 훈련은 확보된 인적자원의 잠재능력을 최대한 끌어내고 콜센터 직원들의 능력 도출을 통해 조직 및 기업의 사업성과에 기여할 수 있게 하는 기업조직 측면에서 반드시 필요한 요소이다.

③ 교육 및 훈련은 직원들의 성장에 도움을 줄 수 있는 동기부여적인 측면을 통해 업무 만족도는 물론 몰입도 향상과 직원들의 문제해결능력 향상 및 지식축적을 통해 충성도를 높일 수 있다.

④ 생산성 및 직원 개인의 경쟁력 향상을 통해 이직률을 감소시킬 수 있고 학습조직 등을 통한 조직 활성화 측면에서도 커뮤니케이션이 원활해져 건강한 조직문화를 구축할 수 있는 이점도 있다.

⑤ 콜센터 교육은 제품이나 서비스에 대한 업데이트 또는 고객 응대 기술(Skill)이 주를 이루고 있으나, 최근에는 CS마인드 및 커뮤니케이션 교육 및 고객불만처리 교육도 강화되고 있다.

2) 교육훈련 목적 및 효과

① 확보된 인적자원의 잠재능력을 최대한 끌어내어 조직 및 기업의 사업성과에 기여

② 직원들의 성장에 도움을 줄 수 있는 동기부여적인 측면을 통해 업무 만족도 및 몰입도 향상

③ 직원들의 문제해결능력 향상 및 지식축적을 통해 충성도를 높일 수 있는 효과

④ 생산성 및 직원 개인의 경쟁력 향상을 통해 이직률 감소

⑤ 학습조직 등을 통한 조직 활성화로 커뮤니케이션이 원활해져 건강한 조직문화를 구축

3) 교육 훈련 프로그램 운영 시 고려사항

① 고객과의 최접점에 위치해 있기 때문에 교육이나 훈련에 대한 효과는 즉시성이 있어야 한다.

② 고도의 집중력이나 순발력을 향상시킬 수 있는 교육이 이루어져야 한다.

③ 기업 브랜드 이미지 제공 및 기업과 고객과의 사이에서 또는 기업 내외부 조직 간의 커뮤니케이션 허브(Communication hub) 역할을 수행하는 곳이기 때문에 다양한 응대 Skill이 개발되어야 한다.
④ 직원들에 대한 감성역량을 향상시키는 교육이나 훈련이 병행되어야 한다.
⑤ 스트레스 및 건강관리는 물론 자기변화관리와 같은 교육과 훈련이 동시에 진행되어야 한다.

4) 콜센터에서의 교육과 훈련의 종류

① 교육과 훈련은 대상에 따라 각기 다른 프로그램으로 시행되어야 한다. 예를 들어, 직무별 또는 계층별 프로그램을 마련하여 시행해야 하며, 실적 부진자나 고객불만 야기자 등을 대상으로도 교육 프로그램이 준비되어야 한다.
② 단계별 교육 및 훈련 프로그램이 있다. 신입과정, 기존 직원들을 대상으로 계층교육 및 직무교육 그리고 특별교육 및 정기, 비정기적인 교육 등이 콜센터에서 시행되는 교육 프로그램이다.
③ 이외에 리더십, 업무역량 강화, 커뮤니케이션, CS를 포함한 서비스 교육 등이 있다.
④ 콜센터의 교육과정은 크게 신입과정 → 계층교육 → 직무교육으로 나뉘어 시행되는데 콜센터에서 이루어지는 교육은 업체 특성을 고려하여 해당 콜센터에 알맞은 교육 및 훈련 과정을 수립한다.

5) 교육 및 훈련을 통한 기대효과

① 문제해결능력을 향상시킴과 동시에 자신감 함양
② 원활한 업무 진행을 통해 고객만족과 동시에 직업에 대한 비전 제시
③ 공동체 의식 및 소속감 배양은 물론 전문가로 발전할 수 있는 기회 제공
④ 콜센터에서는 해당 직원의 부족한 부분을 보충해줌으로써 업무에 대한 몰입을 증가

(2) 교육 및 훈련 수립 계획

1) 연간 계획 작성 시 고려사항

① 해당 콜센터의 미션을 달성하기 위해서 전략적인 접근 필요
② 콜센터의 교육방향을 설정하는 동시에 해당연도의 교육목표 및 실행과제를 선정
③ 각 분기별, 월별과제를 세분화하는 작업이 병행

④ 전년도 진행되었던 교육의 문제점에 대한 개선이나 보완할 수 있는 방안이 포함
⑤ 해당연도 교육에 대한 실적분석 및 평가결과가 수반
⑥ 해당연도에 투입되는 연간 교육 예산은 물론이고 비용에 대한 분석이 포함

2) 연간 계획서 내용

① Who : 교육대상자 및 교육강사
② When : 교육시기 및 기간
③ Where : 실시장소, 사내/사외
④ What : 교육 및 커리큘럼 내용
⑤ How : 교육방법, 평가
⑥ Why : 교육의 목적

3) 연간 교육계획 운영 절차

콜센터 연간교육계획을 바탕으로 이를 실행에 옮기기 위해서는 다음과 같은 절차를 거쳐 진행하면 된다.

구 분	상세내용
교육 Needs 파악	• 정확히 어떤 목적을 가지고 교육 및 훈련이 이뤄지는지에 대한 명확한 요구분석이 선행 • 교육에 대한 Needs가 제대로 파악되지 못하거나 불분명한 경우에는 교육 자체가 변질됨 • 직원들이 '왜 이 교육이나 훈련을 받아야 하는지 모르겠다'라는 반응이 나오면 교육의 효과는 반감될 수밖에 없으며 교육 자체가 형식적으로 변할 수 있음
교육의 내용 및 커리큘럼의 결정	• 연간 교육계획에 따라 진행해야 할 교육 및 훈련의 우선순위를 정하고 각 단계별 또는 대상별, 일정별 커리큘럼을 결정 • 교육의 내용 및 커리큘럼 결정은 콜센터 전문강사의 몫이 아니라 콜센터 구성원의 다양한 의견을 수렴하고 이를 분석한 결과를 토대로 진행 • 기본적인 설계부분에 대해서는 전문강사가 해도 별무리는 없으나 전체 교육에 대한 구성을 결정하는 자리에는 실무자들이 모여 다양한 의견과 아이디어를 공유하고 협의해야 좀 더 균형 잡히고 효과적인 교육계획이 나올 수 있음
교육관련 품의	• 교육에 대한 일정은 물론 예산을 확보하기 위해 승인 • 정기 또는 비정기적으로 발생하는 외부교육의 경우 별도의 품의를 득해야 함
강사 및 업체 섭외	• 사내강사를 활용할 것인지 사외강사를 활용할 것인지를 결정 • 사내강사를 활용할 때는 해당 강의 커리큘럼과 강의교재에 대한 사전논의를 거쳐 확정이 되면 시간을 배정하고 투입시기를 조정

(계속)

구 분	상세내용
강사 및 업체 섭외	• 외부강사를 활용할 경우 반드시 강사의 이력과 콜센터에서의 근무경력 여부, 강의자료의 부합 여부, 업계의 평판 등을 고려 • 콜센터 업무 및 기존사원에 대한 교육을 진행하는 경우 사전에 충분히 회사와 관련상품에 대해서 알고 있는지 여부와 Call에 대한 분석능력이 있는지 또는 Skill을 향상시킬 수 있는 충분한 자질을 보유하고 있는지 확인 • 외부강사에 대한 평판이나 자질에 대한 정보는 사전에 전문기관이나 콜센터 관련업체나 커뮤니티 등을 통해 파악
교육 및 훈련공지 대상자 선발	• 교육대상자(신입사원, 기존 상담사, 스태프, 특정 업무그룹) 결정 후 이에 대한 교육 및 훈련에 대한 공지 • 교육에 대한 공지는 반드시 목적, 일정, 대상, 장소, 진행방법 및 커리큘럼이 포함 • 교육 대상자는 외부교육의 경우 적합성이나 교육수강 횟수를 고려해 선발하고 교육시작 전 1주일, 적어도 3일 이전에는 통지
교육 및 훈련 실시	• 사내에서 이루어지는 경우 교재준비는 물론 교육장, 교육장비, 교육평가서 및 교육에 필요한 그 외의 업무 및 필요한 자료와 기자재 등에 대한 모든 준비를 사전에 점검해야 원활한 교육이 이루어질 수 있음 • 교육 중에는 외부강사가 강의할 때 수시 모니터링을 통해서 대상자들이 느끼는 교육에 대한 난이도 및 문제점 등 보완
교육평가	설문지 평가 방식 • 설문지를 통해 평가하는 것이 일반적이지만 이러한 평가로는 정확한 교육평가가 이루어지기 어려움 • 교육내용이 나빠도 강의방식이나 강사의 강의 스타일에 따라 평가가 좋게 나올 수도 있고 이와는 반대인 경우도 발생할 수 있기 때문 • 설문지를 통한 평가의 단점을 보완하기 위해서 교육에 대한 감상문이나 발표, 교육에 대한 결과 테스트를 시행 • 교육을 담당하는 스태프가 직접 모니터링하거나 관찰함으로써 교육을 평가 • 교육결과 실제로 어느 정도 효과가 나타나는지를 통해 교육의 효과를 보고 평가하는 방법이 있으나 시간이 많이 걸리는 단점

(3) 교육 및 훈련 평가 방법

1) 평가 실시 목적

① 교육 및 훈련 프로그램의 장단점을 파악

② 교육 프로그램 자체가 콜센터 직원의 직무에 어느 정도 기여했는지를 파악

③ 교육 훈련의 내용 및 방법이 적절하였는지 여부와 부족한 부분이 있다면 향후 개선할 점과 보완해야 할 점을 도출

④ 교육을 통한 ROI를 측정

⑤ 실시한 교육 훈련이 원래 의도한 대로 목적을 달성했는지 여부를 판단

2) 교육 및 훈련 평가 과정

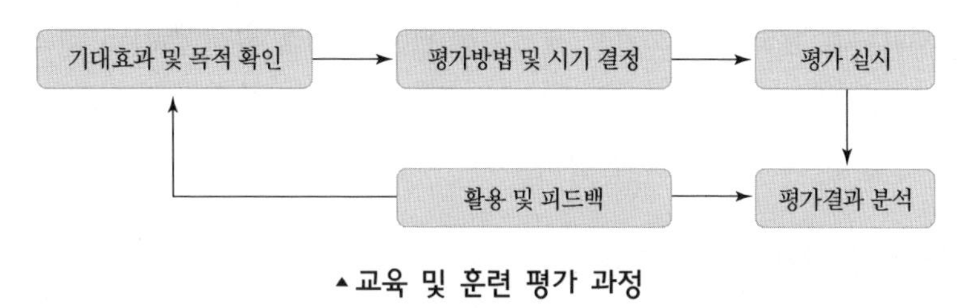

▲교육 및 훈련 평가 과정

3) 교육 및 평가 각 단계별 상세 내용

구 분	상세내용
교육 목표 및 목적 확인	• 콜센터에서 궁극적으로 달성하고자 필요한 전략 목표나 교육을 통해 직접 도출해낼 수 있는 정량적인 성과목표, 직원들이 교육을 통해 반드시 습득해야 할 지식 및 기술(Skill) 등의 목표를 확인 • 예를 들어, 상담사의 해지방어 기술 습득을 통해 콜센터 전체의 해지방어 성공률이나 절대 건수를 향상시키자는 목표를 두었다면 이에 대해 어떤 지식이나 기술, 역량 등이 필요한지 규명하고 확인하는 절차가 필요
평가방법 및 시기결정	• 어떤 기준에 의해 평가를 할 것인지 그리고 얻고자 하는 성과에 대해서 적절한 평가방법과 평가 대상을 선정 • 평가방법은 흔히 설문지를 통하거나 테스트를 실시해 평가를 할 수도 있고 면담이나 실제 업무에 투입한 후에 나오는 성과를 가지고 평가할 수도 있으며, 기타 추적조사나 FGI(Focus Group Interview)를 통해서도 평가 • 평가시기는 교육 및 훈련실시 전, 교육훈련 실시 중, 교육훈련 완료 후 그리고 교육이수 후 일정기간 경과 시 등으로 구분해 시행
평가 실시	• 사전에 결정이 된 평가방법과 시기에 따라 그대로 평가 실시 • 평가시기를 기준으로 사후테스트를 할 것인지 개별적인 사전/사후테스트를 실시할 것인지, 아니면 비교집단을 포함한 사전/사후테스트를 실시할 것인지를 결정해서 평가하되 평가를 방해하는 내적, 외적 요소들을 철저히 배제한 뒤 실시
평가결과 분석	• 평가결과를 정량적인 것과 정성적인 것으로 구분해서 진행 • 정량적 분석 : 보통 테스트나 각종 모니터링 및 추적조사, Work sampling을 통해 나온 각종 수치 등을 분석 • 정성적 분석 : 교육에 참가한 직원들을 대상으로 면담 및 FGI조사를 통해서 나온 의견이나 반응 • 이러한 결과값을 토대로 사전에 기대했던 효과와 사후 결과와의 괴리 정도를 파악하고 직원들의 참여도 및 반응 정도와 몰입의 정도를 파악해 개선 및 보완하는 자료로 활용

(4) 효과적인 교육 및 훈련 도구

콜센터 직원들을 교육시키는 것은 개인적인 발전 차원을 넘어 회사의 지속성에도 영향을 미칠 수 있다는 사실을 간과하지 말아야 한다. 콜센터에서 시행하는 몇 가지 효과적인 교육 및 훈련 도구는 다음과 같다.

1) 동영상을 통한 자가학습

① 3개월 또는 6개월 미만의 신입 상담사들은 업무 부적응이나 본인의 지식으로는 업무가 불가능하여 중도에 포기하는 경우가 많다

② 이를 방지하기 위해서 동영상을 통한 자가학습법을 활용할 수 있다.

③ 국내 포털 사이트 카페를 활용 또는 별도의 사이트, 지식관리시스템(KMS: Knowledge Management System)을 활용하여 쉬는 시간 또는 근무시간 또는 집이나 기타 장소 등 인터넷 접속이 가능한 곳에서 언제, 어디서라도 해당 상담사에게 필요한 정보나 지식을 얻을 수 있도록 한다.

④ 일반적으로 신입상담사들이 어려워하는 항목이나 콜센터에서 이뤄지는 업무 중 반드시 알아야 하는 필수항목들을 동영상으로 만들어 공유한다.

2) 도입 효과 및 참고사항

① 필수항목들에 대한 오안내가 현격히 줄어드는 효과가 있으므로 사전에 철저히 준비한다.

② 상담사들이 만든 동영상은 기존 교육강사가 만든 것보다 투박한 면은 있으나 다른 상담사들에게 자극이 되기도 하고 자신들만의 언어와 눈높이에서 진행되기 때문에 학습효과가 뛰어나다.

③ 커뮤니티를 통해 선배들이 전수하는 노하우나 업무 시 궁금한 점, 고충처리 등에 대해서 직접 동영상을 제작하여 올리거나 동영상에 포함되지 않았던 내용은 커뮤니티의 댓글을 활용하여 추가 설명을 함으로써 이해를 돕는다.

④ 동영상 내용이 너무 길면 학습의욕이 줄어드는 경향이 있어 1분 내외 또는 길어도 5분 이상을 초과하지 않도록 제작한다.

3) OJT(On the Job Training)

① 신입직원이 콜센터에 들어올 경우 콜센터에서 효율적인 업무수행을 위해 필요한 업무지식이나 기술을 습득하게 하는 교육 방법으로, OJT는 이론적인 교육이기보다는 현장 위주의 실습 교육이어서 실무와 연관성이 높아 효과가 크다.

② 일반 집체교육을 통해 이뤄지는 것은 이론적이고 한정적인 교육이 이루어질 수밖에 없는데 비해 OJT는 신입사원이 느끼는 불편함이나 문제점 등을 해결하고 선임 상담사(Mentor)의 지도 하에 실무능력을 강화시킬 수 있다.

③ OJT가 멘토링 프로그램과 다른 점은 철저히 업무중심이라는 것과 단기간에 이루어지며 일방적이고 단순한 기술이나 지식만을 전달하는 것이어서 이를 보완하고자 멘토링 프로그램과 연계해서 시행된다.

④ 콜센터 OJT의 경우 단기간 내 빡빡한 일정과 체계적으로 운영되지 않으며 OJT를 실행했음에도 불구하고 실제 전화응대를 잘 하지 못해 고객만족 및 생산성을 저하시킨다.

⑤ 신입상담사가 입사하게 되면 보통 수습기간 때까지 약 3개월 정도 OJT가 병행된다. 물론 3개월 내내 OJT를 시행하는 것은 아니지만 실제로 실무에 투입이 되었음에도 불구하고 업무 특성상 문제발생의 소지가 있기 때문에 적어도 수습기간 때까지는 멘토링과 병행해서 운영하고 있는데 가장 흔한 OJT는 '캥거루 프로그램(동석근무)'의 활용이다.

⑥ '캥거루 프로그램'은 파트리더나 선임 상담사 옆에 앉아 고객과의 통화내용을 직접 들어볼 수 있게 하는 방법인데, 이를 통해 업무의 이해도를 높이고 체계적인 업무수행 능력을 배양할 수 있도록 도와 준다.

⑦ '캥거루 프로그램' 이외에도 일선에 배치되어있는 상담사들의 통화내용을 직접 들어볼 수 있는 'Shadow peer' 형태의 OJT를 통해 실전 연습을 하게끔 하며, 잘된 샘플링콜이나 잘못된 샘플링콜을 들으며 어떤 식으로 응대해서 우수 응대콜인지, 우수한 응대콜의 핵심 포인트는 무엇인지, 어떤 식의 응대가 잘못된 것인지, 그러한 상황에 처했을 경우 해결책은 무엇인지를 알려주는 방법이다.

⑧ 전산 시스템의 활용법을 알려주는 것도 OJT에 포함되는데 가장 많이 활용하는 기능과 특별히 주의해야 할 기능들을 상세히 알려줌으로써 사전에 실수할 수 있는 요소들을 제거하는 효과가 있다.

⑨ 신입 상담사를 파트리더나 경험이 풍부한 콜센터 상담사 옆에 배치하여 모르는 것들을 수시로 질문하고 자세히 설명해줌으로써 업무에 대한 두려움을 최소화할 수 있도록 배려한다.

⑩ 사전에 해당 리더나 선임 상담사들을 대상으로 관련 교육 및 주의해야 할 점과 기타 사항들에 대해 공유하고 OJT 평가에 따라 보상을 한다는 전제 하에 실시한다.

4) OJT 실행 시 고려사항

① OJT를 실시할 때는 업무와 직접 연관된 교육을 실시해야 하고 일시적인 교육보다는 체계적이고 지속적인 교육이어야 하며 신입 상담사의 능력을 극대화할 수 있는 방향으로 진행되어야 한다.

② 또한 OJT 교육을 통해 팀워크의 향상은 물론 신입 상담사의 업무수행 능력을 조기에 향상시켜 콜센터의 경쟁력을 높여야 한다는 목표를 세워야 한다.

③ 일반적이고 일방적인 교육보다는 이렇게 OJT를 통해 업무를 습득하는 것이 교육효과가 크므로 일선 콜센터에서는 OJT의 활용을 통해 신입 상담사의 즉전력을 높여야 한다.

④ OJT에 대한 계획은 사전에 치밀하게 준비하여야 문제가 발생하지 않는다. 예를 들어, 사전에 콜센터에서 시행되는 OJT의 목적이나 목표가 명확하게 수립되어야 하고 이에 따라 OJT의 대상은 누구이고 실시기간은 언제까지이며, OJT를 실시할 때 책임 및 지도는 누가할 것인지 각각의 역할은 무엇인지 정의되어야 하고, OJT를 실시할 때 커리큘럼과 절차는 어떠한 단계를 밟을 것인지, 최종적으로 OJT에 대한 평가는 어떤 식으로 이루어져야 할 것인지에 대해서도 명확히 설정하고 준비되어야 한다.

7. 코칭

(1) 코칭의 정의

① 콜센터의 상담품질과 개인의 잠재적인 역량을 개발하여 업무능력을 향상시키고 이를 통해 고객을 만족시킴으로써 수익 및 서비스에 대한 기업이미지를 향상시킬 수 있도록 도와주는 중요한 활동을 의미한다.

② 통제 및 지도를 통해 목표를 달성하는 관리와 달리 직원들로 하여금 통제와 지도가 아닌 원활한 커뮤니케이션을 통해서 업무를 효율적으로 수행하게 하고, 업무에 대한 직원들의 의욕을 고취시켜 업무 생산성을 향상시키는 방식이다

(2) 코칭, 피드백의 역할

① 개인의 잠재적인 역량을 개발하여 업무능력을 향상시키고 이를 통해 고객을 만족시킴으로써 수익 및 서비스에 대한 기업 이미지를 향상시킬 수 있도록 한다.

② 조직의 성과에 필요한 무형의 요소들인 상담사의 충성도, 신뢰감 및 업무 만족도, 응대에 대한 자신감, 팀워크, 콜센터 조직문화 등을 향상시키거나 강화시킨다.

③ 콜센터와 같은 대규모 인원이 근무하는 조직내에서의 서로간의 커뮤니케이션 활동의 도구로 활용된다.

(3) 효과적 코칭을 위한 전제조건

전제 조건	세부 내용
상담사와 코칭자와의 상호 신뢰	• 다양한 접촉을 통한 직원 간의 원활한 커뮤니케이션 유지 및 개선 • 커뮤니케이션 및 조직 활성화는 코칭을 통한 문제해결 및 개선의 확신을 심어줌
공감대 형성을 위한 콜센터의 분위기와 환경 조성	• 실질적이고 효과적인 피드백 및 해결책 제시의 공감대 형성 • 개인 능력이나 가능성을 최대한 발휘할 수 있도록 분위기 조성 • 코칭 성공 사례를 통한 업무 효율화의 긍정적인 영향의 효과 공유
업무역량과 커뮤니케이션 능력을 보유한 직원의 배치	직원들의 내재 역량을 이끌어내 지속적인 성과 창출하는 역할 모델로서의 코치 투입

(4) 코칭 프로세스의 이해

콜센터에서 이루어지는 코칭은 커뮤니케이션의 핵심이며 제대로 된 절차나 수행과정을 통해 개인이 갖춘 잠재능력을 이끌어내는 방향으로 진행되어야 한다.

1) 계획수립 과정(Plan)

① 코칭을 진행하기에 앞서 코칭의 목적이나 목표를 설정하고 코칭에 대한 실행지침 및 실행에 대한 구체적인 계획을 수립한다.

② 구체적으로 계획을 수립하는 단계이기 때문에 사전에 사례수집 및 현황파악은 철저히 이루어져야 하며, 사례 및 현황파악을 통해 나온 결과와 사실들은 목표를 구체적으로 설정한다.

③ 사례수집이나 현황파악은 직원들과의 인터뷰나 설문조사 및 만족도 조사와 같은 내부적인 자료를 통해서도 가능하고, 그동안 진행해왔던 코칭이나 교육에 대한 직원들의 반응이나 녹취된 콜을 바탕으로도 가능하다.

④ 코칭 이력관리 카드는 어떠한 코칭을 받아왔고 코칭에 대한 결과는 어떠하였으며, 해당 상담사의 장단점을 파악하는데 아주 좋으며, 정확한 데이터로 상황이나 사실을 파악한 뒤 그에 맞는 코칭을 하게 된다면 성공의 확률도 높아지고 유사한 상황하에서 쉽게 문제를 해결할 수 있다.

⑤ 코칭수행에 필요한 지침이나 실행계획을 준비하는 부분에서는 어떤 상담사나 그룹을 대상으로 할 것인지를 정해야 한다.
⑥ 사전에 대상자를 정하고 대상자에게 맞는 코칭 방법론은 어떤 것을 적용해야 할 것인지를 결정하며 구체적인 기간과 스케줄을 조정한다.
⑦ 교육 및 훈련과 연동하여 실시하면 더 좋은 효과를 기대할 수 있는데 연간 교육계획 수립 시 코칭을 포함시키도록 한다. 교육을 단독으로 진행할 때보다 교육 및 훈련을 코칭과 연계했을 때 효과가 향상될 수 있다.

2) 코칭 진행 단계(Do)

① 코칭이 이루어지는 이유나 목적을 분명히 제시하고, 설명은 구체적이고 간결하게 What-Why-How에 입각해서 진행한다.
② 핵심만을 이야기하고 해당 상담사들이나 그룹이 제대로 이해를 하는지 또는 잘 따라오는지를 확인해가면서 코칭을 진행해야 한다.
③ 코칭기간 동안 개선되어야 할 몇 가지 사항만을 선정하고 집중함으로써 코칭의 효과를 높일 수 있으며, 대상자 개개인의 특성을 고려한 개인화된 맞춤교육 형태여야 한다.
④ 상담사와의 쌍방향적인 커뮤니케이션을 통해 진행되어야 하는데 코칭을 하는 사람도 완벽한 사람이 아니라는 전제 하에 상담사가 해결해야 될 문제에 대해서 질문하고 상담사 자신의 문제를 생각하게끔 하여 상담사가 스스로 문제해결을 할 수 있도록 도와 주어야 한다.
⑤ 질문을 병행한 적극적인 경청을 통해서 상담사나 그룹이 마음을 열 수 있게 하지 않으면 코칭이 실패할 확률이 높고 불만만 야기할 수 있다.
⑥ 특이한 사항이나 코칭 내용을 반드시 개인 또는 그룹코칭 이력관리 카드에 기록하여 향후 코칭에 활용할 수 있도록 한다.

3) 평가 및 확인 단계(Check)

① 코칭을 실시하고 난 뒤에 진행되는 평가와 확인업무도 중요한 절차 중에 하나로 평가를 통해 코치와 대상자들에게 개선 및 반성을 할 수 있는 시간적 여유나 기회를 제공한다.
② 평가는 코칭에 대한 목표가 제대로 달성되었는지 여부와 코칭을 하면서 발생하는 다양한 현상이나 문제들을 개선하고 보완하기 위해 평가를 실시한다.

③ 코칭 평가 및 확인은 코칭을 진행한 후 코칭 이력관리 카드를 통해 상담사의 장단점 파악 및 코칭만족도 조사를 통해 나온 다양한 의견 및 아이디어를 수렴한다.

④ 코칭이 진행된 이후 해당 상담사나 그룹을 대상으로 코칭한 내용이 제대로 이행되고 있는지, 코칭을 통해 대상자들의 태도나 행동의 변화가 있었는지 여부를 확인하고 그러한 태도나 행동의 변화를 통해 설정한 목표나 수준에 도달했는지를 점검하고 확인한다.

⑤ 일회성이 아닌 지속적인 모니터링을 통해 대상자들의 개선 정도를 확인해야 하며, 특히 콜센터에서 부가적인 코칭 및 교육, 훈련을 필요로 하는 대상자들에 대해서는 지속적인 모니터링 통해 개선을 이룰 수 있도록 도와 준다.

4) 피드백 및 마무리 단계(Action)

① 피드백 및 마무리 단계는 코칭에 대한 결과를 최종적으로 통보하고 개선점에 대한 구체적인 실행계획을 세워 피드백을 주는 단계이다.

② 콜센터 개개인 및 그룹에 대한 평가 피드백은 상담사 자신의 자기계발 및 콜센터 목표에 대한 합의를 이끌어내는 수단이다.

③ 코칭한 결과에 대해 확인절차를 거친 후 최종적인 피드백을 주는 단계에서는 중요한 내용을 요약·정리해서 해당 상담사나 그룹에 알려준다.

④ 마무리 단계에서의 피드백은 구체적으로 모니터링 된 내용과 성과에 기초하여 구체적인 개선 및 보완의 메시지를 해당자에게 전달한다.

⑤ 피드백을 줄 때는 구체적이고 관찰 가능한 사실에 입각하여야 진행하여야 하며, QAA와 대상자 간의 상호 공격과 방어형태로 이루어지는 부정적인 피드백보다는 상호 간에 도움을 받았다는 느낌이 들게 하는 긍정적인 피드백이 되어야 한다.

⑥ 피드백을 실시하고 난 후에는 코칭에 대한 최종 결과를 문서로 작성하고 이를 보고하는데 이때는 콜센터 스태프들과의 정식적인 회의를 통해 보고한다.

⑦ 회의에서는 간단히 코칭에서부터 평가 및 확인, 피드백에 이르기까지 각 단계별 대상자들의 반응과 태도는 물론 장단점, 특이사항, 보완 및 개선된 점과 향후 보완 및 개선되어야 할 점, 향후 진행되어야 할 코칭 계획 등에 대해 서로간에 공유가 이루어져야 한다.

⑧ 회의를 통해 나온 다양한 의견과 아이디어를 통해 코칭 계획을 재수립할 때 반영함으로써 더욱 정교하고 치밀한 코칭이 이루어질 수 있도록 한다.

(5) 코칭의 유형에 대한 이해

콜센터만을 위한 코칭은 없다. 흔히 강사나 컨설팅업체에서 콜센터 코칭 시 사용하는 NLP(Neuro-Linguistic Programing)라는 것도 프로세스나 방식을 콜센터에 맞게끔 변형시킨 기법일 뿐 본래 콜센터를 위한 코칭이 아니다. 콜센터에서 흔히 이루어지는 코칭의 유형은 대상에 따라 개별코칭과 그룹코칭으로 나뉜다.

개별 코칭	그룹 코칭
• 1 : 1 • 코치(QAA)의 경험이나 지식에 의존 • 다양한 종류의 코칭방법 존재 • 코치(QAA)와 친밀감 형성 • 집중적이고 세분화된 코칭 가능 • 개인화된 코칭 및 피드백이 가능 • 코치와 1 : 1 코칭이기 때문에 여유가 있음	• 1 : N • 다양한 사례 및 경험 공유를 통한 시너지 발생 • 개별 코칭보다는 제한적임 • 상담사들 간의 유대감 강화 • 일반적이고 기본적인 코칭이 주를 이룸 • 상대적으로 개인화된 코칭에는 한계가 있음 • 인원이 많아 일정부분 통제가 필요

(6)개별 코칭과 종류

① 코칭자와 상담사가 1 : 1로 만나서 이루어지는 개인적인 코칭으로, 듣기, 말하기를 포함한 코칭 스킬과 상담사가 신뢰할 수 있는 능력을 보유한 QAA나 수퍼바이저가 진행한다.

② 신입사원 관리 : 신입사원의 업무 이해도를 돕고 적응기간을 단축시키는 데 도움을 준다.

③ 실적 부진자 관리 : 개인 특성에 맞는 스킬을 찾아내 코칭함으로써 실적 향상을 도울 수 있다.

④ 민원 유발자 : 민원 유발 원인을 파악하고 재발되지 않도록 한다.

⑤ 기존 상담사 역량개발 : 기존 상담사의 능력 향상을 위해 상담사의 개별 상황을 고려하여 코칭을 진행한다.

1) 프로세스 코칭

① 일정한 형식을 유지하면서 진행되는 방식으로 코칭자가 사전에 코칭 대상과 시기, 내용을 선정하여 실시하는 것을 말한다.

② 코칭자가 사전에 내용을 숙지하고 계획하에 진행되어 다른 형태에 비해 정교하고 세심하게 이루어질 수 있다.

③ 코칭 절차에 따라 이루어져 체계적인 진행을 통해 상담사의 집중력을 높일 수 있다는 장점이 있다.

2) 스팟 코칭

① 정해진 형식 없이 가장 자연스러운 수시로 짧은 시간 안에 이루어지는 코칭으로 간단한 식사나 티타임을 통해 이루어지는 경우도 있다

② 아주 짧은 시간 내에 상담사의 주의를 집중시켜 적극적이고 긍정적인 참여를 통해 성취를 북돋우는 고도의 코칭기술이다.

③ 비형식적인 전개로 심적 부담감이나 거부감이 적고 상담사와의 친밀감을 형성시킬 수 있다. 효과는 프로세스 코칭보다 떨어질 수 있으나 짧은 시간 안에 많은 상담사를 접촉할 수 있다.

3) 피드백

① 짧은 코칭이나 세부 코칭과 마찬가지로 업무 중심적인 코칭에 주로 활용하며 구체적으로 어떤 부분이 좋았는지를 명확하게 해야 한다.

② 상담사의 의견이나 질문, 기타 행위에 대하여 구체적이고 짧게, 메일이나 공개적인 팀 미팅을 통해서 이루어지기도 하며, 피드백 진행 시에는 반드시 칭찬이 병행되어야 한다.

4) 미니코칭

① 짧은 시간에 할입 및 감청을 통해 실시간으로 이루어지기도 하며 간단한 메모지나 메신저, 대면접촉을 통해 잘못된 사항이나 지적사항을 칭찬과 함께 전달하는 형식을 말한다.

② 아주 짧은 코칭기술서를 작성하여 코칭하는 것을 '미니'라는 말을 붙여 사용한다.

③ 피드백과 달리 QAA나 수퍼바이저가 생각하는 업무와 관련된 상담사의 문제점이나 개선점, 장점 등을 찾아내어 실시한다.

5) 풀 코칭

① 보통 2~3개의 상담품질 기준을 가지고 진행되며 개인별 모니터링 평가표를 가지고 업무 및 상담품질에 관한 내용으로 코칭이 진행된다.

② 실적 부진자나 민원 유발자 내지는 신입 상담사를 대상으로 세부코칭이 이루어지며 기존 상담사 중에서 응대능력을 향상시키기 위해 특정 부분에 코칭이 필요한 경우에도 실시할 수 있다.

▾코칭 유형별 특징

종 류	특 징
프로세스 코칭	• 사전에 정해진 프로세스나 절차를 통해 코칭 실시 • 체계적이고 일정한 형식(Formal)을 갖추고 진행됨 • 사전에 코칭에 대한 약속이 이루어짐(Who-When-What)
스팟 코칭	• 짧은 시간에 수시로 이루어지는 코칭 • 프로세스 코칭에 비해 비형식적인(Informal) 코칭 • 상담사나 QAA가 느끼는 심적 부담감이나 거부감이 덜함
피드백	• 업무 중에 진행되는 짧으면서도 구체적인 코칭(메일 또는 팀 미팅) • 자발적인 상담사의 질문이나 의견, 아이디어, 행위에 대한 코칭
미니코칭	• 1개 정도의 문제요인에 대한 간단한 코칭 기술(코칭기술서를 통해 전달) • 잘못된 사항이나 지적사항을 칭찬과 함께 전달(샌드위치 기법 활용)
풀 코칭	• 미니코칭보다 좀 더 세부적인 코칭(보통 2~3개 정도의 상담품질 기준) • 실적 부진자, 민원 유발자, 기존 상담사의 능력향상 및 개선 목적으로 이루어짐

③ 세부 코칭을 실시할 때는 해당 상담사가 이해하기 쉽도록 비교 분석한 자료를 활용하면 좋은 효과를 발휘할 수 있다.

(7)그룹 코칭

콜센터에서 이루어지는 그룹 코칭은 적정 수준의 상담품질을 유지하기 위해서 시행된다. 개인 코칭과는 달리 1 : 1로 이루어지는 코칭이 아니라 1 : N의 형태를 유지하면서 이루어진다.

1) 그룹 코칭의 특징

① 공통된 목표를 가지고 코칭을 진행하기 때문에 상담사 간의 유대감 및 타 상담사와의 협력을 통해 시너지효과(Synergy effect)가 발휘된다.

② 상담사 간의 코칭을 통한 상호작용과 건설적인 비교 및 커뮤니케이션을 통한 업무능력의 향상을 도모할 수 있다.

③ KPI 설정 시 직원 전체의 이해를 돕고 상황을 공유하고자 하는 경우 활용한다.

④ 신규로 수행해야 하는 업무에 대한 지식과 처리 기준 등을 전달할 때 활용한다.

⑤ 업무능력을 향상시키는데 필요한 직접적인 스킬과 타인의 경험 공유에 활용한다.

⑥ 스크립트 변경 등 전반적인 업무 개선 또는 수정 등에 활용한다.

2) 그룹코칭 진행 시 주의점

① **적정가능 규모의 산출 :** 참여 상담사의 수에 따라 분위기나 상담사의 행동이나 태도가 달라진다는 점을 유의하여 결정하여야 한다. 5~8명 정도의 규모보다 너무 적거나 많을 경우 주의가 산만해지고 집중력이 저하되거나 의도와 달리 엄숙한 분위기로 진행될 우려가 있다.

② **코칭의 시기와 시간의 조절 :** 사전에 QAA 또는 수퍼바이저가 상담사들과 일정을 정해서 움직여야 하는데 가급적 콜이 많이 인입되는 시간이나 특정 요일은 피해서 잡는 것이 좋으며, 코칭시간은 휴식 시간을 포함하여 2시간을 넘지 않는 게 좋다. 코칭의 주기는 상황에 따라 다르지만 보통 1주 또는 2주마다 한 번씩 실시하는 것이 좋은데, 먼저 시행한 코칭의 결과 및 변화를 점검해가면서 다음 코칭을 대비하기 위함이다.

③ **QAA나 수퍼바이저의 일관성 유지 :** 코칭이 진행되기 전에 코칭의 목적이나 취지 또는 목표를 구체적이고 명확하게 설명하여 코칭의 방향이 흐트러지지 않도록 해야 한다. 코칭 도중 나올 수 있는 여러 가지 의견이나 내용이 원래 의도하였던 목표나 취지에 부합할 수 있도록 진행자는 각별히 신경을 써야 하며, 만약 코칭의 내용이 다른 방향으로 전개된다면 코칭 분위기를 깨지 않는 분위기에서 통제하고 자연스럽게 코칭이 이어질 수 있도록 진행해야 한다.

④ **간결하고 핵심적인 내용구성 :** 사전에 충분한 리허설이나 연습을 통해 시간을 효율적으로 배분할 수 있도록 하여 핵심사항에 대해 간결하고 쉽게 이해할 수 있도록 진행해야 한다. 정해진 시간 내에 너무 많은 내용을 전달하려고 하면 오히려 역효과를 불러일으킬 수 있다는 점과 코칭의 방향 및 성격 그리고 목적을 담아낼 수 있는 내용과 주제를 통해 상담사들의 집중력이나 의욕을 향상시켜야 한다는 점을 항상 염두해 두어야 한다.

⑤ **지속적인 피드백 :** 코칭 이력관리 카드 등을 통해 코칭을 받은 해당 상담사들이 제대로 실천하고 있는지 관찰해야 하고, 지속적인 격려와 지지를 보내야 함은 물론 다양한 기회를 제공함으로써 실천력을 높일 수 있도록 해야 한다

(8) 코칭 스킬

코칭은 단순히 개개인의 성장 및 발전을 뛰어넘어 팀과 조직의 경쟁력을 높이고 조직에 활력을 불어넣는 데 큰 역할을 담당한다. 특히 이러한 결과를 도출하고 더욱 구체화시키기 위해서는 직원들을 대상으로 하는 체계적인 코칭 스킬이 있어야 한다.

1) 코칭 스킬의 정의

① 직원을 대상으로 코칭을 진행할 때 효과를 극대화하기 위해 필요한 기술로 의사소통기술(Communication skill)이라고도 할 수 있다. 코칭을 효과적으로 진행하기 위해서는 기본적으로 직원들과의 커뮤니케이션이 바탕이 되어야 한다.

② 커뮤니케이션을 바탕으로 하지 않는 코칭 스킬은 통제와 지도를 통한 관리만이 존재할 뿐이다. 커뮤니케이션을 통해 직원과의 긍정적이고 발전적인 상호관계를 유지해야 한다.

③ 커뮤니케이션이 기본이 되는 코칭 스킬을 통해 콜센터의 성과관리와 콜센터 전략이나 목표 등 중요한 사항에 대한 의사결정뿐만 아니라 개인적인 성장이나 발전을 위한 Career path 및 고객을 만족시킬 수 있는 능력개발 등 다양한 분야에 활용할 수 있다.

2) 코칭 스킬의 구분

① 언어적 커뮤니케이션(verbal communication) : 말이나 대화, 문자 등 음성언어 또는 문자언어를 통해서 커뮤니케이션이 이루어지는 것으로 코칭 스킬의 가장 기본이 되는 커뮤니케이션을 말한다.

② 비언어적 커뮤니케이션(Non-verbal communication)

- 언어를 제외한 행동이나 동작, 표정, 태도, 신체적 접촉을 통한 커뮤니케이션 방법으로 언어적 커뮤니케이션의 보조수단이 되기도 하나 독립적으로도 효과가 큰 커뮤니케이션 기능을 수행한다.
- 그룹 코칭을 진행할 때 직원들에게 질문을 던지거나 직원이 의견을 발표하는 동안 고개를 끄덕인다거나 또는 메모하는 모습을 보이는 동시에 그러한 의견을 듣고 있는 다른 직원과의 눈맞추기(Eye contact)를 통해 코칭에 집중할 수 있도록 한다.
- 언어나 문자 중심의 언어적인 커뮤니케이션과 다양한 몸짓이나 표정 등을 적절히 활용함으로써 코칭이 효과적으로 진행될 수 있다.

(9) 핵심적 코칭 스킬

서로 다른 언어적 커뮤니케이션과 비언어적인 커뮤니케이션을 동시에 적절히 사용함으로써 코칭 스킬을 극대화할 수 있다. 핵심적인 코칭 스킬은 크게 경청, 질문, 피드백으로 나뉜다.

1) 적극적인 경청 스킬(Active listening skill)

① 상담사의 마음을 여는 열쇠 역할을 하는데 이러한 이유 때문에 상담사들이나 직원들이 하는 말들을 단순히 한 귀로 듣고 한 귀로 흘려버리는게 아니라 적극적인 경청 자세가 필요하다.

② 상담사는 QAA나 수퍼바이저의 코칭 내용에 귀 기울이고 반대로 QAA나 수퍼바이저는 상담사가 하는 말에 귀 기울여야 한다.

③ 상담사와 QAA 상호 간에 듣는 자세와 태도를 바르게 함으로써 서로가 말을 경청하고 있다는 것을 보여주어야 하는데, 이러한 상호 간의 경청을 통해 올바른 코칭이 이루어질 수 있다.

④ 경청에 대한 능력도 실습-점검 및 확인-피드백으로 이어지는 사이클을 지속적으로 반복함으로써 경청에 대한 내면화를 통해서 경청능력을 향상시킬 수 있다.

2) 경청을 위한 원칙

① 상담사와 QAA 사이에 상호 기본적인 이해가 있어야 쉽게 경청이 수용된다.

② 상호 간에 서로 말하려는 경향이 있기 때문에 서로 인내심을 발휘해야 한다.

③ 상황이 심각하거나 어려울수록 편안한 상태나 환경이 마련되어야 쉽게 경청이 가능하다.

3) 성공적인 경청을 위한 주의사항

① 상담사 입장에서 이해하라.

② 코칭 내용과 방향을 일관되게 유지하라.

③ 언어적인 반응과 비언어적인 반응을 적극 활용하라.

④ 상담사의 반응에 대해 행간의 의미를 읽어라.

⑤ 간결한 요약, 반영, 바꾸어 말하기 등을 활용하라.

4) 공감적 경청의 활용

① 공감적 경청은 상대방의 상황이나 말을 이해하려는 의도를 가지고 경청하는 것이다.

② 공감적 경청은 '나'를 중심으로 하는 것이 아니라 '상대방'의 관점에서 사물을 보는 경청이라고 할 수 있는데, 많은 전문가들이 공감적 경청의 중요성을 계속해서 강조하고 있다.

③ 공감적 경청은 상대방의 말을 경청할 때 귀로 듣는 것이 아닌 눈과 가슴으로 듣는 것이다.

▾ 적극적 경청 단계

단 계	내 용
준비단계	• 시간 및 장소를 고려 • 경청을 방해하는 요소 제거 • 사례수집 및 현황파악(코칭 이력관리 카드 및 관련자료) • 편견 및 선입관 제거 • 상호 기본적인 이해
경청 및 반응 단계	• 상담사 관점에서 경청 • 이해하고 있다는 것을 보여줌(언어적/비언적 반응 활용) • 듣고 이해하고 기억함(필요한 경우 메모) • 상담사 말의 이면에 집중
마무리 단계	• 경청을 통해 나온 내용을 명료화 (예) 내용이해를 위해 명료화 • 상담사의 사고, 감정, 이해 반영 • 경청을 통해 나온 상담사의 이견이나 생각을 요약(Summary) • 격려나 칭찬, 인정(Recognition)

③ 공감적 경청을 진행하다 보면 QAA나 수퍼바이저가 경청하고 있음을 확인시켜 주는 반응이 있는데 보통 언어적 반응과 비언어적 반응이 있다.

④ 언어적 반응은 표현하는 경청에 대한 반응이고 비언어적인 반응은 언어를 제외한 표정이나 제스처, 눈맞춤, 시선, 몸짓, 태도 등을 통한 경청에 대한 반응인데, 이러한 언어적/비언어적 반응을 통해 경청이 효과적으로 이루어질 수 있다.

5) 공감적 경청 시 고려사항

① 공감적 경청은 상담사와의 코칭이나 대화도중 들은 내용을 다시 한 번 확인함으로써 QAA나 수퍼바이저가 상담사의 말을 제대로 이해하고 있다는 것을 보여주는 경청이다.

② 가급적 거리를 적당히 유지하고 상담사를 배려한 표정과 어조를 갖추어 경청에 임한다.

③ 상대방과 눈을 맞추고 고개를 끄덕이는 반응은 상담사로 하여금 QAA나 수퍼바이저가 자신의 말을 경청하고 있으며, 자신을 존중하고 신뢰하고 있다라는 느낌을 준다.

④ 공감적 경청에 대한 기본적인 자세를 토대로 상대방의 말에 대해서 표정이나 간단한 맞장구를 쳐주면서 진행한다. 예를 들어, 적극적인 느낌이 들도록 하는 경청어를 사용하는 것인데 “아 그랬군요”, “정말 힘드셨겠군요”, “아! 맞아요”, “저런! 그래서 어떻게 되었는데요?”, “정말! 그래요”, “정말 기쁘셨겠군요”, “그런 일이 있었

군요", "걱정이 많으셨겠군요" 등의 표현을 해주는 것이다. 다만 공격적인 표현인 "왜요?", "그래서요", "뭘 어쨌다구요", "그래서 결론이 뭡니까"라는 표현이나 질문은 삼가는 것이 좋다.

⑤ 공감적 경청을 통해 상담사와의 거리가 어느 정도 좁혀졌다면 좀 더 적극적인 표현을 통해 상담사의 마음을 열 수 있다. 예를 들어, "그럴 때 기분이 어땠어요?", "좀 더 자세히 듣고 싶은데요", "어떻게 하면 도움이 될 수 있을까요?", "내가 듣기에는 ~다는 얘기인데" 라는 표현을 통해 좀 더 구체적이고 명확한 답변을 이끌어 낼 수 있다.

⑥ 상담사가 말하는데 중간에 미리 예단하여 결론을 단정짓는 행위는 금물이며, 말하는 도중 절대로 중간에 끼어 들거나 말을 자르지 않고 끝까지 경청하는 자세가 중요하다.

⑦ 공감적 경청은 시간도 많이 소요될 뿐 아니라 많은 인내를 필요로 하는 경청이기 때문에 시간에 쫓겨서 부실하거나 성의도 없는 경청이 이루어지면 안된다.

⑧ 경청을 할 때 발생하는 잘못된 습관이나 태도들을 신속하게 개선해야 한다. 예를 들면, 말하는 상담사의 의견이나 설명에 대해 무시하거나 닦달하는 태도, 맞장구는 쳐주면서 듣는 체만 하는 태도, 전체적으로 집중하지 못하고 일부분만 듣는 태도, 장난스럽고 일관되지 못하며 중구난방식의 태도 등이 대표적이다.

⑨ 상담사들 입장에서는 경청에 대한 QAA나 수퍼바이저의 태도를 금새 눈치챌 수 있으며, 자신의 말이 존중받지 못한다는 느낌을 주어 제대로 코칭이 이루어지지 않는 결과를 낳는다.

⑩ 상담사에 대한 경청은 말 그대로 '옳다, 그르다'를 판단해 주는 것이 아닌 상담사의 입장에 서서 공감해 주는 것만으로도 큰 효과를 볼 수 있다.

6) 질문스킬(Questioning skill)

① 질문은 상대방으로 하여금 자신의 문제에 대해 생각하게 하고 이를 통해 해결방법을 본인 스스로 찾게 해줌으로써 문제해결능력을 향상시켜 주는 코칭 스킬 중에 하나이다.

② 경청이 '마음을 여는' 기술이라고 한다면 질문은 '생각을 여는' 기술이라고 할 수 있다. 질문은 궁극적으로 업무성과를 최대한 끌어올리기 위해 활용되는 스킬이다.

③ 상담사로 하여금 생각을 열게끔 하는 질문을 지속적으로 던짐으로써 상담사 스스로가 문제를 해결할 수 있도록 도와주어야 한다.

④ 단편적인 지식이나 정보 또는 일방적으로 이루어지는 코칭은 상담사에게 일시적인 배고픔은 해결해 줄 수 있을지언정 궁극적인 배고픔은 해결해 주지 못한다.

⑤ 녹취된 콜이나 모니터링을 통해서 QAA나 수퍼바이저가 상담사에게 단순히 해결책이나 단편적인 지식을 제공하는 것보다 그 원인이 무엇인지 그리고 그 원인을 제거하기 위해 어떤 해결책이 필요한지를 상담사 입장에서 고민하고 이를 스스로 해결할 수 있도록 해야 한다.

⑥ 코칭의 목적은 본래 문제에 대한 해결책을 제시하는 것이 아닌 그 해결책을 발견하도록 지원하고 격려하는 방식을 취해야 한다.

⑦ 질문을 통한 코칭방식은 접점에서 고객을 응대하는 가운데 실적적인 경험을 기반으로 하는 상담사들에게 다양한 질문을 던짐으로써 상담사가 직접 문제를 해결할 수 있도록 지원(Support)과 협조(Assistance)를 해주는 방식이 훨씬 효과적이다.

일방적인 교육 및 코칭방식	질문을 통한 코칭방식
• 일방적이고 천편일률적인 해답 제시 • 획일적 해답을 통해 상황대처 능력 저하 • 'WHAT'에 초점을 맞추어 이루어짐 • QA 또는 수퍼바이저 중심의 코칭	• 다양한 해결방법이 공유됨 • 다양한 해결책 제시 및 상황대처 능력이 높음 • 'WHO'에 초점을 맞추어 이루어짐 • 상담사 중심의 코칭

7)코칭전문가들의 말하는 코칭의 3가지 철학

상담사들을 대상으로 이루어지는 코칭뿐만 아니라 스태프를 대상으로 이루어지는 코칭에서도 직원들이 가진 무한한 가능성에 대한 신뢰와 함께 문제에 대한 해결책은 직원 내부에 있다는 점을 항상 인식하고 코칭해야 한다.

① 모든 사람에게 무한한 가능성이 있다.

② 그 사람에게 필요한 해답은 그 사람 내부에 있다

③ 해답을 찾기 위해선 파트너가 필요하다

8) 질문 시의 고려사항

① QAA나 수퍼바이저가 상담사를 대상으로 질문할 때 너무 고압적인 자세나 태도를 유지하고 있지는 않는지 확인해야 한다.

② 질문을 통해 상담사의 잠재의식 속에 숨어 있는 역량이나 능력 및 가능성을 끄집어 내는 것이 목적이 되어야 하는데, 이러한 부분은 도외시하고 고압적인 자세를 유지한다거나 미리 예단하여 결론을 유도하는 식의 질문은 피한다.

③ 경청을 통해 상담사가 얘기할 때 코칭하는 사람의 머리 속에 온갖 잡념이나 선입견 및 고정관념이 들어차 있으면 제대로 된 질문이 이루어지지 않는다.

④ 코칭 시 상담사에게 질문을 던지고 나서 질문에 답할 시간을 주어야 하는데 시간이 촉박하다고 '요점만 말하세요. 시간이 많지 않아요'라거나 질문하면서 시간을 핑계로 아예 답변까지 제시하는 등의 태도는 옳지 않다.

⑤ QAA나 수퍼바이저들은 상담사나 부하직원의 문제에 대해서 반드시 해결책을 제시해 주어야 한다는 강박관념에서 벗어나 여유를 가지고 상담사의 무의식 속에 있는 능력이나 가능성을 끄집어내기 위해 노력한다.

8. 피드백 스킬(Feedback skill)

(1) 피드백 스킬의 이해

피드백이라는 단어는 콜센터에서 가장 많이 쓰이는 말이 되었으며, 콜센터에서 상담사의 역량이 곧 콜센터의 역량으로 인식됨에 따라 피드백은 코칭과 더불어 콜센터인재개발의 핵심으로 부상하고 있다. 콜센터에서 이루어지는 질문이나 경청은 어떤 명확한 답변을 주기보다는 상담사 스스로가 상황이나 문제를 인식하고 해결할 수 있도록 도와주는 기술이었다. 피드백은 좀 더 나아가 질문과 경청으로 축적된 여러 가지 정보나 관찰을 통해 상담사의 태도, 행위 및 행동에 대해 평가하거나 판단을 할 수 있으며, 이를 통해 상담사들이 질적, 양적으로 성장하는데 도움을 주는 기술이라고 할 수 있다.

1) 피드백 스킬의 특징

① 피드백은 질문이나 경청과 달리 보다 구체적으로 실천을 유도하게끔 하는 기술인데, 피드백을 통해 업무의 진행속도가 빨라짐은 물론 역량이나 콜센터 효율성을 향상시킬 수 있는 장점이 있다.

② 피드백 스킬은 상담사로 하여금 그들의 행동을 열게 하는 기술인데, 피드백의 역할은 있는 사실(Fact)을 근거로 하기 때문에 말 그대로 구체적이고 명확한 커뮤니케이션이라고 할 수 있다.

③ 흔히 '피드백이 곧 커뮤니케이션이고 커뮤니케이션이 곧 피드백'이라는 말과 다를 바 없는데, 이는 콜센터가 커뮤니케이션 중심의 조직이기 때문이다.

④ 피드백은 커뮤니케이션을 통해 상담사와 QAA 상호 간의 대화 내용을 확인시키는 도구로 활용될 수 있으며, 결과나 진행상황에 따라 발생할 수 있는 잘못된 오류나 상태를 발견하여 보완 및 교정해 주는 역할을 수행하기 때문에 피드백은 빠를수록 좋다.

⑤ 피드백이 신속하고 시의 적절하게 진행되면 업무상의 과실이나 상태를 최소화할 수 있고, 예기치 못한 상황이 발생하더라도 신속하게 대응할 수 있게 해준다.

⑥ 피드백은 코칭 및 조직 내 커뮤니케이션을 진행할 때 가장 중요한 도구로 활용된다.

2) 피드백 진행 시 주의사항

① 피드백은 자주 주고받으며 빠를수록 좋다.

② 정기적이고 지속적인 피드백을 통해 상담사로 하여금 긍정적인 행동을 유도함으로써 예상치 못한 행동이나 업무태도, 습관 등을 개선시키는 효과를 거둘 수 있다.

③ 시의 적절하게 피드백을 제공한다.

④ 구체적이고 사실(Fact)에 입각한 피드백을 제공한다.

⑤ 피드백은 구체적으로 진행되어야 하는데 대상은 시간, 장소, 대상 상담사 등이 구체적이어야 한다.

⑥ 격려와 칭찬 및 인정을 동반해야 한다.

⑦ 해결 지향적(Solution-oriented)이어야 한다.

3) 피드백의 유형

구 분	내 용
긍정적 피드백 (Positive Feedback)	• 장점과 잘한 점에 대해 칭찬 및 격려와 인정을 해주는 피드백 • 행동을 유발시키거나 강화시킴(Reinforcement) • 자신감을 강화시키고 성취감을 느낄 수 있게 하며 역량을 향상시킴 • 더 높은 목표부여를 통한 도전의식을 자극
부정적 피드백 (Negative Feedback)	• 단점이나 잘못한 점에 대해 지적 또는 충고해 주는 피드백 • 잘못된 점이나 실수에 대해 구체적인 설명이나 반응이 없는 피드백(무반응) • 긍정적인 피드백과 달리 행동 및 결과에 대한 징계 및 처벌(Punishment) • 자신감 및 역량 저하요인으로 작용하며 대상자는 민감하게 반응(갈등, 증오)
발전적 피드백 (Progressive Feedback)	• 구체적으로 행위 또는 행동을 지적하고 개선방향을 제시하는 피드백 • 결과에 대한 질책보다는 실패원인을 분석해 개선시킴(Improvement) • 미래 지향적인 피드백이며 대상자와의 합의를 이끌어내야 함 • 상호 간의 믿음과 신뢰가 바탕되어야 대상자가 오해하지 않음

피드백의 종류와 그에 대한 세분화된 내용들이 존재하지만 피드백의 주요 목적인 강화-처벌-개선의 목적에 충실하게 부합하는 앞의 3가지 피드백으로도 충분한 효과를 누릴 수 있다. 피드백은 상황 또는 대상에 따라 다르게 진행해야 하는데 어느 한 가지 피드백만을 고집해서 활용하는 것이 아니라 3가지 피드백을 각 상황 및 대상에 맞게 활용해야 효과가 크다.

4) 피드백 유형별 활용

① 긍정적인 피드백은 피드백 진행에 있어서 효과적인 커뮤니케이션 도구로 활용되고 있다. 객관적인 상황이나 결과를 토대로 이루어지는 반면 일반적으로 칭찬은 지극히 주관적인 판단에 기인한다.

② 발전적인 피드백과 질책 또는 비난의 개념도 정확히 구분하고 진행해야 한다.

③ 발전적인 피드백은 상담사의 구체적인 행동을 지적하고 객관적인 상황이나 근거제시를 통해 알맞은 피드백을 제공함으로써 개선방향을 제시해야 한다.

④ 상담사에게 객관적인 정황이나 근거 또는 문제점을 제시하지 않고 진행하는 것은 피드백이기보다는 질책이나 비난에 가깝고, 상담사와의 갈등과 대립을 초래해 고객 응대에 대한 자신감 상실은 물론 역량을 감소시킬 수 있음을 인식한다.

5) 발전적인 피드백을 위한 단계별 포인트

행동-영향-바람직한 결과의 단계를 거쳐 진행되면 효과적이다.

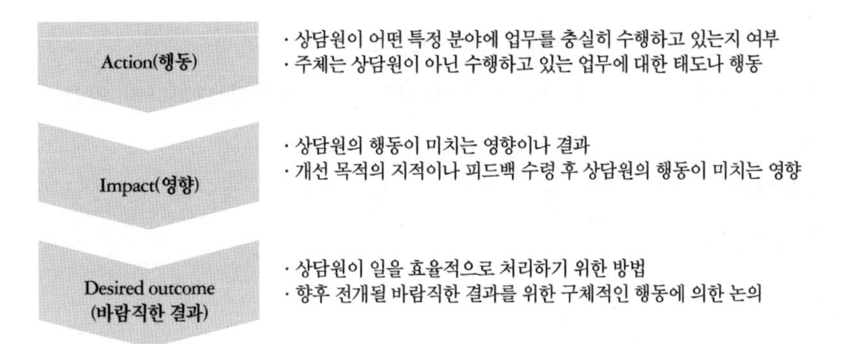

9. 콜센터 보고서

(1) 콜센터 보고서의 작성 목적

① 콜센터의 현황에 대한 파악
② 콜센터의 성과 분석
③ 콜센터의 개선 사항 발견
④ 콜센터 운영 프로세스의 점검 및 개선
⑤ 콜센터 운영 목표와의 적합 여부 측정
⑥ 콜센터 개선 계획의 수립 및 향후 계획에 대한 반영

(2)콜센터 보고서 작성 시 문제점

보고서 작성 시 흔히 저지르기 쉬운 문제점은 기본적인 틀 없이 작성되거나 핵심요약의 미흡, 논리전개의 부족과 구체적인 해결방안이 제시되지 않는 점이라고 할 수 있는데, 자세한 내용은 다음과 같다.

1) 기본적인 틀(Frame) 없이 작성된다

① 기본적인 보고서 양식이 제대로 갖추어져 있지 않음
② 육하 원칙에 의거해서 보고되지 않고 논리전개가 약함
③ 보고서 제목과 목차의 내용의 불일치

2) 말하고자 하는 핵심이 한 눈에 보이지 않는다

① 표현 자체가 애매모호하고 말하고자 하는 바가 명확히 드러나지 않음
② 다른 사람들의 의견 소개에 그치는 경우가 많음
③ 장황하게 작성하는 것이 곧 자신의 역량을 보여 주는 것이라 착각(장표가 많으니 열심히 했군 등)

3) 보고 대상자가 보고서를 읽으면서 의문이 더 생긴다

① 보고서가 기승전결이 없거나 논리적으로 미흡함
② 출처가 불분명한 자료 인용 및 주장을 뒷받침할 근거 부족
③ 지나치게 압축하거나 전문용어 및 약어 남발

4) 구체적인 해결방법이 보이지 않는다

① 기존에 있던 자료의 재활용 및 현황과 문제점, 원인 등 보고 이슈에 대한 분석 부족

② 해결에 대한 대안은 없고 있다고 해도 현실 불가능하거나 계획이 불확실

(3) 보고서 작성 시 유의사항

콜센터 보고는 가장 중요한 커뮤니케이션이며 중요한 의사결정을 내리기 위해 필요한 수단으로써 작성 시 다음과 같은 사항들에 유의해서 작성되어야 한다.

1) 보고 대상자 관점에서 이해하기 쉽게 작성되어야 한다.

① 보고 내용을 쉽게 이해할 수 있도록 전문용어, 어려운 한자어, 외래어 사용은 하지 말 것 → 필요할 경우 별도의 설명(각주)이나 참고자료를 사전에 배포 및 첨부할 것

② 보고자 입장에서 편견 및 선입견 배제하고 주요 'Fact'에 근거하여 작성

③ 특정부서의 의견이나 단편적인 사실만을 반영하지 않고 포괄적인 내용을 중심으로 작성할 것

2) 올바른 판단을 할 수 있도록 도움을 주는 내용이어야 한다

적정한 시기에 보고함으로써 보고대상자가 최대한 활용할 수 있도록 할 것 → 시의 적절한 보고가 보고서의 생명임

3) 보고서 그 자체가 완결성을 가질 수 있도록 작성되어야 한다

① 보고서 하나로 완전한 형식과 내용을 갖추어야 하며 타 보고서나 자료를 활용하지 않고도 설명이 가능해야 한다.

② 하나의 보고서에 몇 개의 주제를 혼합하여 혼동을 일으키지 않도록 보고서 한 개당 한 개의 주제로 작성

③ 보고서 분량은 가능한 적을수록 좋으며 필요 시 별첨 참고자료 활용

4) 표준화된 프레임(Frame)에 의거하여 간결, 명료하게 작성한다

① 내용과 구성이 산만하지 않도록 최대한 간결하게 작성

② 가능한 육하 원칙에 의거해 작성하고, 불필요한 미사여구나 수식어, 오해를 유발할 수 있는 애매한 표현이나 과장된 표현은 지양

(4) 콜센터 보고서의 유형

콜센터는 고객들의 다양한 정보가 수집되고 활용되는 전략적 실행부서이므로 다양한 보고서가 존재하며, 보고서의 유형은 업무성격에 따라서 크게 4가지로 분류된다.

1) 기획 품의 보고서

① 콜센터 운영기획 및 품의 보고서

- 프로세스 변경, 인원 충원, 교육 프로그램 등
- 라우팅 전략 변경안, IVR 개선 보고 등

② 운영전략 보고, 기획 업무 보고, ~방안

2) 운영 현황 보고서

① 콜센터 운영에 대한 결과 보고서

- 상담품질 모니터링, 성과, 교육결과 보고
- 응대율, 서비스 레벨, 콜 동향 및 이직률 등

② 타사 모니터링 결과보고, 주간 경쟁사 동향

3) 회의 보고서

① 각종 회의를 위한 자료(회의록, 회의결과)

- 주간/월간/분기 단위

② 비정기적으로 발생하는 회의, 미팅 포함

③ 타 부서와의 업무 협의 결과 보고

4) 기타 보고서

① 고객체감만족도 보고

② VOC, 기타 행사 및 이벤트 종료 후 보고 등

③ 기타 분석보고 및 장애발생 보고

④ 타사 벤치마킹 결과보고서

(5) 보고서 작성 방법

핵심적인 사항만 요약하여 별도의 요약 장표를 만들고 나머지는 첨부로 빼는 형식이 바람직하다. 보고서는 귀납적이 아닌 보고받는 사람의 입장을 고려하여 연역적으로 보고가 이루어져야 한다.

1) 일반보고서 작성

① 다음 예시와 같이 핵심요약 장표(Executive summary)를 만들어서 보고한다.
② 내용은 명확하고 간결하게 작성하되 보고 시간은 5~10분 정도 설명할 수 있는 분량으로 작성
③ 자세한 내용이나 추가 설명이 필요한 것은 뒷장에 첨부로 빼서 활용한다.
④ 보고서 제목을 보고도 어떠한 내용인지 인식할 수 있도록 한다.

Executive summary

핵심내용 요약 및 정리 (2~3줄)

주요 항목	확인 필요사항
보고 개요	• 보고 목적은 명확한지 여부 • 추진 배경 서술 및 진행 경과는 잘 정리되었는지 여부
현황 및 문제점	• 문제의 현황 및 실태, 문제의 원인은 무엇인가? • 지금까지 콜센터와 타 부서에서는 어떻게 대응해 왔나 • 국내외 유사사례 등 참고자료 제시 여부
대안제시	• 문제를 해결하기 위한 대안 제시 • 주요 쟁점사항 정리 • 대안을 통해 기대되는 효과 제시 여부
추진 계획	• 향후 추진일정 또는 계획 제시 • 필요한 인적·물적자원 확보방법 포함 여부 • 대안에 대한 모니터링 등 성과관리방법도 제시되었는지 여부
건의 및 제안	해당 대안과 관련해 의사결정권자에게 건의, 제안하고 싶은 사항

2) 보고서 작성요령

① 보고서 양식을 제대로 갖출 것
② 제목이나 목차에 보고서 내용을 제대로 드러낼 것
③ 누가, 언제, 어떤 목적으로 썼는지 드러나도록 할 것
④ 오탈자나 맞춤법, 시제 등의 정확성 여부 확인할 것
⑤ 기승전결 논리체계를 갖추고 논리전개가 뒤바뀌지 않도록 할 것

3) 콜센터 운영현황 보고 종류 및 주요 내용

보고종류		보고내용
정기보고	일일보고	• 업무통계 : 콜 처리 현황, 응대율, 평균통화시간, 상담 내용 • 근무현황 : 충원, 근무인원, 인원투입, 사고 및 퇴사 내역 • 특이사항 : 장애, 교육, 이벤트 등 • 기타사항 : 고객의 소리, 고객 클레임, 고객 요청 사항
	주간보고	• 기본적으로 일일 운영 보고와 동일 형태 • 주간 상담사 근태 • 주간 콜 현황 – 인바운드/아웃바운드 • 요일별 콜 현황 • 주요 운영 현황 및 개선 사항
	월간보고	• 운영개요 : 당월 현황, 차월 계획 • 업무통계 : 콜 처리 현황, 응대율, 평균통화시간, 상담 내용, 생산성 추이 • 인원현황 : 인원투입현황, 이직 및 신규 인원, 적정인원 제시 • 상담품질 : 품질 모니터링 결과 • 기타사항 : VOC, 고객 클레임, 업무 애로사항, 시스템 장애 상황
비정기 보고		• 긴급사항 : 시스템 장애, 업무량 폭주, 문제 소지가 있는 클레임 등 • 기타 : 운영계획의 변동, 시스템 지원 요청, 이직 및 충원 내역, 클레임 처리현황, 타 부서 요청 업무수행 현황 및 결과 등

4) 콜센터 운영보고서 작성 원칙

① 콜센터의 전체 목표와 관련, 실질적으로 통제 가능한 범위로 작성해야 한다.

② 많은 내용의 구성이 아닌, 보고 기간 중 핵심적인 사항 중심으로 작성해야 한다.

③ 가능한 통계자료는 시스템을 활용하며, 중요 이슈 사항 중심으로 작성해야 한다.

④ 운영보고서는 향후 업무 개선 계획이 포함되어야 한다.

콜센터 교육 및 코칭

필답형/기술형 예상문제

01 용어에 대한 설명이다. 다음 ( ) 안에 들어갈 알맞은 말은 무엇인가?

상품 및 서비스 관련 고객 상담, AS 처리, 불만 상담, 채권 추심, 보험 등의 상품 판매 등의 업무들이 수행되는데, 고객 스스로(Pull) 콜하는 업무 행위를 하는 장소를 (①)라고 하며, 기업이 필요에 의해 콜하는(Push)하는 Happy Call 및 보험 판매 등의 각종 통신 판매 행위를 (②)이라고 한다.

02 용어에 대한 설명이다. 다음 ( ) 안에 들어갈 알맞은 말은 무엇인가?

( )는 고객중심이 아닌 업체(Vendor)에서 채널 확장의 의미로 쓰이고 있으며, 고객중심보다는 고객을 단순히 채널로 보는 시각이 우세하며 IT기술의 발전으로 콜센터가 전화 외 다수의 접촉할 수 있는 채널인 팩스, DM(Direct Mail), 음성서비스(IVR), 단문메시지(SMS), 이메일(E-Mail), 인터넷, 영업점 등의 기능을 포함하면서 ( )라는 용어로 사용되고 있다.

03 기업 경영 측면에서 콜센터의 역할 3가지를 기술하시오.

04 용어에 대한 설명이다. ( ) 안에 들어갈 알맞은 말은 무엇인가?

( ) 업무는 외부로부터 걸려오는 전화를 받는 것으로 고객의 문의접수나 의견, 불만은 물론 주문·신청·예약 업무 등을 체계적으로 처리하는 마케팅 활동이다. ( ) 고객상담은 카달로그나 우편 등을 특정 고객에게 보내거나 TV나 라디오, 인터넷 등 대중매체를 통해 자사의 전화번호를 노출하여 고객이 번호를 인지하고 전화하게 함으로써 활성화한다.

05 인바운드 응대 시 갖추어야 할 자세와 태도에 대한 설명이다. ( ) 안에 들어갈 알맞은 말은 무엇인가?

인바운드 응대 시 가장 중요한 것은 ( )지향적인 서비스 마인드를 갖추는 것과 고객의 말에 귀를 기울이고 고객의 감정을 이해하는 ( )과 ( )은 필수이며, 신속하고 정확하게 응대가 이루어질 수 있도록 해야 한다.

06 인바운드 상담 절차이다. ( ) 안에 알맞은 말을 적으시오.

사전 응대준비 → 전화응대(자신 소개 및 고객 정보 업데이트) → (①) → 문제해결 제시 → 동의 및 확인 등의 마무리 → (②)

07 인바운드 상담 절차 6단계를 기술하시오.

08 콜센터로 인입되는 인바운드 콜 프로세스에 대한 절차에 대한 설명이다. ( )에 들어갈 알맞은 말은 무엇인가?

> 고객 콜 인입→콜 할당 및 연결→( )→확인된 정보로 문의사항에 대한 응대→상담이력 입력 및 저장 후 상담종료(후처리 업무)

09 콜센터에서 상담이력 활용을 통한 기대효과가 무엇인지 기술하시오.

10 용어에 대한 설명이다. ( ) 안에 들어갈 알맞은 말은 무엇인가?

> ( )업무는 일반적으로 고객정보를 가지고 잠재고객 또는 기존고객을 대상으로 전화를 걸어 고객관리는 물론 마케팅, 조사, 안내, 지원, 판매 등의 업무를 수행하는 일체의 행위를 의미한다. 업무 자체가 능동적이고 상담사가 주도해야 하는 상담이다보니 데이터베이스의 정교함과 고객을 설득하는 능력이나 고객반론을 극복하는 등 스킬이 우수한 상담사의 확보가 중요하며, 고객데이터를 활용하다 보니 고객접촉률이나 고객의 반응률을 중시한다.

11 아웃바운드 수행을 위한 핵심요소 5가지를 기술하시오.

12 아웃바운드 업무의 특성에 대해서 기술하시오.

13 아웃바운드의 활용패턴 4가지를 기술하시오.

14 아웃바운드 콜 프로세스 6단계에 대해서 기술하시오.

15 아웃바운드 업무를 진행할 때 사전 약속 없이 고객에게 연락하거나 접촉하는 행위를 전문용어로 무엇이라고 하는가?

16

아웃바운드 상담 절차에 대한 설명이다. (   )에 알맞은 말은?

> 고객확인→소개와 통화 의도 및 목적→(   )→상담(설명, 제안 및 설득)→(   )→동의 및 확인→마무리

17

다음은 고객 DB전략 프로세스에 대한 설명이다. (   )에 알맞은 말은?

> 데이터 수집→데이터 관리→데이터 활용→(   )

18

고객 DB전략 프로세스 4가지 단계를 기술하시오.

19 다음은 아웃바운드 수행을 위한 핵심요소를 설명한 것이다. 주요 내용에서 설명하고 있는 요소는 각각 무엇인지 쓰시오.

핵심요소	주요 내용 및 설명
(①)	• 재구매/신규/이탈고객 및 회사 타겟팅 고객(VIP/Demarketing) • 제안 분석을 통한 고객별 성향 파악 및 추출 • 고객별 정보 분석을 통한 접촉 방법 및 스케줄 계획
시스템	• 정보시스템, Dialing 시스템, 서베이 시스템 • 데이터분석, 음성 및 녹취 분석, 콜 및 캠페인 분석 가능 시스템
(②)	• 적극적이고 긍정적인 마인드를 소유 • 상품 및 서비스에 대하여 충분히 숙지 • 경험 및 반론이 충분하고 해당 업무에 적합여부 확인 후 채용
(③)	• 각 유형별로 제안 및 고객 혜택 제어가 가능하게 작성 • 고객별, 상품(제안), 캠페인별 접근 방법/상품 오퍼/고객 설득 기법/반론 극복 내용이 핵심이므로 이에 대한 반영이 필요
상품 및 서비스	• 아웃바운드를 통하여 고객에게 제안되는 상품 또는 서비스 • 조직에서 회사에서 얻고자 하는 최종적인 결과물

20 다음에 설명하고 있는 용어는 무엇인가?

(   )은 기업 내부의 구성원들이 보유하고 있는 총체적인 기술·지식·문화 등 기업의 핵심을 이루는 능력이라고 할 수 있다. 콜센터 내 역할에 따른 주요 직무과제를 수행하기 위해 콜센터 역량 요소인 지식, 기술, 능력, 태도(K.S.A) 및 인성을 중심으로 관련 능력을 도출한다.

21 다음은 콜센터에서의 역량을 설명하고 있다. (   ) 안에 들어갈 알맞은 말은 무엇인가?

콜센터 업무를 수행할 때 구성원에게 요구되는 역량을 정의하는데 (①)은 업무지식, 직장예절, CS마인드, 기본적인 문제해결능력, 대인관계 등과 같은 콜센터 구성원에게 공통적으로 요구되는 공통적인 역량을 의미하고, (②)은 지식, 기술, 능력, 인성 등을 고려해 콜센터에서 수행해야 하는 직무 또는 역할에 따라 요구되는 역량을 의미한다.

22 다음에 설명하고 있는 것은 무엇인가?

- 목표를 위해 집단(Group)의 행위에 영향력을 행사하는 것
- 상호 연관성이 있는 타인에게 영향력이나 권한을 행사하여 설정한 목표를 이루어 나가는 과정

23 다음은 콜센터 주요 공통핵심역량 요소를 설명한 것이다. (   )에 알맞은 요소는?

역량요소	필요역량
(①)	• 반복적인 지식과 능력의 활용을 통해 습득 • 의사소통, 클레임 처리, 고객응대, 코칭, 갈등해결 등
(②)	• 정신적, 물리적인 행동과 업무수행을 위한 타고난 잠재력 • 리더십, 감성역량, 스트레스 관리, 동기부여 등
(③)	• 경험 및 교육을 통해 습득 • 전산활용 능력, 상품과 서비스에 대한 지식, 업무 프로세스에 대한 이해 등
인 성	• 개인의 성향이나 가치관, 속성 등

24 다음에 설명하고 있는 리더십은 어떤 유형의 리더십인가?

① 감성적인 평가인 정성평가보다는 객관화되고 시스템적인 정량평가를 중요시한다.
② 일반적으로 기획 능력 및 리포트 능력이 우선시되고, 자원 배분과 최적의 효율성을 중요시하므로 단기간 성과 향상 운영에 효과적으로 대응한다.
③ 상담사의 업무능력에 대한 평가를 통해 부족한 부분을 지속적으로 관리함으로써 전체 센터의 효율성에 중심을 두고 운영한다.

25 다음에 설명하고 있는 리더십은 어떤 유형의 리더십인가?

① 전문성 강화를 위한 교육 및 코칭 등에 시간과 비용이 많이 소요되며, 신규 방식 도입의 사이클이 짧아 기존 방식에 대한 충분한 검증 없이, 신규 방식이 도입되기도 한다.
② 교육 및 코칭을 중심으로 운영하는 리더십으로 프로세스 및 업무 역량 평가를 중요시한다.
③ 새로운 평가방식 도입, 새로운 프로세스 도입 등 운영을 통하여 센터의 업무능력 향상을 중심으로 하며, 확장하고 있는 조직 운영에 적합한 리더십이다.

26 다음에 설명하고 있는 리더십은 어떤 유형의 리더십인가?

콜센터와 같은 수평적인 네트워크 조직은 목표를 위해 상호협력하고 지적인 자극이나 충고 또는 관심이나 배려를 통해 상호간의 신뢰구축 및 비전 제시나 활력을 불어 넣어줌으로써 지속적인 방향성을 제시하고 조직을 활성화시키는 (　　)이 필요한 조직이다.

27 변혁적 리더십에 대해서 기술하시오.

28 바람직한 콜센터 리더십의 조건을 3가지 이상 기술하시오.

29 다음은 콜센터 운영에 필요한 것을 설명하고 있다. (　) 안에 들어갈 용어는?

(　　　　)라는 것은 기업이 생존해 나가기 위해 반드시 필요한 요소이며, 기업의 생존과 직간접적으로 연결되어 있다. 또한 (　　　　)라는 것은 조직을 구성하는 구성원에 의해서 자연스럽게 형성되며, 교육 및 훈련과정을 통해 구성원들 사이에 공유가 된 가치관이나 행동방식, 규범, 관행이나 경영이념, 지식, 전통에 의해 형성된 것이라고 정의할 수 있다.

30 다음은 어떤 행위 양식에 대한 특성을 설명한 것이다. 무엇인지 쓰시오.

① 실체가 없는 무형의 관념체계이다.
② 조직구조, 동기, 의사결정, 리더십 등에 작용한다.
③ 공통적 특징들이 집합적으로 작용한다.
④ 조직구성원에 의해 스스로 학습된다.

31 국내 콜센터 조직문화의 특성에 대해서 기술하시오.

32 다음에 설명하고 있는 개념은 무엇인가?

- Robert Levering이 초일류 기업이 가진 공통점을 밝혀내고자 하는 연구에서 시작
- 상사/경영진에 대한 높은 신뢰, 업무/회사에 대한 강한 자부심, 동료들 간에 재미가 핵심 요소
- 리더, 일과 조직, 동료들 간의 '관계의 질' 진단 및 개선을 통한 훌륭한 조직문화 구축이 주목적

33 다음에 설명하고 있는 것은 콜센터의 어떤 활동이 활성화되었을 때 기대되는 효과인데 무엇인가?

① 탄력 있는 조직으로의 전환이 가능
② 생산성 및 경쟁력, 높은 성과 확보
③ 콜센터 직원 상호 간의 견해와 다양한 아이디어를 자유롭게 주고받음
④ 업무적인 개선이나 보완을 지속적으로 이루어짐
⑤ 서로 존중하고 협력하는 조직으로의 변화가능

34 일하기 좋은 콜센터를 만들기 위한 조건을 3가지 이상 쓰시오.

35 다음은 콜센터 연간 교육계획 운영절차이다. ( ) 안에 알맞은 말은 무엇인가?

> 교육 니즈파악 → 교육내용 및 커리큘럼 결정 → (   ) → 강사 및 업체 섭외 → 교육 및 훈련공지 대상자 선발 → 교육 및 훈련 실시 → 교육평가 및 피드백

36 교육평가를 진행할 때 설문지 평가 방식의 단점은 무엇인지 기술하시오.

37 교육평가 진행 시 설문지 평가 방식을 보완하기 위해 시행할 수 있는 평가방법은 무엇인지 기술하시오.

38 교육 후 평가를 실시하는 목적은 무엇인지 기술하시오.

39 다음은 교육 및 훈련 평가 절차이다. ( ) 안에 들어갈 말은 무엇인가?

( )→방법 및 시기결정→평가실시→평가결과 분석→활용 및 피드백

40 교육 평가결과 분석은 보통 테스트나 각종 모니터링 및 추적조사, Work sampling을 통해 나온 각종 수치 등을 통한 (①) 분석과 교육에 참가한 직원들을 대상으로 면담 및 FGI조사를 통해서 나온 의견이나 반응을 통한 (②) 분석이 있다.

41 다음에 설명하는 것은 콜센터에서 이루어지는 교육 훈련도구인데 무엇인지 쓰시오.

- 신입직원이 콜센터에서 효율적인 업무수행을 위해 필요한 업무지식이나 기술을 습득하게 하는 교육 방법
- 신입사원이 느끼는 불편함이나 문제점 등을 해결하고 선임 상담사(Mentor)의 지도 하에 실무능력을 강화시킬 수 있다.

42 다음 내용은 신입직원 교육 훈련 방법 중에 하나인데 무엇인지 쓰시오.

( )은 파트리더나 선임 상담사 옆에 앉아 고객과의 통화내용을 직접 들어볼 수 있게 하는 방법인데, 이를 통해 업무의 이해도를 높이고 체계적인 업무수행 능력을 배양할 수 있도록 도와 준다.

43 다음에 설명하는 교육 훈련 방법은 무엇인지 쓰시오.

(　　　　　)가 멘토링 프로그램과 다른 점은 철저히 업무중심이라는 것과 단기간에 이루어지며, 일방적이고 단순한 기술이나 지식만을 전달하는 것이어서 이를 보완하고자 멘토링 프로그램과 연계해서 시행된다.

44 다음에 설명하는 용어는 무엇인지 쓰시오.

① 콜센터 직원들로 하여금 통제와 지도가 아닌 원활한 커뮤니케이션을 통해서 업무를 효율적으로 수행하게 하고, 업무에 대한 직원들의 의욕을 고취시켜 업무생산성을 향상시키는 방식
② 개인의 잠재 역량을 개발하여 업무능력을 향상시키고 이를 통해 고객을 만족시킴으로써 수익 및 서비스에 대한 기업이미지를 향상시킬 수 있도록 도와 주는 중요한 활동

45 코칭 프로세스 4단계를 기술하시오.

46 **코칭과 관련해서 ( ) 안에 들어갈 알맞은 말은 무엇인가?**

( )는 어떠한 코칭을 받아왔고, 코칭에 대한 결과는 어떠하였으며, 해당 상담사의 장단점을 파악하는데 아주 좋으며, 정확한 데이터로 상황이나 사실을 파악한 뒤 그에 맞는 코칭을 진행하면 코칭 효과의 향상은 물론 유사한 상황하에서 쉽게 문제를 해결할 수 있다.

47 **다음 상황은 코칭 4단계 중 어느 단계에 포함되는 것인지 쓰시오.**

① 코칭이 이루어지는 이유나 목적을 분명히 제시하고, 설명은 구체적이고 간결하게 What-Why-How에 입각해서 이루어져야 한다.
② 핵심만을 이야기하고 해당 상담사들이나 그룹이 제대로 이해하는지 또는 잘 따라오는지를 확인해야 한다.
③ 정확히 개선되어야 할 몇 가지 사항만을 선정하고 집중함으로써 코칭의 효과를 높일 수 있으며, 대상자 개개인의 특성을 고려한 개인화된 맞춤교육 형태여야 한다.

48 **다음 상황은 코칭 4단계 중 어느 단계에 포함되는 것인지 쓰시오.**

( )는 코칭에 대한 결과를 최종적으로 통보하거나 중요한 내용을 요약하고 정리하며 개선점에 대한 구체적인 실행계획을 세워 해당 상담사나 그룹에 알려주는 단계이다. 구체적이고 관찰 가능한 사실에 입각하여 진행해야 하며, QAA와 대상자 간의 상호 공격과 방어 형태로 이루어지는 부정적인 커뮤니케이션보다는 상호 간에 도움을 받았다는 느낌이 들게 하는 긍정적인 커뮤니케이션이 이루어져야 한다.

49 코칭에 대한 설명이다. ( )에 알맞은 말을 쓰시오.

콜센터에서 흔히 이루어지는 코칭유형은 대상에 따라 (①)과 (②)으로 나뉜다. (①)은 코치(QAA)의 경험이나 지식에 의존하며 집중적이고 세분화된 코칭이 가능한 반면, (②)은 다양한 사례 및 경험 공유가 특징이며 일반적이고 기본적인 코칭이 주를 이룬다.

50 개별 코칭의 특징을 3가지 이상 기술하시오.

51 코칭에 대한 설명이다. 어떤 코칭에 대한 특징을 설명한 것인지 쓰시오.

① 일정한 형식을 유지하면서 진행되는 방식으로 코칭자가 사전에 코칭 대상과 시기, 내용을 선정하여 실시하는 것을 말한다.
② 코칭자가 사전에 내용을 숙지하고 계획 하에 진행되어 다른 형태에 비해 정교하고 세심하게 코칭이 이루어질 수 있다.
③ 절차에 따라 체계적인 진행을 통해 상담사의 집중력을 높일 수 있다는 장점이 있다.

52 코칭에 대한 설명이다. 어떤 코칭에 대한 특징을 설명한 것인지 쓰시오.

① 정해진 형식 없이 수시로 짧은 시간 안에 이루어지는 코칭으로 간단한 식사나 티타임을 통해 이루어지는 경우도 있다
② 아주 짧은 시간 내에 상담사의 주의를 집중시켜 적극적이고 긍정적인 참여를 통해 성취를 북돋우는 고도의 코칭 기술이다.
③ 비형식적인 전개로 심적 부담감이나 거부감이 적고, 상담사와의 친밀감을 형성시킬 수 있고, 효과는 프로세스 코칭보다 떨어질 수 있으나 짧은 시간 안에 많은 상담사를 접촉할 수 있다.

53 개별 코칭의 종류에 대한 설명이다. ( ) 안에 들어갈 알맞은 말은 무엇인가?

종 류	특 징
프로세스 코칭	• 사전에 정해진 프로세스나 절차를 통해 코칭 실시 • 체계적이고 일정한 형식(Formal)을 갖추고 진행됨 • 사전에 코칭에 대한 약속이 이루어짐(Who－When－What)
(①)	• 짧은 시간에 수시로 이루어지는 코칭 • 프로세스 코칭에 비해 비형식적인(Informal) 코칭 • 상담사나 QAA가 느끼는 심적 부담감이나 거부감이 덜함
(②)	• 업무 중에 진행되는 짧으면서도 구체적인 코칭(메일 또는 팀 미팅) • 자발적인 상담사의 질문이나 의견, 아이디어, 행위에 대한 코칭
미니코칭	• 1개 정도의 문제 요인에 대한 간단한 코칭 기술(코칭기술서를 통해 전달) • 잘못된 사항이나 지적사항을 칭찬과 함께 전달(샌드위치 기법 활용)
풀 코칭	• 미니코칭보다 좀 더 세부적인 코칭(보통 2~3개 정도의 상담품질 기준) • 실적 부진자, 민원유발자 기존 상담사의 능력향상 및 개선 목적으로 이루어짐

54 커뮤니케이션에 대한 설명이다. ( ) 안에 알맞은 말은 무엇인가?

( ) 커뮤니케이션은 언어를 제외한 행동이나 동작, 표정, 태도, 신체적 접촉을 통한 커뮤니케이션 방법으로 언어적 커뮤니케이션의 보조수단이 되기도 하나, 독립적으로도 효과가 큰 커뮤니케이션 기능을 수행한다.
- 예를 들어, 코칭을 진행할 때 직원들에게 질문을 던지거나 직원이 의견을 발표하는 동안에 고개를 끄덕인다거나 메모하는 모습을 보이는 동시에 그러한 의견을 듣고 있는 다른 직원과의 눈맞추기(Eye contact)가 ( ) 커뮤니케이션이다.

55 코칭 기술에 대한 설명이다. ( ) 안에 알맞은 말은 무엇인가?

( )이라는 것은 상대방의 상황이나 말을 이해하려는 의도를 가지고 경청하는 것으로, '나'를 중심으로 하는 것이 아니라 '상대방'의 관점에서 사물을 보는 경청이라고 할 수 있다. 상대방의 말을 경청할 때 귀로 듣는 것이 아닌 눈과 가슴으로 듣는 것이다.
( )을 진행하다 보면 QAA나 수퍼바이저가 경청하고 있음을 확인시켜 주는 반응이 있는데, 보통 언어적 반응과 비언어적 반응이 있다.

56 공감적 경청에 대해서 기술하시오.

57 코칭 기술에 대한 설명이다. (　) 안에 들어갈 알맞은 말은 무엇인가?

(　　　　)이란 질문과 경청을 통해 축적된 여러 가지 정보나 관찰을 통해 상담사의 태도나 행위 및 행동에 대해 평가하거나 판단할 수 있으며, 이를 통해 상담사들이 질적, 양적으로 성장하는데 도움을 주는 기술이라고 할 수 있다.

58 다음에 설명하고 있는 것은 어떤 코칭 기술에 대한 특징이다. 무엇인가?

- 구체적으로 행동이나 실천을 유도하게끔 하는 기술이다.
- 자주 주고받으며 빠를수록 좋다.
- 정기적이고 지속적이어야 하며 긍정적인 행동을 유도함으로써 업무태도, 습관을 개선시킨다.
- 시의적절해야 한다.
- 격려와 칭찬을 동반해야 하며 결과지향적이어야 한다.

59 다음에 설명하고 있는 피드백은 어떤 유형의 피드백인지 쓰시오.

- 구체적으로 행위 또는 행동을 지적하고 개선방향을 제시하는 피드백
- 결과에 대한 질책보다는 실패원인을 분석해 개선시킴(Improvement)
- 미래지향적인 피드백이며 대상자와의 Consensus를 이끌어내어야 함
- 상호 간의 믿음과 신뢰가 바탕이 되어야 대상자가 오해하지 않음

60 피드백은 한 가지만 활용하는 것이 아니라 상황 또는 대상에 맞게 진행해야 효과가 좋다. 그렇다면 피드백 유형 중 긍정적 피드백 정의와 특징에 대해서 기술하시오.

61 다음에 설명하는 것은 피드백에 대한 것이다. ( ) 안에 알맞은 피드백의 유형은 무엇인지 차례대로 쓰시오.

> 행동을 유발하거나 강화(Reinforcement)시키며 장점과 잘한 점에 대한 칭찬, 격려, 인정을 해주는 피드백을 (①) 피드백이라고 하며, 행동과 결과에 대한 징계 및 처벌(Punishment)을 하며 단점이나 잘못한 점에 대해서 지적 또는 충고해주는 피드백을 (②) 피드백이라고 한다. 반면 결과에 대한 질책보다는 실패원인을 분석해서 개선(Improvement)하며 구체적으로 행위 또는 행동을 지적하고 개선방향을 제시하는 피드백을 (③) 피드백이라고 한다.

62 코칭의 핵심 기술에 대한 설명이다. ( ) 안에 들어갈 용어를 차례대로 쓰시오

> 코칭의 핵심 기술은 상담사의 마음을 여는 열쇠 역할을 하며 '귀를 기울여 듣는 것', 다시 말하면 '잘 듣는 것'을 의미하는 (①)과 상대방으로 하여금 자신의 문제에 대해 생각하게 하고 이를 통해 해결방법을 본인 스스로 찾게 해줌으로써 문제해결능력을 향상시켜 주는 (②)과 사실(Fact)을 근거로 하며, 구체적이고 명확한 커뮤니케이션을 통해 상담사로 하여금 그들의 행동을 열게 하는 (③)으로 구성된다.

63 발전적 피드백의 3단계를 기술하시오.

64 콜센터에는 다양한 보고서가 존재하는데 보고서의 유형은 업무성격에 따라서 크게 4가지로 분류된다. 다음 내용을 포함하는 보고의 유형은 무엇인지 쓰시오.

- 프로세스 변경, 인원 충원, 교육 프로그램 등
- 라우팅 전략 변경안, IVR 개선 보고 등

65 콜센터에는 다양한 보고서가 존재하는데 보고서의 유형은 업무성격에 따라서 크게 4가지로 분류된다. 다음 내용을 포함하는 보고의 유형은 무엇인지 쓰시오.

- 상담품질 모니터링, 성과, 교육결과 보고
- 응대율, 서비스 레벨, 콜 동향 및 이직률 등
- 타사 모니터링 결과보고, 주간 경쟁사 동향

66 콜센터에서 어떠한 일의 집행을 시행하기에 앞서 의사결정권자에게 특정한 사안을 승인해 줄 것을 요청하는 문서를 무엇이라고 하는가?

67 보고서를 쓸 때 보고받는 자의 상황을 고려하여 장황하게 보고서를 작성하는 것이 아니라 복잡한 내용을 알기 쉽게 정리해야 한다. 따라서 보고 내용을 요약, 압축하여 보고받는 자의 시간을 절약하고 의사결정을 쉽게 하기 위해 보고서 앞장에 작성하는 것을 무엇이라고 하는가?

68 개방형 질문(Open Question)에 대해서 기술하시오.

69 폐쇄형 질문의 특징을 기술하시오.

70 질문에 대한 설명이다. (　) 안에 들어갈 알맞은 말은 무엇인가?

> 해피콜이나 만족도조사를 할 때 고객에게 질문하는 방법에는 응답형식에 구애받지 않고 자유롭게 응답하는 (①)과 제한된 답변을 선택하도록 하는 (②)이 있다. (①)은 고객이 응대하기에 비교적 자유롭고 고객의 다양한 의견을 수렴할 수 있으며, 자료나 정보를 수집하는데 용이하지만, 민감한 정보에는 부적합하고 시간과 경비가 많이 든다. (②)은 응답항목이 명확하고 신속하며, 응답이 표준화되어 있어 시간 경비가 적게 들고 고객의 편견이 개입되는 것을 방지할 수 있는 반면 고객의 다양한 정보를 얻어내기 힘들다.

콜센터 교육 및 코칭

예상문제 정답

01 | ① 콜센터 ② 텔레마케팅

02 | 컨택센터

03 | 고객확보, 고객유지, 고객가치 증대

04 | 인바운드(Inbound)

05 | ① 고객 ② 경청 ③ 공감

06 | ① 고객요구 사항 파악 또는 전화건 목적 및 의도 탐색/경청
② 통화내용 정리 및 후처리 업무

07 | ① 사전 응대준비
② 자신 소개 및 고객 정보 업데이트
③ 전화건 목적 및 의도 탐색
④ 정보제공 및 문제해결 제시
⑤ 동의 및 확인 등의 마무리
⑥ 후처리 업무

08 | 고객정보 확인

09 | ① 상담업무 처리 및 상담 시 효과적인 고객응대 가능
② 상담사의 신속한 고객파악이 가능하므로 응대의 서비스 질(Quality) 향상
③ 신뢰성 있는 데이터를 확보, 신속한 통계분석은 업무 개선기회 발굴
④ 개선계획의 수립이나 운영 및 업무 프로세스 개선

10 | 아웃바운드

11 | DB, 시스템, 상담사, 스크립트, 상품 및 서비스

12 | ① 고객 데이터의 정확성이나 질(Quality)이 중요한 요소로 작용한다.
② 고객 관계개선 활동에 유리
③ 상담사의 자질이나 스킬이 중요한 요소
④ 기업주도형이며 철저히 목표지향적인 활동
⑤ 고객과의 직접 접촉을 통한 비용대비 높은 효율성
⑥ 독립적인 업무형태로 운영되나 마케팅 채널이나 도구 활용 시 반응률이 배가됨

13 | ① 신규 고객 확보
② 판매 촉진 활동
③ 유지 및 보전업무
④ 각종 리서치 업무

14 | 대상고객 선정 → 발신 → 응답상태 확인 및 분별 → 상담 → 등록 → 처리

15 | 콜드 콜(Cold call)

16 | ① 고객니즈 탐색 및 파악 ② 고객반론에 대한 극복

17 | 데이터 분석

18 | 데이터 수집 → 데이터 관리 → 데이터 활용 → 데이터 분석

19 | ① DB ② 상담사 ③ 스크립트

20 | 핵심역량

21 | ① 직무공통역량 ② 직무전문역량

22 | 리더십(Leadership)

23 | ① 기술 ② 능력 ③ 지식

24 | 분석적 리더십

25 | 전문가형 리더십

26 | 변혁적인 리더십(Transformational Leadership)

27 | 부하의 욕구수준을 한층 더 높은 고차원의 수준으로 상승시키고 상승된 욕구에 호소하는 리더십 구성원이 외재적인 보상이 아니라 비전 및 자아실현 또는 조직의 목표달성을 위해 일할 수 있도록 하는 리더십이다.

28 | ① 비전 제시 및 역할 모델
② 커뮤니케이션 활성화
③ 감성적인 콜센터 조직문화 창조
④ 부하의 역량 발굴 및 양성
⑤ 꾸준한 자기 관리와 태도

29 | 조직문화

30 | 조직문화

31 | ① 이성보다 감성이 지배
② 끼리끼리 문화/빨리빨리 문화
③ 수평적, 수직적 네트워크가 공존
④ 소속감 결여로 인한 노마드 문화

32 | 훌륭한 일터(Great Workplace)

33 | 커뮤니케이션

34 | ① 커뮤니케이션이 바탕이 된 수평조직으로의 전환
② 여성 특유의 감성이 묻어나는 조직으로의 전환
③ 즐겁게 일할 수 있는 분위기 조성(Fun management)
④ 칭찬과 인정 그리고 격려가 바탕이 된 문화
⑤ 다름과 차이를 인정할 수 있는 조직문화
⑥ 공평이 아닌 공정한 평가와 대우

35 | 교육관련 시행 품의 또는 교육 품의

36 | 정확한 평가가 이루어지기 어려우며 교육내용이 나빠도 강의방식이나 강사의 강의 스타일에 따라 평가가 좋게 나올 수도 있고 이와는 반대인 경우도 있음

37 |
- 교육에 대한 감상문이나 발표, 교육에 대한 결과 테스트(필기 시험)를 시행
- 교육 담당자에 의한 모니터링 및 관찰, 교육 이수 후 성과 평가(교육 후 성과 향상 정도)
- 설문지 평가 이후 FGI 조사 병행, Work sampling 등

38 | ① 교육 및 훈련프로그램의 장단점을 파악
② 교육 프로그램 자체가 콜센터 직원의 직무에 어느 정도 기여했는지를 파악
③ 교육훈련의 내용 및 방법의 적절성과 향후 개선 및 보완점 도출
④ 교육을 통한 ROI를 측정
⑤ 교육 훈련의 의도 및 목적 달성 여부 판단

39 | 교육 목표 및 목적 확인

40 | ① 정량적 분석 ② 정성적 분석

41 | OJT(On The Job Training)

42 | 동석 근무 또는 캥거루 프로그램

43 | OJT(On The Job Training)

44 | 코칭(Coaching)

45 | 계획수립, 코칭 진행, 평가 및 확인, 피드백 및 마무리

46 | 코칭이력관리 카드

47 | 코칭진행 단계

48 | 피드백 및 마무리 단계

49 | ① 개별 코칭 ② 그룹 코칭

50 | ① 1 : 1
② 코치(QAA)의 경험이나 지식에 의존
③ 다양한 종류의 코칭방법 존재
④ 코치(QAA)와 친밀감 형성
⑤ 집중적이고 세분화된 코칭 가능
⑥ 개인화된 코칭 및 피드백이 가능
⑦ 코치와 1 : 1 코칭이기 때문에 여유가 있음

51 | 프로세스 코칭(Process coaching)

52 | 스팟 코칭(Spot coaching)

53 | 스팟 코칭, 피드백

54 | 비언어적 커뮤니케이션(Non-verbal communication)

55 | 공감적 경청

56 | 공감적 경청은 상대방의 이야기에 충분히 귀를 기울여 듣는 것으로 상담사와의 코칭이나 대화 도중 들은 내용을 다시 한 번 확인함으로써 QAA나 수퍼바이저가 상담사의 말을 제대로 이해하고 있다는 것을 보여 주는 경청이다

57 | 피드백(Feedback)

58 | 피드백 스킬(Feedback skill)

59 | 발전적 피드백(Progressive Feedback)

60 | ① 정의 : 장점과 잘한 점에 대해 칭찬 및 격려와 인정을 해주는 피드백
② 특징 : • 행동을 유발시키거나 강화시킴(Reinforcement)
• 자신감을 강화시키고 성취감을 느낄 수 있게 하며 역량을 향상시킴
• 더 높은 목표 부여를 통한 도전의식을 자극시킴

61 | ① 긍정적 ② 부정적 ③ 발전적

62 | ① 경청 ② 질문 ③ 피드백

63 | 행동(Action) → 영향(Impact) → 바람직한 결과(Desire outcome)

64 | 기획, 품의보고

65 | 운영현황 보고

66 | 품의서

67 | 핵심요약(Executive summary)

68 | '네', '아니오' 혹은 짧은 사실적 답변이 아니라 더 상세한 답을 요하는 질문

69 | ① 간단한 답변을 얻어내는 질문 기법(Yes/No 형태)
② 새로운 정보나 많은 정보 습득에 한계가 있음
③ 민감한 주제에 적합하며 명확하고 신속한 응답이 가능

70 | ① 개방형 질문 ② 폐쇄형 질문

모니터링 평가와 서면 피드백

04

PART

1. 콜센터 모니터링 평가 및 서면 피드백의 이해

콜센터 모니터링 평가 및 서면 피드백 시험에 대비하기 위해서는 이론을 포함한 기본적인 사항에 대한 이해가 선행되어야 한다. 모니터링 평가표에 대한 이해는 물론 구성 및 평가표 작성 시 고려사항을 학습하고, 서면 피드백에 대한 이해와 콜센터 현장에서 서면 피드백 진행 시 주의하여야 할 사항을 학습한다.

(1) 콜센터 모니터링 평가표의 이해

① 조직 또는 기업의 복잡한 프로세스를 고객이 이해하기 쉽고 간단명료하게 핵심 메시지를 전달하는 것이 스트립트라고 한다. 모니터링은 기업의 프로세스를 축약한 스크립트가 올바르게 이행되고 있는지를 점검하는 활동이다.

② 모니터링 평가표는 상담사가 고객과 통화할 때 기업의 지침이나 전달하고자 하는 메시지 및 핵심 내용을 목록화하고 이를 점수화하여 상담의 올바른 흐름을 유도하기 위한 도구라고 할 수 있다.

③ 모니터링 평가표를 통해 상담사의 올바른 응대 방법 지도 및 고객에게 표준화된 서비스를 제공하는 목적도 있지만, 이를 통해 고객과의 원활한 커뮤니케이션과 신속하고 정확한 서비스를 제공하기 위한 객관적인 데이터 및 자료로도 활용한다.

④ 모니터링 평가항목은 고정적인 것이 아니라 상황이나 환경에 맞게 변화해야 하고, 고객의 기대가치 충족 및 조직의 목표에 알맞은 핵심적인 항목을 가지고 콜센터 통화품질을 평가하는 것이 자원의 낭비를 최소화하면서도 업무의 효율성을 확보할 수 있다.

⑤ 고객의 만족도는 음성, 억양, 속도, 발음이 좋다고 해서 만족이 더 커지는 것이 아니며, 신뢰감을 주는 표현이나 정중한 언어표현 등과 같은 것도 기본적으로 지켜져야 하는 항목이나 본질적인 문제가 해결하는데 보조적인 수단이지 언어표현 자체가 핵심항목이라고는 할 수 없다.

⑥ 기업 및 콜센터 입장에서의 통화품질 목적이 무엇인가에 따라 항목이나 평가비중이 달라질 수 있으며, 철저하게 전체 콜을 들어보면서 흐름을 파악하여야 하며, 평가를 위한 평가가 아닌 상담품질의 개선이나 보완을 위한 방향성을 가지고 평가가 이루어져야 한다.

(2) 모니터링 평가표의 구성

① 모니터링 평가표는 크게 인바운드와 아웃바운드로 구분하고, 이러한 상담업무의 유형 구분에 따라 상담업무의 특징을 고려하여 평가항목을 구성한다.

② 업무적 특성을 고려한 핵심평가항목 설정 및 핵심평가항목에 대한 각각의 비중을 정하여 성과와 연동시킴으로써 콜센터 통화품질을 관리할 수 있다.

③ 모니터링 평가표의 항목은 너무 많은 것보다는 핵심적인 몇 가지 항목을 가지고 콜센터 통화품질을 평가하는 것이 자원의 낭비를 최소화하면서도 업무의 효율성을 확보할 수 있다.

④ 평가만을 위한 평가가 아닌 고객만족과 상담사의 스킬 향상 관점에서 평가항목 및 세부평가 기준이 마련되어야 한다.

⑤ 평가표를 구성할 때 QA의 주관적인 판단이 개입될 가능성이 큰 항목은 배제하고, 가급적 객관적이고 공정한 평가가 이루어질 수 있도록 한다.

⑥ 평가항목은 인바운드와 아웃바운드 특성을 고려하여 핵심평가항목을 분류하고 평가하고자 하는 영역과 내역을 구분한다. 예를 들어, 업무처리 능력을 핵심평가항목이라고 본다면 고객니즈의 신속한 파악과 문제해결능력 및 전산처리 능력에 대한 내역, 평가기준까지 마련한다.

⑦ 모니터링 평가표의 경우 인바운드와 아웃바운드 스크립트의 이행여부를 점검하고 평가하는 것이므로 구성 또한 스크립트의 기본 구조인 도입(Opening)-본문(Body)-마무리(Closing) 형태로 구성하여 평가표를 작성한다.

(3) 모니터링 평가항목 구성 예시

평가항목	평가내역	비 중	세부평가기준
고객정보 확인	고객정보 확인 및 업데이트	10%	• 고객 기본정보 확인여부 • 고객정보 업데이트 여부
정보제공 능력	고객이 원하는 정보 및 문의사항에 대한 정보제공 여부	20%	• 상품 및 서비스, 요금에 대한 정확한 안내 • 업무에 대한 사전 숙지여부(오안내, 오처리) • 콜센터 정책과 프로세스에 대한 명확한 이해
업무처리 능력	고객니즈의 신속한 파악 & 문제해결능력(책임상담)	20%	• 필요한 탐색질문 및 문의내용 핵심파악 • 호전환하지 않거나 고객요구사항에 따른 후행작업 진행 여부/반론극복 여부 등
	전산처리능력	10%	• 업무에 필요한 전산처리(상담이력) • 상담코드정확도

(계속)

평가항목	평가내역	비 중	세부평가기준
CRM	CRM 활동 여부	20%	교차 및 상향판매여부, 해지방어 여부 등
체감 만족도	• 기본예절/올바른 상담여부 • 공감호응 등 응대태도 • 고객을 위한 쉬운 설명 • 기타	20%	• 쉬운 용어 및 눈높이 상담이 이뤄졌는지 여부 • 상담이 자연스럽게 이루어졌는지 여부 • 경청 및 신속, 정확한 상담과 신뢰감 제공 여부 • 기타

(4) 모니터링 평가항목 간소화를 위한 전제조건

① 통화품질관리 활동이 궁극으로 추구하고자 하는 본질은 무엇이고 그 본질을 달성하기 위해 필요한 목표설정이 선행되어야 한다.

② 통화품질관리를 담당하는 팀장 및 직접 평가하는 QAA의 경우도 단순히 평가작업만을 수행하는 기계적인 업무에만 국한할 것이 아니라 콜을 들어보고 콜에 대한 포괄적인 이해를 바탕으로 이에 대한 개선, 보완해야 할 사항들을 찾아내고 분석할 수 있는 역량을 갖추어야 한다.

③ 주어진 모니터링 평가표 및 평가기준에 근거해서 소모적으로 세부적인 항목들을 평가하는 것이 아니라 전체적으로 콜을 들어보고 고객의 기대수준을 충족시킬 수 있도록 응대가 이루어졌는지를 그간의 현장경험을 통해 얻은 노하우가 통화품질 평가에 녹아들어야 한다.

④ 미시적인 관점에서 평가항목을 세분화하다 보면 결국 시간만 낭비되고 피로도만 증가할 뿐 전체적인 통화품질관리가 향상되거나 개선되지는 않는다.

⑤ 담당자들간의 공감대 형성을 통해 모니터링 평가도 세분화보다는 포괄적인 평가가 이루질 수 있도록 해야 한다.

⑥ 다만 세분화된 평가가 이루어져야 한다면 모든 상담원을 대상으로 할 것이 아니라 실적 부진자나 민원 유발자 및 지시사항 불이행자 등에 국한하여 코칭을 진행하기 위한 도구로서 평가항목을 세분화하는 것이 바람직하다.

(5) 모니터링 평가표 작성 절차

모니터링 평가표를 작성하는 절차에 대해서 알아보자. 먼저 모니터링 평가표를 만들기 전에 고려해야 하는 사항들은 다음 그림에서 보는 업무 유형 및 특성을 고려한 목표 및 가이드라인을 설정하는 것이다.

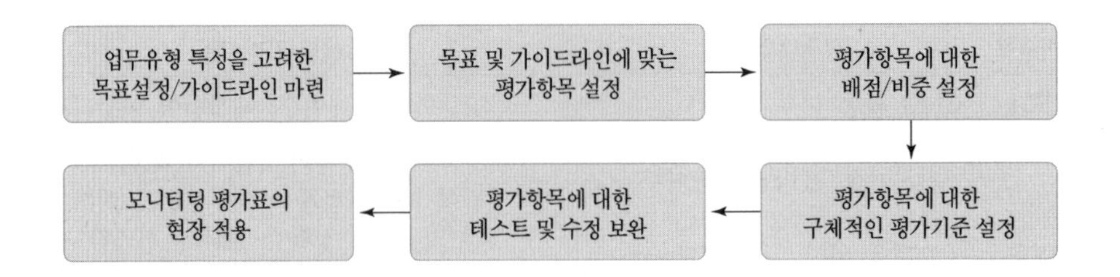

(6) 평가표 작성 시 고려사항

① 업무유형에 따라 'Fact'를 근거로 한 통화품질 현황분석(관리포인트, 개선요소 등)
② 분석을 통한 통화품질 방향성 설정 및 가이드라인 마련
③ 조직 및 고객의 기대충족은 물론 상담사 스킬향상을 고려한 목표설정
④ 가이드라인에 따른 평가항목의 설정
⑤ 주관적인 평가항목은 가급적 배제하고 객관적이고 측정 가능한 평가항목 설정
⑥ 주요평가항목에 대한 세부평가항목 및 적절한 개수 설정
⑦ 평가항목에 대한 비중 및 세부항목에 대한 배점 설정
⑧ 업무의 특성을 고려하고 업무의 중요도, 난이도를 비중이나 배점으로 반영
⑨ 평가항목에 대한 구체적인 평가기준 마련
⑩ 모호하지 않고 구체적이며 누가 평가해도 동일한 평가가 나올 수 있는 기준 설정
⑪ 평가항목 및 배점기준을 토대로 Pilot 테스트 진행
⑫ QA 및 업무 담당자간의 미팅을 통해 테스트 결과에 따른 개선 및 보완 진행
⑬ 통화품질 관리를 위한 평가적용 후에도 지속적인 점검 및 보완 필요
⑭ 새로운 상품이나 서비스 또는 전략의 변화에 따라 이를 평가표에 반영

(7) 실시간 모니터링 평가의 이해

① 국내 콜센터는 실시간 모니터링 평가보다 Call taping(콜 녹취)에 의한 평가가 주를 이루고 있으며, 보통 3콜로 QA평가를 하는 곳이 많다.
② 실시간 모니터링 평가를 하지 않은 이유는 경험부족이나 스킬 부족, 숙련 시간이 오래 걸리는 점 때문에 단순 녹취에 의한 평가가 주를 이루고 있어 개선이 필요하다.
③ 실시간 모니터링(할입감청, MBWA)을 진행하고 있지만 실제로 이를 상담품질 평가에 반영하는 콜센터는 많지 않다.
④ 보통 2~3콜로 평가하다보니 상담사의 불만이 많고 무엇보다 개선에 초점이 맞추어진 것이 아니라 평가를 위한 수단으로 전락하고 있어 객관성 부족과 평가에 대한 불신이 많다.

⑤ 실시간 모니터링 평가는 실시간으로 고객과 상담사가 통화하는 내용을 들으면서 평가하는 방식을 의미한다.

⑥ 실시간 모니터링 평가를 통해 상담사가 자주 저지르는 실수나 누락하는 것들 또는 운영상 꼭 안내되어야 할 사항에 대해 점검하는 차원에서 활용하기도 한다.

⑦ 실시간 모니터링 평가 비중을 늘림으로써 비효율적인 업무를 줄여야 하며, 상담사의 스킬을 향상시킬 수 있는 방향으로 모니터링 평가가 이루어져야 한다.

(8) 실시간 모니터링 평가 시 고려사항

① 핵심평가 항목 위주로 하고 평가항목은 고객의 기대가치와 콜센터의 목표 수준에 부합하는 범위 내에서 최소화하고 불필요한 항목을 제거한다. → 업무프로세스 확인과 주요 업무 및 핵심사항 이행여부 점검

② 기간을 정해놓고 점차적으로 실시간 모니터링 평가 비중을 늘리는 것이 부작용을 최소화할 수 있다. → 부작용 : QAA의 평가 스킬이나 공정성, 상담사들의 평가불만 등

③ 실시간 모니터링 평가와 녹취 콜에 의한 평가(Call taping)에 의한 평가 비율은 6 : 4 정도가 적당하며, 점차적으로 실시간 모니터링 평가 비중을 확대한다.

④ 기존의 녹취 콜에 의한 평가표는 세부적인 코칭이 필요한 실적 부진자, 고객불만 야기자, 신입사원을 대상으로 풀 코칭(Full Coaching) 진행 시 활용한다.

⑤ 실시간 모니터링 평가는 QA들이 모여 자주 공동평가를 진행하여 평가의 갭 발생을 최소화한다.

(9) 실시간 모니터링 평가 스킬 향상을 위한 방법

① 상담 유형에 따른 다양한 콜을 많이 청취한다.

※ 콜을 많이 청취하면 콜 유형파악은 물론 전체적인 콜의 흐름을 파악하는데 유익하므로 수시로 듣는 연습을 한다.

② 고객의 문의유형을 신속하게 파악하는 연습을 한다.

※ 인입 콜 유형이 대부분 유사하기 때문에 유형을 파악하는 것은 1주일 정도면 충분하다.

③ 핵심평가 항목 및 배점기준이 머리 속에 자리잡도록 한다.

※ 첫인사, 고객정보 확인, 이력확인 후 교차 및 상향판매 여부, 플러스 원 시행여부, 고객반론 극복, 고객 니즈파악 등

④ 실시간 모니터링 평가는 나무를 보는 것이 아닌 숲을 보는 활동이므로 콜의 전체적인 흐름을 보고 평가한다.
※ 전체적인 맥락에서 고객과 상담사간 응대하는 콜에 집중하고 전체의 흐름을 이해해야 하며, 평가하지 못한 콜은 염두해 두지 말고 과감하게 다음 항목으로 넘어간다.

⑥ 혼자서 여러 유형의 콜을 들어보고 실시간으로 평가 연습(콜의 흐름과 평가 항목 및 비중)을 한다.

⑦ 상담사가 고객과 응대 시 자주 실수하거나 누락하는 내용은 없는지 그리고 반드시 안내해야 하는 내용 등을 제대로 이행하는지 여부를 실시간 모니터링을 통해 파악한다.

⑧ 실시간 모니터링 평가를 통해 나오는 상담사의 성향, 버릇, 태도를 면밀히 파악해서 이를 코칭이나 교육에 반영하고, 상담품질의 방향성을 설정하는 데 활용한다.

(10) 서면 피드백의 이해

콜센터에서는 상담사 측면에서 상담품질 관리를 통해 얻는 이점이 극대화될 수 있도록 서면 피드백을 작성한다. 서면 피드백은 상담사의 강점과 우수 행동은 강화시키고, 단점과 잘못된 점은 개선할 있도록 방향을 제시하는 데 목적이 있다.

상담품질 관리를 통한 이점(상담사 측면)
- 응대 자신감
- 오안내 및 오상담 감소(상담능력 개선)
- 효율적이고 신속한 응대 가능

지지적 피드백과 교정적 피드백을 균형 있게 사용하여 상담사에게 자신감을 심어주고 문제의 원인을 분석하여 개선된 방향으로 유도한다.

지지적 피드백의 5가지 핵심 - 격려과 지지, 배려를 최우선으로 함	교정적 피드백의 5가지 핵심 - 잘못된 행동이나 행위에 대한 교정
• 구체적 칭찬 • 사소한 면이라도 자주 칭찬 • 진심으로 인정하고 칭찬 • 결과뿐 아니라 과정도 칭찬 • 미래의 긍정적 결과를 제시하며 칭찬	• 개선이 필요한 행동에 초점 • 행동이 가져오는 부정적인 영향 언급 • 바람직한 행동 제시 • 즉시성 있는 피드백 • 상담사의 반응 수용

(11) 콜센터에서의 서면 피드백 진행 시 주요 지침

① 상담사의 장단점을 적절하게 보여주어야 하며. 반드시 상담사의 장점을 꼭 찾아 칭찬한다.

② 피드백 시 상호신뢰를 바탕으로 하고 동일한 목표를 향해 함께 가고 있음을 생각하며 작성한다.

③ 일반적으로 기준안 평가의 세부 항목 순서에 맞춰 작성하되, 개선이 시급한 사항이나 중요한 항목은 강조하며 먼저 기재한다(개선점에 대한 구체적인 사례 제시).

④ 장황하거나 긴 피드백보다는 간결하고 명확한 메시지로 전달하며, 쉬운 용어나 표현으로 상담사의 눈높이에 맞춰 기재한다.

⑤ 잘못된 표현 및 권장 표현의 경우는 상담사가 이해하기 쉽도록 '대화체'로 표현하여 작성하며, 무엇보다도 서면으로 전달되는 만큼 신중하고 정중한 어휘를 사용한다.

⑥ 객관적이며 구체적인 Fact에 근거하여 서면 피드백을 진행하며 대안을 줄 수 없거나 구체적이지 않은 내용은 평가하지 않는다(행동으로 옮길 수 있는 내용으로 피드백 진행).

⑦ "~이기 때문에 ~해 주시기 바랍니다" 등으로 방법론과 문제 해결 방안을 제시한다.

⑧ 성과향상을 위한 PL기법(Performance Improvement)을 사용하여 작성하는데, PL기법에는 Positive Feedback(What, Why)과 Development Feedback(What, What, Why)이 있다.

Positive Feedback(What, Why) 잘 해온 일을 강화시킬 때 사용

무엇을 (한 말이나 행동 포함)	왜 (왜 그것이 효과적이었나)

(ex) 요즘 홍길순씨 컴플레인을 처리하실 때 고객 상황에 맞게 감정이입이 된 다양한 응대 어구사를 잘 표현하시네요. 그래서 이달 길순씨가 프로모션 최우수사원으로 선정됐어요. 축하합니다!

Development Feedback(What, What, Why) 실패원인 분석과 개선방향에 초점

무엇을 (한 말이나 행동 포함)	제시된 대안	왜 (왜 그것이 효과적이었나)

(ex) 홍길순씨 요즘 여러 가지 물품을 한꺼번에 주문하시는 고객분들 많죠! 그럴 때 길순씨는 상품명 확인을 적절한 휴지 없이 빠르게 안내하시더라구요. "고객님께서 주문하신 물품은 A, B, C입니다." 그런데 길순씨! 다양한 상품을 주문하는 고객분께는 먼저 총 몇 가지를 주문하셨는지 확인시켜 주신 후 자세한 상품명을 차분하게(적절한 휴지를 둔 상태로) 안내해 주신다면 신속한 통화종결이 되지 않을까 싶네요.

⑨ 서면 피드백 작성 시 금지표현은 지양하고 권장표현을 사용하여 작성한다.

구 분	금지표현	권장표현
유형 및 특성	• 무시 • 지시 • 질책/질타 • 단정 • 부정적 • 충고	• I 메시지 • 도움/지지 • 간단/명료/정확 • Key-point • action plan
예 시	• 그럼 그렇지! • 이렇게 하세요! • 이게 뭡니까? 그렇게 밖에 못하세요! • 그것은 틀렸어요! • 내 말대로 하세요.	• ~해서 제가 다 기쁩니다. • ~방법을 추천합니다. • ~해 내실 줄 알았습니다. • ~가 어떨까요? • ~하실 수 있을까요?

2. QA관리사 모니터링 평가 및 서면 피드백 작성

콜센터 QA관리사 실기시험에 응시할 때 필요한 모니터링 평가에 대한 개요 및 정보에 대해 학습하고, 모니터링 평가 및 서면 피드백 답안 작성 요령이나 주의사항에 대해 학습함으로써 실전에 대비한다. 특히 모니터링 평가 및 서면 피드백 작성 절차 및 지침은 반드시 학습하여 실전에 활용할 수 있도록 한다.

(1) QA관리사 모니터링 평가

① 모니터링 평가 문항수는 2건으로 총 30점 만점으로 한다.

② 인바운드 콜과 아웃바운드 콜을 대상으로 하며 단순문의, 접수, 환불, 고객불만, 해피콜, 세일즈 등 다양한 상황에 대한 콜을 대상으로 평가한다.

③ 한 문항당 배점은 총 15점으로 『기준안 평가』 5점과 『서면 피드백』 10점으로 한다.

④ 기준안 평가는 녹취 사례를 듣고 제시된 평가 세부항목에 맞춰 이행여부를 판단하는 것으로, 이행된 것은 'Y', 한가지라도 이행되지 않은 것은 'N'으로 표기하며 중간 점수는 없다.

⑤ 서면 피드백은 아래와 같은 항목에 대해 평가하고 서술하는 것으로 각각의 항목에 대한 점수는 다음과 같다.

평가내용	배 점
감점 사례의 구체적 기술	2점
상담 시 요구사항에 대한 구체적 기술	4점
상담 시 요구사항에 대한 대안제시	4점

⑥ 모니터링 평가 작성 시간은 한 문항당 20분을 부여한다(총 40분).

⑦ 녹취 사례 청취 : 1문항당 고객과 상담사가 통화하는 내용을 3회 제공한다.

⑧ 각 항목에 정확한 내용을 포함하여 작성하였을 경우 만점으로 보며, 평가내용 중 누락된 것이 있는 경우 만점에서 차감하는 방식으로 진행한다.

(2) 콜센터 QA관리사 모니터링[실기] 평가 작성 요령

① 먼저 제시된 모니터링 관련 지문에 나오는 [Key point]를 미리 읽어보고 중요한 내용이나 관련 정보 등을 숙지한다.

② 주요 정보 순서 : 센터정보-운영목적-상담 시 요구사항 순

③ 특히 상담 시 요구사항에 대한 세부항목 및 필수 확인 사항이나 필수 안내 사항은

반드시 확인하고, 중점적으로 체크해야 할 부분을 간략히 메모하여 답안지 작성 시 관련 내용이 포함될 수 있도록 한다.

④ 관련 내용이 나오는 녹취콜은 총 3번을 들려 주는데 첫 번째 콜은 이미 숙지한 내용을 토대로 전체적인 흐름을 파악하는데 노력하고, 이에 따라 기준안 평가 및 감점 사례를 기재한다. 특히 기준안 평가는 해당 항목에 대한 점수를 주는 것이 아니라 이행 여부를 'Y' 또는 'N'으로 답안을 적고 이행 여부를 꼼꼼히 점검한다. 2번째 콜을 들려줄 때는 통화 내용에 따라 상담진행 능력과 대안제시에 대한 답을 작성한다.

⑤ 평가(이행여부) 및 서면 피드백 내용을 작성한 후 마지막 콜을 듣고 재검(Review)하여 수정할 부분이 있으면 수정한다.

(3) 서면 피드백 작성 요령

① 녹취 콜 청취 후 모니터링 평가와 동시에 관련 내용을 토대로 서면 피드백 내용을 작성한다.

② 모니터링 평가 내용에 나오는 주요 이슈나 문제점에 대한 부분을 구체적으로 서술하고 이에 대한 대안을 제시하는 것이 서면 피드백 평가의 핵심이다.

③ 서면 피드백의 주요 작성 내용은 아래 3가지로 구성된다.

④ 감점 사례는 상담 시 요구사항을 포함하여 필수 확인 사항과 필수 안내 사항 내용 중 누락되거나 이행이 되지 않는 사항을 구체적으로 기술하는 것이 핵심이다. 따라서 기준안 평가 시 감점한 사례를 서면 피드백 감점 사례에 구체적으로 작성한다.

⑤ 상담진행 능력은 지문에 제시된 상담 시 요구사항(효과적인 고객상담을 위해 필요한 요소)을 근거로 하여 이에 대한 이행 여부 및 누락된 사항들이나 잘못된 상담 내용을 구체적으로 작성하는 것이 핵심이다. 상담진행 능력 평가는 기준안 평가 항목에는 없으나 제시된『상담 시 요구사항』중 미흡하거나 누락된 항목을 구체적으로 기술한다.

⑥ 대안 제시는 상담진행 능력에서 수험자가 작성한 이행 여부 및 누락된 사항들이나 잘못된 점에 대한 구체적인 대안을 제시하는 것이 핵심이다. 따라서 미흡하다고 판단된 내용에 대한 대안을『서면 피드백 대안 제시』란에 작성한다.

(4) 모니터링 평가 및 서면 피드백 작성 절차 및 지침

모니터링에 대한 평가 및 서면 피드백을 작성할 때는 다음 절차와 주의사항에 따라 작성하는 것이 효율적이다.

순 서	주요 내용	지 침
1단계	지문에 나오는 주요 내용 및 정보 확인	• 상담 시 요구 사항 확인 및 숙지 – 필수 확인 사항 및 필수 안내 사항 확인 및 숙지
2단계	주요 내용 요약 및 숙지(Check)	• 전체적인 흐름에 대한 이해 • 제시된 지문에 대한 요약
3단계	관련 녹취콜 청취	• 사전에 요약 및 숙지된 내용에 맞춰 콜 청취 • 콜 청취 후 관련 내용 파악 및 핵심 사항 정리 – 주요 내용 메모 및 요약
4단계	평가 진행 및 서면 피드백 작성	• 녹취 콜 청취 후 평가 진행 – 이행 여부 평가 후 'Y' 또는 'N'으로 표기 • 녹취 콜 청취 후 서면 피드백 작성 – 감점 사례-상담진행 능력-대안제시
5단계	평가 및 피드백 내용 정리	• 평가 및 서면 피드백 작성 후 재확인 • 필요에 따라 해당 내용 수정

(5) 답안지 작성 시 유의사항

① 답안지를 받고 난 후 반드시 수험번호와 수험자명을 기입한다.

② 답안지란에 채점에서 오해를 불러일으킬 수 있는 특이한 기록이나 낙서를 했을 경우 0점 처리된다.

③ 답안지란에 반드시 흑색 또는 청색필기구를 사용하며 동일한 색의 필기구만을 계속 사용해야 한다. 기타 다른 필기구를 사용할 경우에는 시험감독관에게 사전 허락을 받아야 하며, 사전 허락이 없을 경우에는 채점 대상에서 제외한다.

④ 연필을 사용할 경우에도 채점 대상에서 제외한다.

⑤ 기준안 평가 시 이행 여부란에 답을 기재할 때는 'Y' 또는 'N'으로만 표기한다.

⑥ 답안 정정 시 수정테이프나 수정액을 사용할 수 없으며, 두줄(=)을 긋고 그 옆에 수정할 내용을 기재하여 명확하게 기술한 답이 보일 수 있도록 작성한다.

⑦ 답안지 작성 시 틀렸을 경우 시험 감독관의 지시를 따른다.

⑧ 답안지 작성은 채점자가 작성자의 답안 내용을 쉽고 명확하게 파악할 수 있도록 작성한다. 핵심사항이나 키워드가 반드시 들어갈 수 있도록 기술하거나 띄어쓰기 및 맞춤법을 고려하여 작성하며 정확한 필체로 알아볼 수 있도록 작성한다.

⑨ 장황한 설명보다는 간결하고 핵심적인 내용 위주로 답안지를 작성한다.

⑩ 답안지 이면이나 답안지를 벗어난 공란에 기재된 내용은 채점하지 않으므로 유의한다.

3. 모니터링 평가 및 서면 피드백 실전

실제로 QA관리사 실기 시험에 나오는 문제 유형을 사전에 학습 및 연습을 통해 실전력을 향상시킨다. 출제되는 문제 유형을 파악하는 것이 중요하므로 앞에서 설명한 평가내용이나 작성요령 등을 숙지한 상태에서 문제에 대한 전체적인 흐름과 맥락을 이해한다.

※ 실전 예제 MP3 파일은 한국콜센터아카데미 홈페이지에서 무료로 다운로드 받으실 수 있습니다.

실전 예제 1 : 항공사 탑승 관련 문의

주요 정보

• 센터정보 : 항공사 예약 및 발권, 탑승, 여행정보 등을 상담할 수 있는 인바운드 센터
• 운영목적 : 고객서비스를 통한 자사 이미지 제고
• 상담 시 요구사항 **Key point**

① 상담 시 첫인사는 인사말(“즐거운 여행에 함께 하는”), 회사명, 상담사명으로 하며, 도입부에 용무문의 “무엇을 도와드릴까요?” 구사를 통해 적극적 이미지를 전달한다.
② 고객의 문의에 집중하여 불필요한 추가 질문을 하지 않는다.
③ 고객이 불쾌한 감정을 표현할 경우에는 공감어 사용을 한다.
④ 고객이 불편호소, 불만제기 등을 할 경우 무조건 “죄송합니다”보다는 고객이 이해할 수 있도록 상황을 설명하고 반론제기를 한다.
⑤ 추측성 발언은 금하며, 항공사 내부에서 사용하는 전문용어는 고객의 눈높이에 맞춰 풀어서 표현한다.
⑥ 특정 직원 및 상담사를 찾는 경우 무조건 연결하기보다는 “고객님, 제가 도와드릴까요?” 등으로 자체적 해결을 우선한다.
⑦ 동반가능 애완동물 문의 필수 확인 사항 및 안내사항을 빠짐없이 전달한다.

필수 확인 사항	필수 안내 사항
• 탑승지 확인(국내/해외) • 동반 탑승 애완동물 종류 확인	• 동반 탑승 가능 마리 수 안내, 무게 제한 안내(5kg), 운송용기 안내, 동물 검역증명서를 지참하고 탑승 전 서약서 작성 안내 • 탑승불가 동물의 경우 화물대리점 안내

⑧ 상담 종료 시 끝인사는 추가문의 여부, 항공사 이용에 대한 감사인사, 상담사명으로 진행한다.

해당 센터의 상담 Key Point 및 기준안 평가 세부항목을 숙지한 후 상담내용을 듣고 이에 따른 평가 및 서면 피드백을 작성한다.

■녹취 예시 ※(_)은 상담 중 누락된 부분의 예시이다.

상담사 즐거운 여행에 함께 하는 ○○항공 상담사 ○○○입니다. 무엇을 도와드릴까요?

고 객 네 안녕하세요? 언니, 뭐 하나만 물어볼게요.
제가 제주도 갈 때 강아지를 데리고 가야 하는데 어떻게 해야 할지 몰라서요?

상담사 네 확인 후에 안내 도와드리겠습니다. 탑승지는 국내인가요 해외인가요?

고 객 국내요.

상담사 동반 탑승 애완동물 확인하겠습니다.

고 객 강아지요.

상담사 네, 강아지는 탑승 가능 동물로, 탑승자 1명당 1마리의 애완동물 반입이 가능합니다. (동물의 무게는 5kg을 넘지 않아야 합니다.)
그리고 운송용기를 준비하시거나 없으시면 공항에 오셔서 구입하셔서 준비해 두셔야 합니다.
마지막으로 동물 검역증서를 탑승 수속 카운터에 오셔서 서약서 2부를 작성하셔야 합니다.

고 객 네, 좀 이해 됐어요… 그런데 좀 복잡하군요.

상담사 애완동물 탑승 기준이 정해져 있기에 복잡하더라도 꼭 지켜주시기 바라며 혹시 고객님, 저희 ○○공항 홈페이지 접속이 가능하시면 ○○○에서 확인하실 수 있습니다.

고 객 네 알겠어요…

상담사 (더 궁금하신 사항 있으신가요?) 이번 여행에 저희 항공사를 선택해 주신 점 감사드리고 불편함이 없도록 최선을 다해 모시겠습니다.
저는 ○○○○였습니다.

■기준안 평가 세부항목 및 서면 피드백의 예시

구 분	평가항목	이행여부
도 입	첫인사 단계 이행 여부	Y
본 문	필수 확인 사항 이행 여부	Y
	필수 안내 사항 이행 여부	N
	고객이 복잡함을 호소했을 때 설득	Y
마무리	끝인사 단계 이행 여부	N

(계속)

구 분	평가항목
서면 피드백	1. 감점 사례 2건 ㉠ 무게 제한 누락 ㉡ 추가문의 사항 누락 2. 상담 시 요구사항 2건 ㉠ 고객이 "제주도 갈 때 강아지를 데리고 가야 하는데~"라고 언급했는데도 불구하고 재차 묻고 있음 ㉡ 고객이 복잡함을 호소함에도 불구하고 규정만을 언급하고 있음 3. 대안제시 2건 ㉠ 보다 상담에 집중하여 "네, 국내여행 예정이시죠? 강아지는 탑승 가능한 동물로~" 등으로 보다 효율적인 경청이 이루어지도록 할 것 . ㉡ 고객이 복잡함을 호소할 때 "아, 네 복잡하다고 생각하셨군요!" 등으로 고객의 느낌을 같이 공감해줄 것 → 고객 체감만족도 상승 기대

■ 채점기준

① 기준안 평가(5점)

- 이행여부를 모두 바르게 기재한 경우 5점, 오기재 건마다 −1점.

② 서면 피드백 감점 사례(2점)

- 필수 확인 사항 중 누락된 부분을 『무게 제한』 등으로 구체적으로 기재하면 1점
- 끝인사 단계 이행 여부에서 누락된 부분을 『추가문의』 등으로 구체적으로 기재하면 1점.

③ 상담 시 요구사항에 대한 서면 피드백(4점)

- **Key point** ②번 『고객의 문의에 집중하여 불필요한 추가 질문을 하지 않는다.』에 대한 핵심능력을 파악하고 구체적 기재 시 2점, 해당 능력을 파악하지 못한 경우 0점.
- **Key point** ③번 『고객이 불쾌한 감정을 표현할 경우에는 공감어 사용을 한다.』에 대한 핵심능력을 파악하고 구체적 기재 시 2점, 해당 능력을 파악하지 못한 경우 0점.

④ 서면 피드백 대안제시(4점)

- **Key point** ②번 『고객의 문의에 집중하여 불필요한 추가 질문을 하지 않는다.』에 대한 적절한 대안을 기재 시 2점, 해당 대안은 기재했으나 대안이 미흡한 경우 1점, 해당 대안을 제시하지 못한 경우 0점.
- **Key point** ③번 『고객이 불쾌한 감정을 표현할 경우에는 공감어 사용을 한다.』에 대한 적절한 대안을 기재 시 2점, 해당 대안은 기재했으나 대안이 미흡한 경우 1점, 해당 대안을 제시하지 못한 경우 0점.

실전 예제 2 : 서비스만족도 조사

주요 정보

- 센터정보 : 가전제품 A/S를 받은 고객을 대상으로 고객만족도를 조사하는 해피콜 센터
- 운영목적 : 고객만족도 조사 분석을 통한 서비스 개선
- 상담 시 요구사항 **Key point**

① 상담 시 첫인사는 인사말, 회사명, 상담사명으로 한다.
② 반드시 서비스를 받은 고객을 대상으로 실시해야 하므로 서비스 경험 유무를 확인한다.
③ 사전 동의를 구하고 조사 문항수 또는 예상 시간을 안내한다.
④ 조사 거부 고객 및 조사 중도 포기 고객의 경우 불쾌감을 주어서는 안되며, 감사인사로 종료한다.
⑤ 조사항목의 누락이 발생되지 않도록 질문 내용을 숙지하고 진행한다.

방 법	필수 확인 및 안내
조사문항 1	설명의 충분성
조사문항 2	사전방문 약속의 정확성
조사문항 3	방문기사의 청결성
조사문항 4	전반적 만족도

⑥ 조사항목은 한 질문에 한 개의 답을 얻을 수 있도록 진행되어야 한다.
⑦ 상담사의 태도가 조사 결과에 영향을 미칠 수 있으므로 불친절 또는 지나친 친절은 지양한다.
⑧ 답변을 얻는 과정에서 고객에게 결과 유도 등의 표현이 이루어져서는 안 된다.
⑨ 통화 종료 시 끝인사를 진행하며, 설문협조에 대한 감사인사, 회사 홈페이지 사용 유도, 회사명과 상담사명으로 진행한다.

해당 센터의 상담 Key Point 및 기준안 평가 세부항목을 숙지한 후 상담내용을 듣고 이에 따른 평가 및 서면 피드백을 작성한다.

■녹취 예시 ※(_)은 상담 중 누락된 부분의 예시이다.

상담사 안녕하세요? ○○전자 ○○○입니다. ○○○고객님 되십니까? (서비스를 받은 고객임을 확인)

고 객 네, 접니다. 무슨 일이시죠?

상담사 네, 고객님, 어제 ○○전자 냉장고 서비스를 받으셨죠?

고 객 네.

상담사 보다 나은 서비스를 위해 어제 받으셨던 냉장고 서비스에 대한 만족도 조사를 진행하고 있습니다. 통화 가능하신가요?

고 객 그럼, 빨리 해봐요.

상담사 네 고객님! 서비스 시행 시 문제사항에 대해서는 자세하게 설명해 드렸습니까?

고 객 네.

상담사 방문전 고객님과 전화통화를 했으며 약속은 잘 지켰나요?

고 객 네.

상담사 방문하신 기사님의 복장과 청결상태는 어떠셨나요? 매우만족 5점, 만족 4점, 보통 3점, 불만족 2점, 매우불만족 1점입니다.

고 객 음… 뭐, 나쁜점은 없었던 것 같은데요.

상담사 만족하셨단 말씀이시죠? (다시 한번 점수로 말씀해 주시겠습니까?)

고 객 네, 뭐 나쁜 점은 없었으니까 만족으로 할게요.

상담사 마지막으로 방문하신 기사님의 서비스에 대해서 전반적으로 만족도 점수를 주신다면 몇 점을 주시겠습니까? 매우만족 5점, 만족 4점, 보통 3점, 불만족 2점, 매우불만족 1점입니다.

고 객 네… 만족으로 할게요.

상담사 네, 고객님 설문에 응해 주셔서 감사합니다. (사용하시다가 서비스 요청 시 저희 홈페이지를 통해서도 빠르게 접수처리 가능하니 많은 이용 바라겠습니다.) 저는 ○○전자 ○○○였습니다.

■ 기준안 평가 세부항목 및 서면 피드백의 예시

<table>
<tr><th>구 분</th><th>평가항목</th><th>이행여부</th></tr>
<tr><td>도 입</td><td>첫인사 단계 이행 여부</td><td>Y</td></tr>
<tr><td rowspan="3">본 문</td><td>서비스 경험 유무 확인</td><td>Y</td></tr>
<tr><td>사전 동의 여부</td><td>Y</td></tr>
<tr><td>점수 유도 여부</td><td>N</td></tr>
<tr><td>마무리</td><td>끝인사 단계 이행 여부</td><td>N</td></tr>
<tr><td>서면
피드백</td><td colspan="2">1. 감점 사례 2건
㉠ "만족하셨단 말씀이시죠?"로 결과 유도
㉡ 홈페이지 사용 유도 안내 누락
2. 상담 시 요구사항 2건
㉠ 조사 전 조사 문항수 또는 예상 시간을 안내하고 진행해야 함
㉡ "방문 전 고객님과 전화통화를 했으며 약속은 잘 지켰나요?"는 1가지 질문을 통해 2개의 답을 요구하는 형태임
3. 대안제시 2건
㉠ "고객님 짧게 4가지 항목에 대해서만 간단하게 여쭐텐데 잠시만 시간 내셔서 답변 좀 부탁드리겠습니다" 또는 "고객님! 소요시간은 1분 이내이므로 답변을 해 주시면 감사하겠습니다" 등으로 안내할 것
㉡ 서비스 기사가 방문 전 고객님께 전화를 드렸습니까?", "약속한 시간에 방문했습니까?" 등으로 분리하여 질문해야만 정확한 결과를 얻을 수 있다. 만약 한 가지 질문으로만 진행할 예정이면 "전화로 약속했던 시간을 잘 지켰습니까?" 등으로 질문해야 한다.</td></tr>
</table>

■ 채점기준

① 기준안 평가(5점)

- 이행여부를 모두 바르게 기재한 경우 5점, 오기재 건마다 −1점.

② 서면 피드백 감점 사례(2점)

- 점수 유도를 한 사례를 『만족하셨단 말씀이시죠?』 등으로 구체적으로 기재하면 1점.
- 끝인사 단계 이행 여부에서 누락된 부분을 『회사 홈페이지 사용 유도』 등으로 구체적으로 기재하면 1점.

③ 상담 시 요구사항에 대한 서면 피드백(4점)

- **Key point** ③번 『사전 동의를 구하고 조사 문항수 또는 예상 시간을 안내한다』에 대한 핵심능력을 파악하고 구체적 기재 시 2점, 해당 능력을 파악하지 못한 경우 0점.

- **Key point** ⑥번 『조사항목은 한 질문에 한 개의 답을 얻을 수 있도록 진행되어야 한다』에 대한 핵심능력을 파악하고 구체적 기재 시 2점, 해당 능력을 파악하지 못한 경우 0점.

④ 서면 피드백 대안제시(4점)

- **Key point** ③번 『사전 동의를 구하고 조사 문항수 또는 예상 시간을 안내한다』에 대한 적절한 대안을 기재 시 2점, 해당 대안은 기재했으나 대안이 미흡한 경우 1점, 해당 대안을 제시하지 못한 경우 0점.
- **Key point** ⑥번 『조사항목은 한 질문에 한 개의 답을 얻을 수 있도록 진행되어야 한다』에 대한 적절한 대안을 기재 시 2점, 해당 대안을 제시하지 못한 경우 0점.

실전 예제 3 : 국제전화 요금 관련 문의

주요 정보

- 센터정보 : 기간통신 사업자로 유/무선 서비스를 제공하는 기업의 인바운드 센터
- 운영목적 : 가입고객 증가를 통한 매출증대 및 고객만족 서비스 제공
- 상담 시 요구사항 **Key point**

① 상담 시 첫인사는 인사말, 회사명, 상담사명, "무엇을 도와드릴까요?"로 구사한다.
② 당사 서비스에 문의 또는 신청고객에게는 도입부에 감사멘트를 구사한다.
③ 고객에게 맞춤 서비스를 제공하기 위해 이용국가, 사용시간대, 통화량을 탐색하여 적정 요금제를 추천한다.
④ 고객정보가 틀린 경우 적극적으로 업데이트한다.
⑤ 국제전화 요금상품 변경/신청 관련 문의에 따른 필수 확인 사항 및 필수 안내 사항을 빠짐없이 진행한다.

필수 확인 사항	필수 안내 사항
고객정보 확인(총 3가지 확인) • 명의자 이름, 전화번호 확인은 필수 • 가입자 주소지 또는 주민등록번호 중 1가지 선택	요금상품별 필수 안내 사항 전달 (서비스 적용 시기, 분당요금제 안내, 월 기본료)

⑦ 끝인사는 3단계로 진행하며, 고객정보 변경 시 통보에 대한 고지 및 상황에 맞는 인사말, 상담사명으로 한다.

해당 센터의 상담 Key Point 및 기준안 평가 세부항목을 숙지한 후 상담내용을 듣고 이에 따른 평가 및 서면 피드백을 작성한다.

■ 녹취 예시 ※ (_)은 상담 중 누락된 부분의 예시이다.

상담사 안녕하세요? ○○통신 상담사 ○○○입니다. 무엇을 도와드릴까요?

고 객 네, 안녕하세요? 국제전화 할인 서비스 신청하려고요.

상담사 국제전화 할인 서비스 신청하시겠습니까?

고 객 네.

상담사 저희 국제전화는 처음 이용하십니까?

고 객 아니오, 아주 오래 전에 이용한 적 있어요.

상담사 그러십니까?
그렇다면 다이어트 요금제로 이용하시면 될 것 같습니다. 신청 도와드릴까요?
(고객님께 알맞은 서비스를 제공하고자 몇 가지만 여쭤보겠습니다. ①이용국가는 어떻게 됩니까? ②사용 시간대는 어떻게 됩니까? ③통화량은 어느 정도 됩니까?)

고 객 그래요? 그럼 제 이름으로 신청해 주세요.

상담사 네, 신청 도와드리겠습니다. 전화번호와 명의자 분 성함을 말씀해 주시겠습니까?

고 객 네, 123－4567이구요, ○○○입니다.

상담사 명의자분 주소를 말씀해 주시겠습니까?

고 객 주소는 ○○구 ○○동 ○○번지예요.

상담사 주소가 다르게 등록되어 있네요. 다른 정보로 확인하겠습니다. 주민등록 번호 알려주시겠습니까? (혹시 고객님 주소 변경되셨습니까? 변경 도와드리겠습니다.)

고 객 네 ○○○○○○－○○○○○○○입니다.

상담사 확인 감사합니다. 저희 다이어트 요금제는 오늘부터 적용되며 (분단위 요금제로 10초를 이용하셔도 ○○원의 요금이 부과됩니다.) , 월 기본료 1,000원은 첫 통화에 포함되어 청구됩니다.

고 객 네, 알겠습니다.

상담사 네, 그리고 전화번호 변경이나 타사로 번호를 이동하실 때는 위 서비스가 자동 연계되지 않으므로 반드시 당사로 연락주시기 바랍니다. 오늘도 행복한 하루 되세요. 감사합니다. 저는 상담사 ○○○입니다.

■ 기준안 평가 세부항목 및 서면 피드백의 예시

구 분	평가항목	이행여부
도 입	첫인사 단계 이행 여부	Y
본 문	필수 확인 사항 이행 여부	Y
	필수 안내 사항 이행 여부	N
	맞춤 요금제 제안을 위한 탐색	N
마무리	끝인사 단계 누락	Y
서면 피드백	1. 감점 사례 2건 ㉠ 분당 요금제 안내 누락 ㉡ 이용국가/사용기간/통화량 탐색 누락	

(계속)

구 분	평가항목
서면 피드백	2. 상담 시 요구사항 2건 ㉠ 당사 서비스에 관심을 보이는 고객이나 서비스를 이용해 주려는 고객에게 감사의 표현이 누락됨 ㉡ 고객정보 확인 시 고객의 정보 변경이 발생되었음에도 불구하고 변경하려는 자세가 보이지 않음 3. 대안제시 2건 ㉠ "네 고객님! 당사 서비스에 관심 가져 주셔서 감사합니다", "저희 ○○ 통신을 이용해 주셔서 감사합니다" 등으로 감사인사를 전할 것 ㉡ "혹시 주소지가 변경되셨습니까? 변경 도와드리겠습니다" 등으로 고객의 정보를 적극적으로 업데이트할 것

■ 채점기준

① 기준안 평가(5점)

- 이행여부를 모두 바르게 기재한 경우 5점, 오기재 건마다 −1점.

② 서면 피드백 감점 사례(2점)

- 필수 안내 사항에서 『분당요금제 미안내』 등으로 구체적으로 기재하면 1점.
- 맞춤요금제 제안을 위한 탐색에서 『이용국가/사용시간대/통화량』 등으로 구체적으로 기재하면 1점, 1가지라도 누락되면 0점.

③ 상담 시 요구사항에 대한 서면 피드백(4점)

- Key point ②번 『당사 서비스에 문의 또는 신청고객에게는 도입부에 감사멘트를 구사한다』에 대한 핵심능력을 파악하고 구체적 기재 시 2점, 해당 능력을 파악하지 못한 경우 0점.
- Key point ④번 『고객정보가 틀린 경우 적극적으로 업데이트 한다』에 대한 핵심능력을 파악하고 구체적 기재 시 2점, 해당 능력을 파악하지 못한 경우 0점.

④ 서면 피드백 대안제시(4점)

- Key point ②번 『당사 서비스에 문의 또는 신청고객에게는 도입부에 감사멘트를 구사한다』에 대한 적절한 대안을 기재 시 2점, 해당 대안은 기재했으나 대안이 미흡한 경우 1점, 해당 대안을 제시하지 못한 경우 0점.
- Key point ④번 『고객정보가 틀린 경우 적극적으로 업데이트 한다』에 대한 적절한 대안을 기재 시 2점, 해당 대안을 제시하지 못한 경우 0점.

실전 예제 4 : 보험사 결재방법 변경

주요 정보

- 센터정보 : 생명보험사의 인바운드 센터
- 운영목적 : 보험가입자의 상품문의, 변경업무 등 고객지원
- 상담 시 요구사항 **Key point**

① 상담 시 첫인사는 인사말, 회사명, 상담사명으로 한다.
② 고객정보 변경 시 유선처리 절차를 준수한다(자동이체 할인율 미적용, 카드 변경 시 통보).
③ 변경업무 절차 시 필수 확인 사항 및 안내를 누락하지 않는다.

필수 확인 사항	필수 안내 사항
고객 증권 계약내용 확인	결제일자 안내 승인일자 안내

④ 고객정보가 틀린 경우 적극적으로 업데이트한다.
⑤ 변경 업무 시 번호는 재복창한다.
⑥ 기본적인 고객정보 변경은 인터넷 상으로 가능함을 안내하여 고객의 업무처리 진행에 편리함을 주도록 한다.
⑦ 상담 종료 시 끝인사는 추가 문의사항 확인, 상황에 맞는 끝인사, 상담사명으로 한다.

해당 센터의 상담 Key Point 및 기준안 평가 세부항목을 숙지한 후 상담내용을 듣고 이에 따른 평가 및 서면 피드백을 작성한다.

■ 녹취 예시 ※ (_)은 상담 중 누락된 부분의 예시이다.

상담사 안녕하세요? ○○생명 상담사 ○○○입니다.

고 객 네, 안녕하세요? 신용카드로 결제방법을 변경하려구요.

상담사 네, 고객님의 소중한 정보 확인 후 안내 도와드리겠습니다.
[고객정보변경 유선처리 절차 진행]
카드이체로 변경 시 자동이체 할인이 적용되지 않습니다. 그리고 카드를 교체하실 때마다 매번 저희에게 전화를 주셔야 하는데 그래도 카드로 변경해 드릴까요?

고 객 네, 변경해 주세요.

상담사 [고객계약 증권번호 확인] 유지중인 계약이 총 2건인데요, 모두 다 변경해 드릴까요?

고 객 네, 모두 변경해 주세요.

상담사　[본인카드 여부] 본인카드로 변경입니까?

고　객　네.

상담사　[카드사/카드번호/유효기간 확인] 변경하실 카드사와 카드번호, 유효기간을 말씀해 주시겠습니까?

고　객　네 대한카드구요. ○○○○-○○○○-○○○○-○○○○, 유효일은 12/13입니다.

상담사　대한카드로 변경해 드렸습니다. (카드번호는 ○○○○-○○○○-○○○○-○○○○이구요, 유효기간은 2013년 12월 맞으시죠?)
○월 보험료부터 적용되고 ○월○일에 승인됩니다. 혹시라도 ○○일에 승인되지 않으면 ○○일에 재승인됩니다.

고　객　알겠습니다.

상담사　(고객님 정보변경은 저희 홈페이지를 통해서도 가능합니다. 차후 편리하게 이용해 보셔도 좋을 것 같습니다.) 더 궁금하신 사항 있으신가요? 오늘도 행복한 하루 보내십시오. 저는 상담사 ○○○였습니다.

■ 기준안 평가 세부항목 및 서면 피드백의 예시

<table>
<tr><th>구 분</th><th>평가항목</th><th>이행여부</th></tr>
<tr><td>도 입</td><td>첫인사 단계 이행 여부</td><td>Y</td></tr>
<tr><td rowspan="3">본 문</td><td>고객정보 변경 유선처리 절차 준수 여부</td><td>Y</td></tr>
<tr><td>필수 확인 사항 이행 여부</td><td>Y</td></tr>
<tr><td>필수 안내 사항 이행 여부</td><td>Y</td></tr>
<tr><td>마무리</td><td>끝인사 단계 이행 여부</td><td>Y</td></tr>
<tr><td>서면 피드백</td><td colspan="2">1. 감점 사례 0건
2. 상담 시 요구사항 2건
㉠ 보험결제가 정확하게 되기 위해서는 필히 고객카드번호를 재확인하는 절차 누락
㉡ 고객의 정보변경 편리성을 안내하는 노력 필요.
3. 대안제시 2건
㉠ “카드번호는 ○○○○-○○○○-○○○○-○○○○이구요, 유효기간은 2013년 12월 맞으시죠?” 등으로 재복창을 하여 정확히 기재할 것. 정확하게 기재가 안될 시 보험 실효나 기타 큰 문제가 발생 될 수도 있으니 차후 누락되는 일이 없도록 할 것.
㉡ “고객님 정보변경은 당사 홈페이지를 통해서도 가능합니다. 차후 편리하게 이용해 보셔도 좋을 것 같습니다” 등으로 고객이 접촉채널을 선택할 수 있도록 정보를 제공할 것.</td></tr>
</table>

■ 채점기준

① 기준안 평가(5점)

- 이행여부를 모두 바르게 기재한 경우 5점, 오기재 건마다 －1점.

② 서면 피드백 감점 사례(2점)

- 감점 사례가 없을 경우 『없음』 또는 『0건』으로 표기한다. 감점 사례가 없음에도 오평가로 인하여 감점 사례를 기재할 경우는 0점 처리한다.

③ 상담 시 요구사항에 대한 서면 피드백(4점)

- Key point ⑤번 『변경 업무 시 번호는 재복창한다』에 대한 핵심능력을 파악하고 구체적 기재 시 2점, 해당 능력을 파악하지 못한 경우 0점.
- Key point ⑥번 『기본적인 고객정보 변경은 인터넷 상으로 가능함을 안내하여 고객의 업무처리 진행에 편리함을 주도록 한다』에 대한 핵심능력을 파악하고 구체적 기재 시 2점, 해당 능력을 파악하지 못한 경우 0점.

④ 서면 피드백 대안제시(4점)

- Key point ⑤번 『변경 업무 시 번호는 재복창한다』에 대한 적절한 대안을 기재 시 2점, 해당 대안은 기재했으나 대안이 미흡한 경우 1점, 해당 대안을 제시하지 못한 경우 0점.
- Key point ⑥번 『기본적인 고객정보 변경은 인터넷 상으로 가능함을 안내하여 고객의 업무처리 진행에 편리함을 주도록 한다』에 대한 적절한 대안을 기재 시 2점, 해당 대안을 제시하지 못한 경우 0점.

실전 예제 5 : 유통업체 주문상담

주요 정보

- 센터정보 : 홈쇼핑 또는 인터넷 쇼핑몰을 통해 제품을 판매하는 기업의 인바운드 센터
- 운영목적 : 판매 극대화를 위한 일체의 고객지원
- 상담 시 요구사항 **Key point**

① 상담 시 첫인사는 인사말("행복을 전하는"), 회사명, 상담사명, 용무문의로 한다.
② 밝은 음성을 지향하며 반품 등의 고객이라 하더라도 끝까지 친절함을 잃지 않는다.
③ 인입된 고객의 구매패턴 등을 파악하여 업셀링 등의 기회를 찾는다.
④ 숫자나 영문, 중요사항은 복창하여 정확성을 기하도록 한다.
⑤ 고객의 결제가 이루어지기 전에 추가 주문 상품은 없는지 재차 확인을 한다.
⑥ 제품에 대한 문의 시 특장점 위주로 설명하되, 지나치게 허위 또는 과장된 설명을 하지 않는다.
⑦ 주문 접수 문의의 경우 필수 확인 사항을 빠짐없이 확인한다.

필수 확인 사항	필수 안내 사항
결제방법	신용카드, 자동이체, 무통장 입금 중 선택
배송지	기본 배송지, 최근 배송지, 기타 배송지
연락처	수령인 연락처

⑧ 주문 접수 문의의 경우 필수 안내 사항을 빠짐없이 전달한다.

필수 확인 사항	필수 안내 사항
배송일자	주문일 기준 물품 배송일 안내
배송업체	배송업체 안내
배송비	무료 또는 일정액 이하 주문 시 유료 부과 안내

⑨ 상담 종료 시 끝인사는 상황에 맞춘 인사말과 상담사명을 필수로 한다.

해당 센터의 상담 Key Point 및 기준안 평가 세부항목을 숙지한 후 상담내용을 듣고 이에 따른 평가 및 서면 피드백을 작성한다.

■녹취 예시 ※(_)은 상담 중 누락된 부분의 예시이다.

상담사 행복을 전하는 ○○홈쇼핑 상담사 ○○○입니다. 무엇을 도와드릴까요?
고 객 네, 주문 좀 하려구요.
상담사 네, 주문 도와 드리겠습니다. 주문하실 상품 알려주시겠습니까?
고 객 네, ○○○요. 지금 방송 보니까 2개 사면 PLUS 상품을 주던데 그냥 1개만도 살 수 있나요?
상담사 네, 지금 주문하신 상품은 프로모션 상품이지만, 1개 구매도 가능합니다.
고 객 네, 그럼 1개만 주문할게요.
상담사 (추가 주문하실 상품이 있습니까?) 결제방법은 어떻게 해드릴까요?
고 객 ○○카드로 할게요.
상담사 카드번호와 유효기간 확인 부탁드립니다.
고 객 1111-2222-3333-4444구요. 12/13이요.
상담사 네, 1111-2222-3333-4444구요. 네 카드 유효기간은 2013년 12월 맞으시죠?
고 객 네.
상담사 배송 받으실 주소와 수령인 연락처 확인 부탁드립니다.
고 객 이전 배송지인 ○○구 ○○동 ○○○번지로 해 주시고, 제 전화번호 010-123-4567로 연락 주시면 되요.
상담사 네, (결제하신 물건은 모레 받아보실 수 있으며 ○○업체를 통해 배송됩니다.) 배송비는 5만원 이상 결제해 주셔서 무료로 가능합니다.
저희 ○○○쇼핑을 이용해 주셔서 감사드리며 저는 상담사 ○○○였습니다.

■기준안 평가 세부항목 및 서면 피드백의 예시

구 분	평가항목	이행여부
도 입	첫인사 단계 누락 여부	Y
본 문	필수 확인 사항 이행 여부	Y
	필수 안내 사항 이행 여부	N
	카드(결제)번호 재복창	Y
마무리	끝인사 단계 누락 여부	Y

(계속)

구 분	평가항목
서면 피드백	1. 감점 사례 1건 배송일자 안내 누락/배송업체 안내 누락 2. 상담 시 요구사항 2건 ㉠ 고객의 질문에 맞춰 1개 구매도 가능하다고 바로 안내하고 있음 ㉡ 추가 주문 상품이 있는지 확인 없이 결제가 이루어지고 있음 3. 대안제시 2건 ㉠ "고객님 이번에 2개 구매하시면 지급되는 PLUS 상품은 시중가 ○○의 제품으로 매우 탄력성이 높은~", "자주 구매하시는 ○○상품과 더불어 사용하시면 좋은~" 등 PLUS로 지급되는 상품의 강점이나 구매제품과의 연관성 등을 들어 고객에게 2개를 권하는 업셀링 시도가 필요함 ㉡ "추가 주문하실 상품은 더 없으십니까?" 등으로 결제 전 재차 확인하여 한번에 결제한다면 보다 효율적인 상담이 될 수 있음

■ 채점기준

① 기준안 평가(5점)

- 이행여부를 모두 바르게 기재한 경우 5점, 오기재 건마다 −1점.

② 서면 피드백 감점 사례(2점)

- 필수 안내 사항 중 누락된 부분을 『배송일자 미안내』, 『배송업체 미안내』로 모두 기재시 2점, 1가지라도 누락되면 0점.

③ 상담 시 요구사항에 대한 서면 피드백(4점)

- Key point ③번 『인입된 고객의 구매패턴 등을 파악하여 업셀링 등의 기회를 찾는다』에 대한 핵심능력을 파악하고 구체적 기재 시 2점, 해당 능력을 파악하지 못한 경우 0점.
- Key point ⑤번 『고객의 결제가 이루어지기 전에 추가 주문 상품은 없는지 재차 확인을 한다』에 대한 핵심능력을 파악하고 구체적 기재 시 2점, 해당 능력을 파악하지 못한 경우 0점.

④ 서면 피드백 대안제시(4점)

- Key point ③번 『인입된 고객의 구매패턴 등을 파악하여 업셀링 등의 기회를 찾는다』에 대한 적절한 대안을 기재 시 2점, 해당 대안은 기재했으나 대안이 미흡한 경우 1점, 해당 대안을 제시하지 못한 경우 0점.
- Key point ⑤번 『고객의 결제가 이루어지기 전에 추가 주문 상품은 없는지 재차 확인을 한다』에 대한 적절한 대안을 기재 시 2점, 해당 대안을 제시하지 못한 경우 0점.

실전 예제 6 : 온라인 게임업체 결제 상담

주요 정보

- 센터정보 : 온라인으로 진행하는 게임(software)과 기기(hardware)를 제공하는 센터로 주 이용고객의 70%는 게임매장이며, 30%는 게임을 이용하는 일반고객임
- 운영목적 : 매장 업무지원 및 일반고객 서비스
- 상담 시 요구사항 Key point

① 상담 시 첫인사는 인사말("반갑습니다"로 통일), 회사명, 상담사명으로 한다.
② 고객이 "안녕하세요?/수고하십니다" 등 인사를 건네는 경우 화답인사를 한다.
③ 고객정보 확인은 아래 항목 중 2가지로 한다. 틀린 답변이 있으면 다른 항목으로 추가 질문을 하여 확인한다.

구 분	고객정보 확인
매 장	매장명, 매장연락처, 매장주소, 아이디, 대표자명, 이메일 주소 중 2가지
개 인	고객명, 휴대전화번호, 아이디, 이메일 주소 등 2가지

④ 친절한 응대를 기본으로 하나, 매장 고객의 경우 시급성 등을 고려하여 고객의 속도에 맞춰 다소 빠르게 진행하는 방향으로 한다.
⑤ 업무 처리 시 고객과 동일한 화면을 접속해야 하는 경우, 고객에게 정보제공에 대한 동의 여부를 확인하고 진행한다.
⑥ 매장 고객의 경우 전산을 보면서 설명해야 하는 경우가 많으므로 현재 전산 화면을 볼 수 있는 상황인지 탐색한다.
⑦ 매장 고객의 게임머니 충전 문의의 경우 고객이 선택할 수 있도록 방법을 안내한다.

방 법	필수 확인 및 안내
신용카드	제휴 사업자 전용 카드여부 확인 및 제휴카드 사용 유도
계좌입금	• 예금주 공인인증서 보유 여부 확인 • 사업주의 경우 고유식별번호에 사업자번호 입력, 현금영수증 발급 정보란에 지출증빙용 선택하면 세금계산서 대용으로 사용 가능 안내
무통장 (가상계좌)	• 충전대행 요청 시는 대행요청 사유/충전금액/은행명/입금자명/휴대전화번호를 확인하고 정보제공에 대한 동의 필수! (매장에서 직접 진행할 경우 화면 이용방법 설명) • 가상계좌번호 1일간만 유효 안내 • 사업주의 경우 고유식별번호에 사업자번호 입력, 현금영수증 발급 정보란에 지출증빙용 선택하면 세금계산서 대용으로 사용 가능 안내

⑧ 상담 종료 시 끝인사는 4단계로 추가문의사항 확인, 고객만족도 조사 ARS 연결 동의, 상담사명, 감사인사로 한다.

해당 센터의 상담 Key Point 및 기준안 평가 세부항목을 숙지한 후 상담내용을 듣고 이에 따른 평가 및 서면 피드백을 작성한다.

■녹취 예시 ※(_)은 상담 중 누락된 부분의 예시이다.

상담사 반갑습니다. ○○○ 상담사 ○○○입니다.

고 객 안녕하세요? 게임머니 충전하려고 하는데요. 어떻게 하면 되죠?

상담사 네, 고객님! 정확한 상담을 위해 몇 가지 확인 후 안내해 드리겠습니다. 매장명과 매장 연락처는 어떻게 됩니까?

고 객 ○○게임방이고, 02-123-4567이요.

상담사 확인 감사합니다(지금 PC 앞에 계십니까?). 관리자 화면 접속하시구요. 게임머니 충전이라고 있는데 거기서 충전금액 입력하시면 됩니다.

고 객 지금 PC가 오류가 나서 잘 안되니 우선 충전 좀 해 주세요.

상담사 네, 고객님의 게임머니 충전은 신용카드, 계좌입금, 무통장의 3가지 방법이 있는데 저희는 무통장입금으로만 도와드릴 수 있습니다. (가상계좌 안내 시 고객님의 정보를 저희 쪽에 제공해 주셔야 하는데 동의하시겠습니까?)

고 객 네, 무통장으로 할게요.

상담사 충전하실 금액은 얼마입니까? 지출증빙을 위해 사업자번호를 확인해야 하는데 번호가 어떻게 됩니까? 입금하실 은행, 입금하실 분 존함과 가상계좌를 받으실 휴대폰 번호를 말씀해 주시겠습니까?

고 객 (금액, 사업자번호, 은행명, 입금자명, 휴대폰 번호 확인해 줌)

상담사 휴대폰 번호로 전송된 가상계좌로 충전 요청하신 금액을 입금하시면 바로 게임머니가 충전되어 게임을 이용하실 수 있습니다만, 보내드린 계좌번호는 금일만 유효하니 참고 바랍니다.
다른 더 문의하실 사항 있습니까? (상담 종료 후 ARS 연결해 드릴 테니 만족도 평가 부탁 드리겠습니다.) 저는 상담사 ○○○였습니다. 감사합니다.

■기준안 평가 세부항목 및 서면 피드백의 예시

구 분	평가항목	이행여부
도 입	첫인사 단계 이행 여부	Y
본 문	고객정보 확인 이행 여부	Y
	고객정보 제공 동의 여부	N
	필수 확인 및 안내 사항 이행 여부	Y
마무리	끝인사 단계 이행 여부	N
서면 피드백	1. 감점 사례 2건 ㉠ 고객의 정보를 제공받아야 하는 업무에서 제공 동의 확인 누락 ㉡ 만족도 조사 ARS 안내 여부 누락	

(계속)

구 분	평가항목
서면 피드백	2. 상담 시 요구사항 2건 ㉠ 고객이 "안녕하세요?"로 인사를 하고 있는 상황에서 바로 상담 진행하고 있음. ㉡ 전산과 관련한 문의 시 PC를 보면서 상담을 받을 수 있는 상태인지를 탐색해야 함. 3. 대안제시 2건 ㉠ "네, 안녕하세요?", "네, 반갑습니다. 고객님!" 등으로 화답인사를 할 것 ㉡ 전산과 관련한 문의 시는 "지금 PC앞에 계십니까?", "지금 전산확인이 가능하십니까?" 등으로 PC를 보면서 상담을 받을 수 있는 상태인지를 탐색 후 안내 할 것

■ 채점기준

① 기준안 평가(5점)

- 이행여부를 모두 바르게 기재한 경우 5점, 오기재 건마다 −1점.

② 서면 피드백 감점 사례(2점)

- 고객정보 제공 동의 여부에 대한 『정보제공 동의 미확인』 등으로 구체적으로 기재하면 1점.
- 끝인사 단계 이행 여부에서 누락된 부분을 『고객만족도 조사 ARS 연결 동의』 등으로 구체적으로 기재하면 1점.

③ 상담 시 요구사항에 대한 서면 피드백(4점)

- Key point ②번 『고객이 "안녕하세요?/수고하십니다" 등 인사를 건네는 경우 화답인사를 한다』에 대한 핵심능력을 파악하고 구체적 기재 시 2점, 해당 능력을 파악하지 못한 경우 0점.
- Key point ⑥번 『매장 고객의 경우 전산을 보면서 설명해야 하는 경우가 많으므로 현재 전산 화면을 볼 수 있는 상황인지 탐색한다』에 대한 핵심능력을 파악하고 구체적 기재 시 2점, 해당 능력을 파악하지 못한 경우 0점.

④ 서면 피드백 대안제시(4점)

- Key point ②번 『고객이 "안녕하세요?/수고하십니다" 등 인사를 건네는 경우 화답인사를 한다』에 대한 적절한 대안을 기재 시 2점, 해당 대안은 기재했으나 대안이 미흡한 경우 1점, 해당 대안을 제시하지 못한 경우 0점.
- Key point ⑥번 『매장 고객의 경우 전산을 보면서 설명해야 하는 경우가 많으므로 현재 전산 화면을 볼 수 있는 상황인지 탐색한다』에 대한 적절한 대안을 기재 시 2점, 해당 대안을 제시하지 못한 경우 0점.

실전 예제 7 : 카드사 연체 상담

주요 정보

- 센터정보 : 카드사의 단기 또는 소액 연체 고객을 대상으로 아웃바운드를 진행하는 센터
- 운영목적 : 연체금의 빠른 회수
- 상담 시 요구사항 **Key point**

① 상담 시 첫인사는 인사말, 회사명, 상담사명으로 한다.
② 고객과의 마찰은 피하고 반론을 통해 회수율을 높이는 데 힘쓴다. 반론 시 공감/양해/쿠션멘트 등을 사용한다.
③ 고압적인 음성이나 태도의 상담은 피하고 부드럽고 상냥한 태도지만 목소리에는 다소 무게를 두어 응대한다.
④ 연체 고객 본인 여부를 필히 확인하고 응대한다.
⑤ 통화의 목적 전달은 간략하게 진행한다.
⑥ 허위 사실을 고지하거나 과도한 독촉을 하지 않는다.
⑦ 고객의 상황에 적합한 납부방법 등을 상세히 안내하되 가급적 빠른 회수가 될 수 있는 방법을 선택할 수 있도록 한다.
⑧ 납부방법 안내 시 입금방법에 따른 필수 확인 사항 또는 안내 사항을 빠짐없이 전달한다.

방 법	필수 확인 및 안내
즉시 출금	자동이체 은행 및 계좌번호 확인 / 출금 금액 안내 / ARS 비밀번호 입력 안내 / 처리 완료여부 안내 / 이중출금 우려 안내
재출금일 인출	재출금 일자안내 / 연체이자 증가 안내 / 통장 입금 마감 시간 안내 / 기준일 기준 예상 출금 금액 안내 / 잔액부족 시 부분 출금 불가 안내 / 미입금 시 재차 독촉 전화 예정 안내
가상계좌 수납	입금할 은행 확인 / 가상계좌번호 안내(SMS 발송 희망 시 연락처 확인) / 입금액 안내 / 가상계좌 이용 불가 시간대 안내 / 가상계좌 번호 및 입금액 당일만 유효 안내
지점 방문 수납	고객 방문 희망 지점 확인 / 교통편 확인에 따른 길안내(SMS 발송 희망 시 연락처 확인) / 방문 예정일 확인 / 방문일 기준 예상 금액 안내 / 이중출금 우려 안내 / 지점 이용 시간 안내

⑨ 통화 종료 시 반드시 입금될 수 있도록 재차 강조한다.
⑩ 상담 종료 시 끝인사는 상황에 맞춘 인사말과 회사명, 상담사명으로 한다.

해당 센터의 상담 Key Point 및 기준안 평가 세부항목을 숙지한 후 상담내용을 듣고 이에 따른 평가 및 서면 피드백을 작성한다.

■녹취 예시 ※(_)은 상담 중 누락된 부분의 예시이다.

상담사 안녕하세요? ○○카드 ○○○입니다. (실례지만 ○○○고객님 맞으십니까?)

고 객 네, 그런데요.

상담사 ○월 ○일 결제일에 입금이 확인되지 않아 전화 드렸습니다.

고 객 그래요? 연체되었나요? 근데 오늘은 바빠서 내기 어려우니까 다음에 낼게요.

상담사 고객님! 연체가 지속될수록 고객님의 신용등급이 그만큼 하향될 수 있고 이에 따라 신용한도가 하향되거나 타사에 연체 정보가 공유될 수 있습니다.

고 객 지금 제가 좀 바빠서 은행시간 내에는 입금이 어려운데 어떡하죠?

상담사 네, 그럼 가상계좌를 안내해 드리겠습니다. 은행에 따라 다르지만 밤 10시까지는 입금이 가능하니 오늘 중에 입금처리가 될 수 있습니다. 단, 5~6시 경에는 한시적으로 이용이 어려울 수 있으니 이점은 양해 부탁드립니다.

고 객 그럼 알려주세요.

상담사 어느 은행 이용이 편리하신가요?

고 객 대한은행인데 문자로 좀 넣어주실래요?

상담사 고객님께서 납부하셔야 될 금액은 오늘 기준으로 ○○원이며, 대한은행 가상계좌번호를 문자로 안내해 드리겠습니다. 지금 전화드린 이 번호로 문자 넣어드리면 될까요? (오늘 보내드릴 가상계좌번호는 금일에 한해서만 이용이 가능한 번호이며 금액 또한 당일 기준이므로 익일에는 달라질 수 있습니다.)

고 객 네, 알겠어요.

상담사 (오늘 잊지마시고 꼭 납부 부탁드립니다.) 감사합니다. 저는 ○○카드 ○○○입니다.

■기준안 평가 세부항목 및 서면 피드백의 예시

구 분	평가항목	이행여부
도 입	첫인사 단계 이행 여부	Y
	본인 여부 확인	N
본 문	필수 안내 사항 이행 여부	N
	설득 및 반론 여부	Y
마무리	끝인사 단계 이행 여부	Y

(계속)

구 분	평가항목
서면 피드백	1. 감점 사례 2건 ㉠ 본인 여부 미확인 ㉡ 가상계좌 번호 및 입금액은 당일 기준이므로 당일만 유효하다는 안내 필요 2. 상담 시 요구사항 2건 ㉠ 바빠서 다음에 납부하겠다는 고객에게 신용하락 정보를 바로 안내하기보다는 공감/양해/쿠션멘트 등을 활용해서 응대해야 함 ㉡ 통화 종료 시점에 고객에게 한번 더 납부하실 수 있도록 주지시켜야 함 3. 대안제시 2건 ㉠ "<u>네 고객님 많이 바쁘시겠지만~</u>" 등으로 관계를 부드럽게 할 수 있는 양해 멘트의 사용 필요 ㉡ "<u>고객님 오늘 잊지 마시고 꼭 납부 부탁드립니다</u>" 등으로 통화 종료 시점에 고객에게 한번 더 납부하실 수 있도록 주지시킬 것

■ 채점기준

① 기준안 평가(5점)

- 이행여부를 모두 바르게 기재한 경우 5점, 오기재 건마다 -1점.

② 서면 피드백 감점 사례(2점)

- 본인여부 확인 누락 사례를 『본인여부 미확인』 등으로 구체적으로 기재하면 1점
- 필수 안내 사항의 누락된 부분을 『가상계좌 번호 및 입금액 당일만 유효 안내』 등으로 구체적으로 기재하면 1점.

③ 상담 시 요구사항에 대한 서면 피드백(4점)

- **Key point** ②번 『고객과의 마찰은 피하고 반론을 통해 회수율을 높이는 데 힘쓴다. 반론 시 공감/양해/쿠션멘트 등을 사용한다』에 대한 핵심능력을 파악하고 구체적 기재 시 2점, 해당 능력을 파악하지 못한 경우 0점.
- **Key point** ⑨번 『통화 종료 시 반드시 입금될 수 있도록 재차 강조한다』에 대한 핵심능력을 파악하고 구체적 기재 시 2점, 해당 능력을 파악하지 못한 경우 0점.

④ 서면 피드백 대안제시(4점)

- **Key point** ②번 『고객과의 마찰은 피하고 반론을 통해 회수율을 높이는 데 힘쓴다. 반론 시 공감/양해/쿠션멘트 등을 사용한다』에 대한 적절한 대안을 기재 시 2점, 해당 대안은 기재했으나 대안이 미흡한 경우 1점, 해당 대안을 제시하지 못한 경우 0점.
- **Key point** ⑨번 『통화 종료 시 반드시 입금될 수 있도록 재차 강조한다』에 대한 적절한 대안을 기재 시 2점, 해당 대안을 제시하지 못한 경우 0점.